Thomas Fritzsche

Die sieben Säulen des Stressmanagements

Das Buch

Jeder kann Stress sofort aus eigener Kraft bekämpfen! Niemand muss warten, dass sich die Umstände ändern, der Chef, die Arbeitsbelastung – Stress zu verringern liegt an uns selbst, das ist die positive Botschaft dieses Buchs. Hierfür zeigt der Psychologe, Managementtrainer und Coach Thomas Fritzsche sieben aufeinander aufbauende Strategien des Stressmanagements – verpackt in eine leicht lesbare, eingängige Geschichte:

Achim Bohn ist gereizt, schon wegen Kleinigkeiten fährt er aus der Haut. Sein Job, den er eigentlich liebt, nervt ihn seit Monaten. Er zieht sich immer häufiger zurück. Sein Kollege Martin Dampf spricht ihn an, und sie stellen fest: Achim befindet sich extrem im Stress. Auch Martin ist nicht stressfrei. Beide erleben Unzufriedenheit, Ärger, Frustration, Erschöpfung und Gereiztheit bis hin zum Rückzug. Am Ende ihrer Reise zu sieben verschiedenen Stationen des Stressmanagements verfügen Achim und Martin über starke Werkzeuge, um wieder gelassen zu leben und gelassen zu arbeiten. Dabei stellen sie fest: Es liegt in ihrer eigenen Hand, wie gestresst sie sich fühlen – zum Glück!

Thomas Fritzsche

Die sieben Säulen des Stressmanagements

Befreie dich von Stress und Ärger

HERDER

FREIBURG · BASEL · WIEN

MIX
Papier aus verantwortungsvollen Quellen
FSC® C014496

Taschenbuchausgabe 2022

www.herder.de

Umschlaggestaltung: Verlag Herder

Satz: Daniel Förster, Belgern
Herstellung: GGP Media GmbH, Pößneck

Printed in Germany

ISBN Print: 978-3-451-03372-8
eBook: 978-3-451-82775-4

Wer anderen die Schuld gibt,
gibt ihnen die Macht!

Wayne Dyer

für meine Eltern
für Maren
für Erwin

Inhalt

Mein Job macht mir doch eigentlich Spaß?

Achim Bohn hat keine Lust mehr. Er reagiert schon bei nichtigen Anlässen gereizt und aggressiv. In der letzten Zeit zieht er sich häufig von Kollegen und Mitarbeitern zurück, verkriecht sich in seinem Büro. Seine Arbeit mache ihm keinen Spaß mehr, sagt er, und das merkt man ihm an. Dabei hat er eine Position erreicht, die er schon immer haben wollte: Er ist seit einem Jahr Geschäftsführer, also im höheren Management. Er neigt jedoch verstärkt zum Grübeln und beschäftigt sich dabei mit vermeintlichen oder echten Problemen, von denen er immer mehr findet. Auch seine Konzentrationsfähigkeit hat stark nachgelassen, sein Gedächtnis scheint plötzlich gravierende Lücken zu haben. Nachts schläft er schlecht, und auch seine Familie leidet unter seiner Stimmung.

All dies kennt er nicht von sich. Die verschiedenen Veränderungen passen gar nicht zu seinem bisher immer positiven, zupackenden Charakter. Früher hat er sich auf jeden Tag gefreut, ging auch anspruchsvolle Aufgaben voller Elan und Optimismus an und konnte andere mit seiner Energie mitziehen. Heute fühlt er sich jeden Tag unzufrieden, reagiert auf einzelne Vorfälle rasch zornig und schimpft täglich über die Rahmenbedingungen.

Was andere rasch erkennen, wenn sie ihn erleben, lässt sich für ihn selbst aus der Innenperspektive nicht so leicht ableiten: Achim Bohn befindet sich im Stress.

Es nützt nichts, dass er diesen Job immer haben wollte. Es nützt nichts, dass er in seiner heutigen Position verantwortlich ist für über 40 Mitarbeiter. Es nützt auch nichts, dass er über weitreichende Entscheidungsbefugnisse verfügt: Im Moment fühlt er sich ähnlich wie vor sieben Jahren, als er seine erste Führungsposition antrat. Wie damals leidet er auch heute unter dem gefühlten Chaos, das aus den Führungsebenen über ihm kommt. Wie damals hasst er es, dass sein Aufgabenschwerpunkt ständig wechselt; es enttäuscht ihn, dass sein gegenwärtiger Chef sich nicht zu einer klaren Positionierung nach oben durchringen kann, um so die unteren Ebenen besser abzuschirmen. Und wie damals arbeitet er, um dennoch seinen persönlichen Ansprüchen gerecht zu werden, erneut zwischen zehn und zwölf Stunden täglich – nur um abends unzufrieden mit der Tagesleistung nach Hause zu fahren.

Anders als damals scheint ihm aber dieses Mal sein grundsätzlicher Optimismus abhanden gekommen zu sein. Am Anfang seiner Laufbahn war er noch überzeugt, dass alles besser werden würde, wenn er selbst mehr zu sagen hätte. Heute steht ihm diese Perspektive nicht mehr zur Verfügung: Immerhin ist er nun Geschäftsführer, doch obwohl er heute viel größere Spielräume besitzt, ist er an relevanten Punkten noch immer von der Entscheidung und vermeintlichen Willkür anderer abhängig. Also ist und bleibt er nur ein Rädchen in der großen Maschine? Solche und ähnliche Gedanken rauben ihm Energie und kosten mehr Kraft, als er langfristig aufbringen kann.

Als der Geschäftsführer Martin Dampf ihn nach einem neuerlichen Wutausbruch unter vier Augen auf sein Verhalten anspricht, bringen beide die Situation auf folgende Nenner: Unzufriedenheit, Ärger, Frustration, Erschöpfung, Gereiztheit, Rückzug ... – im kritischen Dialog mit Dampf erkennt Achim Bohn, dass er etwas unternehmen muss. Die beiden Kollegen definieren, worauf es ihnen ankommt: Definiertes Ziel ist, sich bei der täglichen Arbeit wieder wohl zu fühlen. Ziel ist, die eigene Stärke zu spüren und einzusetzen. Dabei sollen die äußeren Umstände keine Rolle spielen – beide möchten unabhängig von womöglich wechselhaften Rahmenbedingungen Freude an der Arbeit erleben und ihre persönliche Power täglich optimal nutzen.

Nach Rücksprache mit Martins Frau Hannah, Psychologin und Mental Coach, beschließen sie: Achim Bohn soll raus aus dem Stress und zurück zu »Mentaler Fitness«. Obwohl Martin Dampf sich nicht so ausgelaugt fühlt wie sein Kollege, möchte er Achim Bohn auf dessen Weg durch insgesamt sieben Stationen gerne begleiten. »Wehret den Anfängen – lieber kenne ich die Gefahr rechtzeitig« ist dabei der zweite Gedanke. Das erste Argument ist ein anderes: Wenn es nicht nur um »Stress weg!« geht, sondern um »Power her!«, ist er als ehrgeizige Führungskraft selbst sehr neugierig auf »mentale Tricks«.

Menschen wie Achim Bohn oder auch Martin Dampf habe ich im Lauf von 25 Jahren als Psychologe, Managementtrainer und Coach sehr viele getroffen. Ehrgeizige, positive, zielorientierte Menschen mit hohen Ansprüchen an sich selbst und an die Umwelt, die trotz – oder auch gerade wegen – dieser Eigenschaften früher oder später in die Knie gegangen sind. Manchmal saßen sie als Seminarteilnehmer in Workshops wie »Stressmanagement« oder »Work-Life-Balance«. Sie waren häufig verblüfft über ihre unerwartet hohen Ergebnisse im Stressselbsttest und mit großer Neugier engagiert dabei, die verschiedenen Antistresstechniken für sich zu erlernen. Sie wollten die Kurve kriegen, weg vom Stress, weg vom Abgrund des Zusammenbruchs. Und natürlich stellten »Techniken zur Selbstoptimierung« einen zusätzlichen Anreiz dar.

Manchmal kamen solche Menschen auch als Klienten in meine Psychotherapeutische Praxis. In diesen Fällen war der psychologische Totalschaden oft schon eingetreten, viele von ihnen befanden sich mitten in einem sogenannten Burn-out: Alle Kraft war weg, nichts ging mehr, sie waren für lange Zeit krankgeschrieben. Aus diesem Zustand des Burn-out wieder herauszufinden ist nach meiner Erfahrung eine enorme Herausforderung. Der Zeitbedarf misst sich hier nicht in Wochen wie bei einer Grippe – es werden Monate dafür benötigt. Gingen die Betroffenen zu früh zurück auf die Arbeit, wenn die Kraft noch fehlte und das Verhalten sich nicht wirklich verändert hatte, konnte man fast darauf wetten: Ein halbes Jahr später saßen sie erneut und noch stärker gebeutelt vor mir. Stress kostet Kraft, Burn-out benötigt Zeit.

Stress und Burn-out ist im Übrigen nichts, was nur Weicheier erleben – im Gegenteil. Es trifft gerade die Starken, die Engagierten, die Menschen mit hohen und höchsten Ansprüchen. Aus Unternehmenssicht gesprochen, fehlen die Betroffenen also nicht nur lang, es fehlen auch häufig die Leistungsträger. Prophylaxe ist deshalb eine wertvolle Investition.

Die sieben Stationen auf dem Weg zur Mentalen Fitness schildern sieben verschiedene Strategien, sich entsprechend zu schützen. Sie bauen aufeinander auf und sind ineinander verschränkt. Angewandt bilden sie einen wirkungsvollen Schutz vor den Belastungen des beruflichen und privaten Alltags. Begleiten Sie Achim Bohn und Martin Dampf auf ihrem Mentalen Fitnessparcours. Schützen Sie sich selbst wirkungsvoll vor den typischen Fallen der Arbeitswelt. Stellen Sie sicher, dass Sie immer im Kontakt bleiben mit Ihrer persönlichen Stärke, mit Ihrer Gelassenheit und Energie – auch und gerade »in stressigen Zeiten«.

Sollte es Ihnen (aufgrund von Stress?) zu lange dauern, die beiden auf ihrer Entdeckungsreise zu begleiten, so finden Sie im Anhang eine kurze Übersicht über die wesentlichen Ansätze und Werkzeuge des Buchs. Ihre Anwendung, ihre Vernetzung und teilweise auch die Haltung hinter den Werkzeugen lässt sich aber besser verstehen und übernehmen, wenn Sie dem Dialog zwischen Achim Bohn, Martin Dampf und den verschiedenen Experten, die sie auf den nächsten Seiten treffen, folgen.

In jedem Fall hoffe ich, dass Sie nach der Lektüre mit einstimmen, wenn Achim Bohn und Martin Dampf sich am Ende »abklatschen« und ihr neues Motto feiern:

> »Selbst schuld – was für ein Glück!«

Alles Gute!

Thomas Fritzsche
Ranstadt, im Sommer 2018

Steinzeit zwischen den Computern

Genervt, gereizt – gestresst!

»Können Sie nicht wenigstens ein einziges Mal etwas richtig machen?! Ich kann doch nicht für alle hier das Kindermädchen spielen!«, ruft Achim Bohn. Er dreht sich um und stürmt aus dem Zimmer. Katja Herrmanns, seine Assistentin, sitzt noch fünf Sekunden später wie erstarrt hinter ihrem Bildschirm, als Martin Dampf den Kopf zur Tür reinsteckt: »Was war *das* denn gerade?«

»Eine kleine Detonation?«, zuckt die Assistentin mit den Schultern.

Martin Dampf runzelt die Stirn: »Schon wieder?«

Er überlegt kurz und geht dann über den Flur zu Bohns Büro. Die beiden Männer sind Kollegen: Dampf ist Geschäftsführer Vertrieb, Bohn Geschäftsführer Immobilien für die große Einzelhandelskette KÖNIGSKAUF. Beide sind Anfang vierzig, beide haben ihre Positionen seit gut einem Jahr inne und verstehen sich persönlich sehr gut. Dampf klopft an die verschlossene Bürotür und betritt nach einem scharfen »Herein!« den Raum.

Er zieht die Tür hinter sich zu: »Achim? Alles okay bei dir?«

»Na klar, was soll schon sein?« Bohn hat sich hinter seinem Schreibtisch verschanzt und schaut finster auf seinen Laptop.

Dampf zieht sich einen Stuhl heran, setzt sich und atmet tief durch. »Achim – alles okay?«, fragt er erneut.

»Natürlich nicht!«, poltert dieser. »Katja sollte mir bis 14 Uhr die Unterlagen für unser GF-Meeting morgen vorbereiten. Gerade rückt sie damit heraus, dass ihr dazu noch wichtige Informationen von mir fehlen. Schau auf die Uhr: Es ist 13.30 Uhr, sie wird es bis 14 Uhr nicht fertig haben. Das wirft mir meinen ganzen Zeitplan um. Ich hätte erwartet, dass sie das früher merkt – und nicht erst eine halbe Stunde vorher!«

»Ah ja ... und das war der wievielte Fehler in einer wie langen Kette von Fehlern?«, fragt Dampf vorsichtig und fügt hinzu: »Ich dachte immer, Katja wäre solch eine Spitzenkraft – aber vorhin hörte sich das ganz anders an?«

»Ist sie ja auch! Aber sie hat schon letzte Woche vergessen, mich noch einmal an meinen Termin mit Theo Hendricks vom Lager Mürzhausen zu erinnern, so dass ich dort zu spät gekommen bin! So geht das einfach nicht!«

Dampf fragt sich, wer hier wessen Kindermädchen zu sein scheint, aber er unterdrückt den entsprechenden Kommentar. Stattdessen fasst er zusammen: »Verstehe ich das richtig – *du* hast Katja vorgestern einige Informationen nicht gegeben, und *ihr* Fehler war, dass sie das nicht direkt bemerkt hat? Außerdem hast *du* neulich einen Termin verpennt, und *Katjas* Fehler war, dass sie dich nicht nochmal erinnert hat? Das war der Grund für deinen Ausbruch gerade?«

Bohn runzelt die Stirn: »Nein ... ja, schon, aber ... das war nicht der eigentliche Grund. Zurzeit geht einfach *alles* schief ...« Er stockt.

»Verstehe – und an allem, was schiefgeht, ist Katja schuld? Dieses professionelle Feedback musstest du ihr jetzt mal in aller Gelassenheit geben?«, hakt Dampf nach.

»Du gehst mir manchmal echt auf den Zeiger mit dieser Kreuzverhörmasche«, faucht Bohn seinen Kollegen an. Dampf schaut ihn nur an, Bohn windet sich auf seinem Stuhl, dann sagt er leise: »Du hast ja recht – Katja ist nicht an allem schuld, im Gegenteil. Und ich war gerade eben auch nicht ruhig und professionell.«

»Jetzt, wo du das so offen sagst, fällt es mir auch auf.« Dampf grinst ihn an, wird dann rasch wieder ernst. »Also, Achim, was ist los mit dir? Wenn ich das als Flurnachbar und als freundschaftlich verbundener Kollege sagen darf: Das war nicht deine erste Explosion in den letzten Wochen; es war auch nicht deine zweite. Wenn es in deiner Nähe gerade mal nicht knallt, dann sieht man dich nicht mehr bei den Leuten. Du scheinst dich in deinem Büro zu verkriechen. Das macht mir Sorgen.«

Bohn ist lange still. Er schenkt sich Wasser ein, bietet auch Dampf etwas an, beide trinken schweigend. Schließlich seufzt er: »Ich mache mir selbst auch Sorgen. Ich fand es so toll, diese GF-Position zu erreichen. Karriere, Status, Kohle – und Macht! Endlich etwas bewegen zu können! Aber momentan sehe ich um mich herum nur Baustellen. Von oben kommen ständig neue Instruktionen, die wissen gefühlt seit letztem Jahr nicht mehr, was sie wollen. Meine Mitarbeiter reagieren logischerweise schon längst voller Missmut auf das Chaos, und ich hänge dazwischen. Schließlich muss ich ja den Zickzackkurs offiziell unterstützen und täglich verkaufen. Dadurch wird auch die Abstimmung mit den Partnern belastet: Mit den hausinternen, denen es jeweils ähnlich geht, und den externen, die uns bald einen Vogel zeigen werden. Alles kostet doppelt so viel Zeit und doppelt so viel Kraft wie nötig!«

»Das kommt mir sehr bekannt vor«, nickt Martin Dampf und frotzelt: »Aber ist es nicht undankbar, dass du dich als Geschäftsführer Immobilien über Baustellen beschwerst ...?«

Postwendend fliegt die leere Plastikflasche gegen seinen Kopf, während der andere grinsend die Faust schüttelt: »Wenn du glaubst, so könntest du mich aufmuntern!«

Dampf duckt sich. »Sorry, es war einen Versuch wert. Du weißt, ich sitze mit meiner Truppe im gleichen Boot. Im Vertrieb ist der tägliche Wandel zwar normaler, wir sind das kaum anders gewohnt – aber die ständigen Widersprüche der letzten Zeit lassen sich der Mannschaft tatsächlich kaum noch verkaufen.«

»Wie kommst *du* denn damit klar?«, fragt Achim Bohn.

»Ach, weißt du, meine Frau ist Psychologin und Coach, die baut mich abends wieder auf«, lacht Dampf und ergänzt, »Nee, Quatsch: Meistens möchte ich nicht auch noch abends über die Arbeit reden – aber manchmal, wenn ich merke, dass ich sowieso nicht abschalten kann, bespreche ich bestimmte Dinge mit ihr. Wir achten dann beide darauf, dass ich mich nicht nur auskotze, sondern dass wir gemeinsam nach Lösungen suchen. Das hat mir schon einiges gebracht.«

»Wirklich? Kennt sie sich denn im Handel aus?«

»Nein, aber mit Menschen.«

Martin Dampf überlegt kurz und streckt dann seine Arme offen vor sich aus, Handflächen nach oben: »Wenn du magst, Achim, dann rede ich mal mit ihr. Sie kennt eine Menge Leute.«

»Ich brauche doch keinen Psychotherapeuten!«, fährt Bohn stirnrunzelnd auf.

»Darum geht's nicht. Ich würde zwar sagen, dass du ziemlich fertig bist ...«

»Vielen Dank auch!«

»... aber ich denke nicht, dass du krank bist. Ich denke einfach, du hast dich hier so reingehängt, du hattest so viel Power und Energie am Anfang – es wäre total schade, wenn du dich von der aktuellen Situation kaputtmachen ließest!«

»Glaubst du echt, dass so ein Coaching etwas bringt?«, überlegt Bohn. Dampf zögert, dann meint er: »Mir hat ein Kollege von ihr vor einigen Jahren in einer einzigen Coachingstunde mehr über Mitarbeiterführung gezeigt, als ich in den fünf Jahren zuvor als Führungskraft in all den Seminaren gelernt habe. Mehr kann ich dir dazu nicht sagen – deine Situation heute ist anders gestrickt als meine Lage damals.«

»Du kannst sie ja mal ansprechen«, gesteht Bohn schließlich zu, und Martin erhebt sich.

»Sehr gerne!«

»Danke, dass du reingekommen bist!«, sagt Bohn noch, als die Tür schon fast geschlossen ist.

Burn-out ist doch nur für Schwächlinge

»Achim geht's gerade gar nicht gut«, erzählt Martin Dampf am Abend seiner Frau. Er schildert sein Gespräch in Bohns Büro.

»Klingt wirklich nicht gut«, kommentiert Hannah am Ende. »Ich schätze, er befindet sich seit längerer Zeit dick im Stress. So wie sich das anhört, steht er sogar kurz vor einem üblen Burn-out.«

»So was gibt's wirklich?«, fragt Martin. »Ich dachte, das sei so ein neumodischer Kram? Wer in der heutigen Arbeitswelt nicht über Stress klagt und mal ein paar Wochen ›Burn-out hatte‹, kommt in den Ruf, nicht genug zu arbeiten?«

Hannah Dampf lacht. »Mein Lieber, wenn dich ein Burn-out erst mal erwischt hat, dann kommst du da nicht in ein paar Wochen wieder heraus! Es dauert im Allgemeinen einige Jahre, bis man drinsteckt – entsprechend dauert es auch viele Monate, um wieder herauszukommen. Das ist Physik.«

»Wie, Physik? Du meinst, Psychologie?«

»Ja, im Prinzip schon, es ist Psychologie, eigentlich sogar schlichte Biologie. Aber bildlich gesprochen ist das, was da passiert, Physik: Du kannst einen Menschen im Burn-out mit einem Akku vergleichen – und zwar mit einem Akku, der tiefenentladen wurde. Wer ein Burn-out-Syndrom erleidet, hat seiner inneren Batterie über viele Monate täglich mehr Power entnommen, als er ihr abends wieder zuführen konnte – irgendwann ist sie komplett leergesaugt. Dann gilt: Wenn sie so absolut leer ist, braucht sie sehr lange, bis sie wieder auf ein vernünftiges Level geladen werden kann.«

»Ich ahne, was du meinst. Also ist Burn-out etwas, was Schwächlinge bekommen? Leute, die der täglichen Härte nicht gewachsen sind und schlappmachen? Achim ist aber das Gegenteil von einem Schwächling, das passt nicht!«, überlegt Martin Dampf. »Woher nimmst du denn die Idee, dass es Schwächlinge trifft – was auch immer das sein sollte? Das Gegenteil trifft zu, lieber Martin: Du musst ja erst mal Power haben, um über Monate täglich alles zu geben! Wer jeden Tag entspannt zur Arbeit trabt, dort alles gemütlich angeht, die Verantwortung gern bei anderen sieht und immer pünktlich Feierabend macht – der hat nur geringe Chancen auf ein ordentliches Burn-out-Syndrom. Solche Leute reden vielleicht von Burn-out, wenn sie mal drei Anrufe mehr bekommen haben als üblich. Dann tun sie sich damit groß, dass sie deshalb auf ihre dritte Kaffeepause verzichten mussten. So etwas muss man tatsächlich nicht ernst nehmen.«

»Genau solche Leute meinte ich«, sagt Martin nachdenklich. »Und wer bekommt dann ein richtiges Burn-out-Syndrom, oder wie du das nennst?«

»Die Leute am anderen Ende des Kontinuums. Die Leute, die ihren Job sehr wichtig nehmen. Die erfüllen möchten, was man von ihnen erwartet, und zwar täglich, und zwar zu 100 Prozent. Diese Leute gehen nicht nach acht Stunden heim – wenn noch Arbeit zu erledigen ist, bleiben sie automatisch länger, denn sie wollen nicht nur 85 Prozent erreichen. Dieses Prinzip leben sie meistens nicht nur im Beruf – es bestimmt auch ihr Privatleben: Am Tag möchten sie eine Top Führungskraft sein und alle Aufgaben perfekt erledigen – abends und am Wochenende möchten sie ein prima Papa oder eine super Mama sein, dazu ein perfekter Ehemann oder eine perfekte Ehefrau. Natürlich wollen sie außerdem gesund leben, genügend Sport machen, sich oft noch im Verein um ein Ehrenamt kümmern.«

Martin lacht kurz auf: »Das schafft man doch heutzutage gar nicht!«

»Eben«, fährt Hannah fort, »und wer ständig nicht erfüllbaren Zielen nachläuft, der bekommt es irgendwann mit dem Säbelzahntiger zu tun.« Sie atmet tief durch und fragt dann:

»Weißt du, wer die typischen Burn-out-Patienten in den Praxen meiner Kollegen sind?«

Martin schaut sie kopfschüttelnd an.

»Krankenpfleger. Altenhelferinnen. Manchmal Ärzte, aber nicht ganz so oft. Auch Feuerwehrleute, Rettungssanitäter ... Erst danach kommen die berühmten Manager. Übrigens meistens die der mittleren Führungsebene, weil die sich am stärksten zwischen allen Stühlen befinden.«

»Hm. Verstehe. Ich glaube, ich sehe jetzt den Zusammenhang: Wer seinen Beruf ernst nimmt, seine Aufgaben wirklich erfüllen möchte und sich dabei in einem Umfeld befindet, in dem er das selten oder niemals schaffen wird ... wenn der nicht zynisch wird, oder seine Ansprüche nach und nach auf ein realistisches Maß absenkt, dann reibt er sich auf, oder? Wenn der keinen Dienst nach Vorschrift machen und alles etwas langsamer angehen kann, weil nicht nur Akten oder Excel-Tabellen liegen bleiben, sondern Menschen, der gibt jeden Tag wieder neu Vollgas, bis ...«

»... sein Akku leer ist, ganz genau«, ergänzt Hannah die Gedanken ihres Mannes.

»So gesehen trifft Burn-out nicht die Weicheier. Dann ist Burn-out etwas, was Spitzenleute erwischt, die nicht aus ihrem Hamsterrad rauskommen. Sie können es nicht, weil sie ihre Verantwortung für die Patienten oder auch für die Mitarbeiter ernst nehmen, sie wollen es nicht, weil es ihr Charakter, ihr Leistungsanspruch und Perfektionismus nicht erlaubt.«

Hannah nickt.

»Und was war das mit dem Säbelzahntiger?«, fragt ihr Mann nach einem kurzen Moment des Nachdenkens.

Vorsicht Säbelzahntiger

Seine Frau zieht eine Grimasse und zwinkert ihm zu. »Der Tiger ist ein weiteres Bild, mit dem ich meinen Klienten erkläre, was mit ihnen los ist. Burn-out ist ja das Ergebnis von langanhaltendem Stress. Dabei beschreibt Stress ein Phänomen, das genau genommen gar nicht in unsere Gegenwart gehört.«

»Aber alle reden doch davon, und die Krankenkassen zahlen Stressmanagementkurse – das tun sie doch nur, wenn es das Phänomen wirklich gibt?«

»Stress gibt es schon – aber gewissermaßen zu Unrecht. Das ist die biologische Seite, von der ich vorhin sprach. Du kannst dir das verkürzt so vorstellen: Wenn in der Steinzeit ein Säbelzahntiger, ein Bär oder ein Wolf aus dem Gebüsch sprang und auf unsere Vorfahren zu rannte, dann ging es sofort um Leben und Tod. In einer Millisekunde war zu entscheiden: *Angreifen oder abhauen?* Bin ich stark, ist es ein kleiner Tiger, habe ich meinen besten Knüppel dabei – dann greife ich den Tiger an und habe hinterher einen edlen Pelzumhang, wenn es gut läuft. Fühle ich mich schwach, ist der Tiger groß, habe ich meinen Knüppel gar nicht mit – dann muss ich abhauen, rauf auf den Baum, blitzschnell, sonst bin ich Geschichte.«

Martins Gesicht zeigt ein großes Fragezeichen: »Und?«

Hannah lächelt: »Für beides brauchst du Kraft, sowohl fürs Draufhauen wie fürs Abhauen. Diese Kraft stellt dir dein Körper in Sekundenbruchteilen zur Verfügung, indem er Adrenalin ausschüttet. Das kennst du doch?«

Martin nickt: »Klar.«

»Gut. Adrenalin lässt unter anderem das Herz schneller schlagen. Zugleich wird das Herzvolumen größer. Also wird mehr Blut rascher transportiert. Auch die Atmung beschleunigt sich. Der Körper muss nämlich möglichst viel Sauerstoff von der Lunge zu den Muskeln transportieren – denn die sollen ja total stark sein, zum Kämpfen oder Weglaufen.«

Martin nickt. »Ergibt Sinn.«

Auch Hannah nickt: »Eben. Zugleich wird überall dort Energie eingespart, wo man sie nicht braucht, bei der Verdauung, sogar im Immunsystem. Der ganze Körper stellt sich auf das Ziel ›Die nächsten drei Minuten überleben!‹ ein.«

»Schon klar, aber wo ist der Zusammenhang zu ...?«

»Einen kleinen Moment Geduld noch, mein lieber hocheffizienter Manager!«, lächelt Hannah. »Der Zusammenhang ist gleich da, denn: Eine Führungskraft, ein Arzt, eine Altenpflegerin im Stress, das bedeutet biologisch: Der Körper befindet sich im Alarmzustand, als würde ein riesiger Tiger gerade auf einen zurasen – aber nicht nur drei Minuten, bis das mit dem Tiger geklärt ist, sondern Wochen und Monate. Ständiger Tigeralarm, nur ohne Tiger!«

»Das ist ja grauenhaft!«, stöhnt Martin.

»Richtig. Dazu kommen noch einige Punkte, die das Ganze weiter verschärfen. Zum einen konnte man in der Steinzeit noch klar erkennen, worin die Gefahr besteht, und sich gezielt wehren. In der Gegenwart erkennen die Leute oft nicht, woher denn das scheußliche Gefühl überhaupt kommt. Sie können also nicht einfach gezielt etwas dagegen tun. Und das erzeugt zusätzlich Stress.«

»Brr!«, sagt Martin nur, und Hannah zählt weiter auf: »Zum anderen ist es zwar steinzeitlich gesehen kein Thema, wenn der Körper in diesen Alarmzustand schaltet, weil nach fünf Minuten alles geklärt ist. Aber wenn der Körper über Monate in diesem Zustand bleibt, entwickeln sich eine ganze Menge Folgeschäden. Glaub mir: Du würdest keinen davon haben wollen.«

Dampf denkt nach. »Also wird Achim seit Monaten von einem Tiger verfolgt, er ist permanent auf der Flucht oder am Kämpfen? Dabei kann er gar nicht gewinnen? Der Vorstand ist sozusagen der Tiger?«

»Einerseits ja: der Vorstand ... oder dessen neueste Beschlüsse ... oder einfach Achims Zeitplan, sein Kalender, seine To-do-Liste. Das sind die modernen Tiger.«

»Und andererseits?«, fragt Dampf.

»Andererseits«, lächelt Hannah Dampf, »andererseits überhaupt nicht. Schließlich hat der Tiger immer Lebensgefahr bedeutet, der Vorstand aber nicht.«

»Meistens nicht«, lacht Martin, »ist das nicht eine gute Nachricht?«

»Allerdings«, stimmt seine Frau zu, »denn es befreit aus der Hilflosigkeit. Schließlich liegt es nicht am Chef oder an einer Aufgabenliste, es liegt immer daran, was man daraus macht.«

»Du meinst, wenn Achim seinen Chef anschaut und denkt, ›Du bist ja gar kein Tiger!‹, dann ist er aus der Nummer raus?«

»Im Prinzip ja – der Chef ist ein Auslöser, aber es liegt an Achim, was er daraus macht.«

»Cool«, meint Martin Dampf nach einer Pause. »Dann können wir Achim also retten, vor dem Tiger, vor dem Kalender, und vor sich selbst. Ich werde ihm das gleich morgen erzählen.«

»Kannst du machen, aber pass auf, dass du ihn nicht überrennst. Erklärungen sind bekanntlich keine Lösungen, und die Problemlösung bei Stress ist häufig vielschichtig.«

Martin lässt sich nicht bremsen: »Wieso? Ich sage ihm, dass er sich alles nur einbildet, dass der Vorstand kein Säbelzahntiger ist, dass er aber körperlich in großer Gefahr schwebt, wenn er das nicht bald erkennt …«

»Oh ja, das wird ihn alles sofort beruhigen!«, unterbricht ihn Hannah. »Ich glaube, es ist besser, wenn wir gemeinsam einen Schlachtplan entwickeln.«

Die sieben Säulen des Stressmanagements

Achim Bohn sitzt gemeinsam mit dem Ehepaar Dampf unter dem Sonnenschirm einer Eisdiele. Die Kellnerin hat gerade die Bestellungen entgegengenommen, und Achim schaut die beiden an. »Also, ich finde es ja wirklich toll, dass ihr euch so um mich kümmert«, sagt er verlegen, »aber es ist mir auch ganz schön peinlich.«

»Ach Quatsch!«, wehrt Hannah Dampf ab, während Martin lästert: »Das ist reiner Selbstzweck. Wir sind jetzt bei der Arbeit so gut eingespielt, es würde mich total nerven, wenn du zusammenbrichst und ich mich auf einen anderen Kollegen einstellen müsste.« Hannah stößt ihrem Mann den Ellbogen in die Rippen, aber Bohn lacht und meint: »Man muss dich einfach gernhaben, Martin!«

»Ihr habt euch ja schon im Büro kurz ausgetauscht«, ergreift Hannah rasch das Wort, um ihren Mann an weiteren Sprüchen zu hindern. »Kannst du mir kurz sagen, was du davon mitgenommen hast, und welche konkreten Fragen du dazu noch hast? Dann weiß ich, wo ich anknüpfen kann?«

Bohn überlegt, runzelt die Stirn und antwortet stockend: »Ja ... Martin hat mir erklärt, dass sich mein Körper seit Monaten so benimmt, als würde ich von einem Säbelzahntiger angegriffen ... dass aber unser Chef gar nicht lebensgefährlich sei und ich mich also wieder beruhigen könne ... dann sagte er mir, dass ich wegen dieses Tigers – der gar nicht da ist – seit Wochen und

Monaten von Adrenalin geflutet sei und mich deshalb ständig verkriechen oder aber jemandem eine aufs Maul hauen wolle ... und dass das auf keinen Fall gesund wäre und ich bald zusammenbrechen könnte.« Er hält kurz inne, ergänzt dann: »Ach so, und das würde trotzdem nicht bedeuten, dass ich ein Schlappschwanz sei.«

Hannah Dampf wirft ihrem Mann einen vorwurfsvollen Blick zu. Dieser zuckt die Schultern und zieht eine Grimasse.

Achim fährt fort: »Ich hab' das zwar nicht ganz verstanden, aber die Sache mit dem Adrenalin und dass ich mich permanent im Angriffs- oder Flucht-Modus befände, das stimmt genau! Es beschreibt präzise, wie ich mich tatsächlich fühle: Nichts wie weg, oder irgendjemand umhauen, oder wenigstens zur Sau machen. Er meinte, du könntest mir das noch genauer erklären und du hättest auch verschiedene Ideen, was ich dagegen unternehmen könnte.«

»Allerdings«, brummt Hannah immer noch verärgert in Richtung Martin. Dann schaut sie zu Bohn.

»Also, Achim, die Kurzfassung lautet wie folgt: Nach allem, was Martin mir erzählt hat, bist du ganz schön im Stress. Vielleicht bist du sogar schon fast am Rand eines Burn-outs – wir gehen einfach mal davon aus, dass es so etwas gibt und dass das nicht nur das Gerede von Schwächlingen ist, okay?«

Bohn nickt, und Hannah fährt fort. »Gut. Stress ist zunächst einmal eine körperliche Reaktion, die uns schützen soll vor einer tödlichen Gefahr – hier kommt der Tiger ins Spiel. Du bist körperlich bereit zu kämpfen oder zu fliehen, dein Körper stellt dafür riesige Kräfte bereit – nur ist keiner da, gegen den du kämpfen oder vor dem du fliehen könntest. Damit bleibt der Körperzustand, der beim Angriff eines wilden Tiers naturgemäß nur kurzzeitig aktiviert ist, über einen sehr langen Zeitraum aktiv – und das ist tatsächlich aus verschiedenen Gründen sehr ungesund.«

»Hannah meinte, das könnte zu Impotenz führen«, grinst Martin und handelt sich prompt den nächsten Schlag in die Rippen ein. »Zu Schlaganfall, Herzinfarkt, Bandscheibenvorfall, Verdauungsstörungen, Immunschwäche, Depression, Alkoholismus – und Impotenz«, beharrt Martin vergnügt und schaut seine Frau an. Diesmal fängt er ihre Faust ab: »Das hast du selbst gesagt!«

Hannah stöhnt und entscheidet dann, sich lieber auf Bohns Reaktion zu konzentrieren als auf die »Feinfühligkeit« ihres Mannes.

»Übertreibt ihr jetzt nicht ein bisschen?«, fragt dieser irritiert. »Ich meine ... ich bin halt gerade im Stress, das stimmt schon ... aber wer ist das nicht? Außerdem bin ich 44 Jahre alt, und diese ganzen Krankheiten – die sind ja, wenn überhaupt, erst mit 55 oder 66 zu erwarten, und bestimmt nicht gleich alle auf einmal?«

Die Kellnerin kommt und stellt einen Latte Macchiato vor Hannah und je einen Cappuccino vor die beiden Männer: »Ecco!«

»Grazie!«

Ab ins Mentale Fitnessstudio

Hannah trinkt genussvoll und nickt nachdenklich. »Ich dachte mir, dass du das so sehen würdest. Stress gehört heute so sehr zu unserem Alltag, dass wir ihn gar nicht mehr bewusst wahrnehmen – und deshalb all die Krankheiten und Probleme leider auch nicht richtig zuordnen. Man hat sie halt, wenn man Pech hat – aber woher sie kommen und dass vieles davon vermeidbar gewesen wäre, wenn man früh ein paar Weichen gestellt hätte, das ist einem nicht klar. Und die Ärzte heutzutage haben so wenig Zeit – wenn man doch mal vor einem sitzt, behandelt der das Symptom, aber geht oft nicht an die Ursachen. Jede der oben genannten Krankheiten kann ja durchaus verschiedene Ursachen haben. Aber wenn man sie erst mal hat, ist es zu spät, etwas zu verändern. Besser wäre es also, schon vorher aktiv zu werden.«

Auf Bohns noch immer skeptischen Blick wechselt sie die Perspektive: »Fakt ist: Derzeit geht es dir nicht gut. Du kannst die Situation bei der Arbeit kaum aushalten, möchtest deinen Job machen und stehst dir dabei, unter anderem, irgendwie selbst im Weg, richtig?« Bohn nickt. »Das allein würde schon genügen, etwas zu unternehmen – auch richtig?« Wieder nickt Bohn. »Und wenn das, was du unternimmst, um dich wieder wohl zu fühlen, langfristig körperliche Probleme von dir fernhält.«

»Wie beispielsweise Impotenz ...«, kommt es von Martin Dampf.

Hannah ignoriert ihn: »... dann schadet das ja nicht gerade.« Bohn nickt wieder, diesmal nachdrücklich. »Prima. Genau deshalb habe ich etwas arrangiert, was du für dich nützen kannst, um aus der Situation herauszukommen. Martin hat mir erzählt, dass du gerne ins Fitnessstudio gehst. Was ich für dich zusammengestellt habe, ist ein Aufbautraining in verschiedenen Stufen. Man könnte sagen, mit verschiedenen Stationen. So wie im Studio, wo du auf dem Laufband etwas für die Kondition tust, auf der Bank etwas für die Oberarme und den Brustkorb, und so weiter. So hast du in meinem Mentalen Fitnessstudio ebenfalls unterschiedliche Geräte beziehungsweise Werkzeuge, die du individuell nützen kannst – je nachdem, welche mentale Stärke du aufbauen möchtest.«

»Mentale Stärke aufbauen klingt nach einem guten Plan«, sagt Achim Bohn nachdenklich. Martin Dampf nickt beeindruckt: »Allerdings – kann ich da auch mitmachen?« Hannah Dampf löffelt Schaum von ihrem Kaffee und lacht: »Jungs sind doch alle gleich!«

Lupe, Hammer, Fernbedienung

»Und was sind das für Stationen?«, fragt Achim Bohn, nachdem er selbst einen Schluck Cappuccino getrunken hat.

»Das lässt sich nicht alles in zehn Minuten erklären. Es ist auch sinnvoll, dass du dich mit jeder Station intensiv auseinandersetzt. Aber ich gebe dir gerne einen kurzen Überblick, okay?«

Bohn nickt und rührt noch etwas Zucker in seinen Kaffee.

»Ziel der ersten Station ist es, den Status quo zu erfassen und eine Basis zu schaffen: Wir prüfen den Ist-Zustand und vermitteln Grundlagenkenntnisse. Das macht man im Fitnessbereich auch, um das Training individuell auszurichten. Ich nenne das symbolisch ›Die Lupe‹, du wirst hier zunächst einen Selbsttest machen, um den Grad deines aktuellen Stresslevels zu bestimmen. Hier sollten wir außerdem klären, ob Stress schon deshalb harmlos ist, weil fast jeder ihn hat.«

Martin hört Hannah zu, während er an seinem Cappuccino nippt, und hält den rechten Daumen in die Luft: »Will ich auch machen!«

»Prima«, schmunzelt Hannah, »dann teilt ihr euch auch die Hausaufgaben. Das Mentale Fitnessstudio soll ja Stress wegnehmen und keinen machen.«

Dampf zieht ein längliches Gesicht: »Wie jetzt – Hausaufgaben?«

Bohn klopft ihm fröhlich auf die Schultern: »Tja, mitgefangen, mitgehangen.«

Hannah fährt fort: »An der zweiten Station kommen wir zum ersten konkreten Ansatzpunkt des Stressmanagements. Hier geht es gleich darum, die Welt zu verändern – deshalb hat diese Station den bildhaften Namen ›Der Hammer‹ bekommen. Näheres folgt, wenn ihr die Hausaufgaben der ersten Station ordentlich gemacht habt.«

Beide Männer schauen sich verwundert an, dann strahlt Martin: »Chef entführen also!«

»Oder abmurksen«, ergänzt sein Kollege.

Hannah überhört die Sprüche und fragt streng: »Wollt ihr noch die anderen Stationen wissen?«

Beide Männer nicken: »Ja klar!« Nur Achim hängt noch rasch dran: »Aber erst müssen wir noch besprechen, ob die Station nicht besser ›Rauchende Colts‹ heißen sollte!«

Hannah wirft ihm einen strengen Blick zu und räuspert sich: »An dritter Stelle schauen wir uns den wirkungsvollsten Mechanismus von allen an. An dieser Station müsst ihr nämlich Farbe bekennen: Wollt ihr Opfer bleiben oder Täter sein?«

»Wir sind doch keine Opfer – geht's noch?«, wirft Martin ein.

»Ein Täter bin ich aber auch nicht …«, überlegt Bohn irritiert.

Hannah lächelt. »Nun: Ihr dürft an dieser Station entscheiden, ob ihr in eurem Leben weiterhin Dinge sagen werdet wie ›mein Chef stresst mich‹ oder ob ihr die volle Verantwortung für euch übernehmt. Dort werden wir nämlich überlegen, ob es *überhaupt* in unserer westlichen Welt etwas gibt, was wirklichen Stress auslösen kann.«

»Aber gerade vorhin hast du doch erst gesagt, es sei klar, dass ich im Stress bin?«, fragt Bohn verwundert.

»Ja, richtig«, stimmt Hannah zu, »und dabei bleibe ich auch. Denn die magische Frage bei Station drei ist, *wer* dir diesen Stress macht: die Welt da draußen – oder du selbst?«

»Und das ist die gute Nachricht?«, fragt Martin Dampf.

»Ich glaube, ich habe eine Idee«, fällt Achim Bohn ein, »die gute Nachricht daran ist, dass ich das, was ich selbst mache, auch sein lassen könnte, oder?«

Hannah lächelt, hält nun ihrerseits ihren Daumen in die Luft und nickt. »Wenn das eine magische Frage ist, dann heißt die dritte Station vielleicht ›Der Zauberstab‹?«, rätselt Martin.

Seine Frau legt den Kopf schräg: »Ich habe für diese Station bisher noch gar keinen Namen festgelegt, das könnt ihr dann gerne machen. Zauberstab klingt schon mal gut.«

»Schau'n mer mal«, meint Achim, dann schauen die beiden zu Hannah: »Weiter!«, sagt Martin Dampf.

»Station 4 heißt ›Die Fernbedienung‹. Hier lernt ihr verschiedene Techniken, mit denen ihr euch notfalls an den eigenen

Haaren aus dem Sumpf ziehen könnt. Neulich sagte mir ein Klient, dass er mit einer dieser Strategien seinen Hausbau insgesamt ruhig und gelassen bewältigt habe, obwohl Dutzende von Dingen schiefgegangen seien ...«

»*Das* brauche ich *unbedingt*!«, rufen beide Geschäftsführer wie aus einem Mund.

»Der Architekt meinte wohl, er habe noch nie zuvor erlebt, dass jemand bei so vielen geplatzten Terminen nicht einmal gebrüllt habe«, ergänzt Hannah noch ihre Geschichte, und beide Männer sind sich einig: »Gekauft!«

Hannah trinkt von ihrem Latte und holt Luft. »Station 5 heißt ›Der Fallschirm‹. Sie wechselt komplett den Ansatz, hier geht es um Folgendes: Wenn man mit den Strategien von Station 2 bis 4 alles im Griff hat, ist es gut. Man hat entweder die Umwelt an sich verändert und den Stressauslöser entfernt, oder man hat seine mentalen Filter optimiert und zu mehr Gelassenheit gefunden. Das klappt oft, aber nicht immer. Daher sollte man ein oder zwei Pfeile mehr im Köcher haben. Der Punkt ist: Während sich zuvor alles entweder auf die Umwelt oder auf den eigenen Geist konzentriert hat, konzentrieren wir uns bei der fünften Station auf ein anderes Zielgebiet: auf den eigenen Körper.«

»Massagen?«, fragen beide Männer, wieder fast gleichzeitig.

»Dzdzdz«, schüttelt Hannah den Kopf, während Martin und Achim gackern. »Martin, ich glaube, wir müssen mal reden! Nein, keine Massagen, es gibt verschiedene Verfahren, mit denen wir unseren Körper aus einem angespannten, gestressten Zustand in einen entspannten, ruhigen Zustand versetzen können. Die wirken nicht für jeden gleich, daher ist es gut, verschiedene davon zu probieren. Dann kann jeder herausfinden, was am besten zu ihm passt. Stress ist immer auch ein körperliches Thema, deshalb setzen wir hier am Körper an, um zusätzliche Entlastung zu erreichen.«

»Wieso machen wir dann nicht *nur* das?«, fragt Achim Bohn, und Hannah erklärt: »Wenn der Teekessel pfeift, weil der Druck zu groß ist, kann man das Ventil öffnen, um Druck abzulassen – aber wenn zugleich die Herdplatte darunter auf der höchsten Stufe weiter heizt, genügt es nicht, nur das Ventil zu öffnen.«

Martin überlegt: »Du meinst, wenn die Welt im Chaos versinkt und du würdest nur im Schneidersitz auf einer Matte sitzen und ›Ommmmmmm‹ brummeln – das wäre ein bisschen einseitig? Ist das so gemeint?«

»So ähnlich, ja.«

»Und wieso heißt die Station ›Der Fallschirm‹, das verstehe ich trotzdem nicht?«, überlegt Martin, und Hannah erklärt fröhlich: »Weil es darum geht, körperlich runterzukommen.«

»Dann könnte sie aber auch ›Der Teppich‹ heißen – nach dem Motto, wir bleiben alle auf dem Teppich«, feixt Achim.

Aber Hannah bleibt fest: »Soweit ich gehört habe, bist du aber nicht auf dem Teppich, lieber Achim, sondern gehst gerade viel zu oft in die Luft!« Achim grunzt und zuckt die Schultern.

»Die vorletzte Station ist in klassischen Stressmanagementprogrammen nicht enthalten, aber ich finde immer, wenn man bei Station 5 sowieso gelernt hat, sich zu entspannen, dann kann man einen weiteren Vorteil gleich mit nützen: Wer entspannt ist, der ist auch empfänglicher für Suggestionen. Wenn euch das interessiert, könnt ihr also an dieser Stelle ein paar Tricks aus dem Feld der Selbsthypnose erlernen – das hilft nicht nur gegen Stress, das ist ganz allgemein ein attraktives Anwendungsfeld.«

»Wow, spannend!«, sagt Bohn anerkennend.

»Danke, finde ich auch«, lächelt Hannah. »Aus meiner Sicht gehört diese Station zum Parcours der Mentalen Fitness außerdem auch deshalb dazu, weil man im Stress relativ oft mit dem bewussten Denken aussetzt. Aber wenn man zuvor seinen Autopiloten gut programmiert hat, ist man trotzdem auf der sicheren Seite.«

»Klingt vernünftig«, meint Martin. Alle drei schweigen ein paar Sekunden. »Ganz schönes Programm«, sagt Bohn, und sie schweigen wieder. Dann erläutert Hannah noch den Ansatz der siebten und letzten Station.

»Diese Station ist recht rasch erklärt – und falls Martin wirklich alle Stationen mitmacht, dann habe ich auch noch etwas davon«, führt sie aus. »Denn bisher haben wir uns größtenteils mit der Stressabwehr beschäftigt, also letzten Endes mit dem Stress. Und wenn wir von dem loskommen möchten, ist das alles etwas paradox.« Sie wendet sich direkt an ihren Mann, von dem sie weiß, wie sehr er rote Beete hasst. »Denke *nicht* an Rote-Beete-Saft und wie ekelhaft er schmeckt ... stell dir *nicht* vor, wie du einen Schluck davon nimmst, und denke auch *nicht* daran, wie er über deine Zunge läuft und der Nachgeschmack noch drei Minuten in deinem Mund anhält«

»Brrrrrrrrrrrrrrrrrr!«, Martin Dampf schüttelt sich prompt, und Achim lacht.

»Das war ein Insider«, erklärt Hannah, »aber ich denke, ihr habt beide verstanden, was ich meine: Wenn man vom Stress weg möchte, sollte man sich besser auch überlegen, wo man hinwill. Weg von etwas Negativem ist selten eine angenehme Motivation, hin zu etwas Positivem hat eine wohltuendere Wirkung. Das ist die siebte Säule des Stressmanagements, darauf beruht unsere letzte Station.«

»Ich brauche noch ein Eis, damit ich den Geschmack von Rote Beete losbekomme!« schimpft Martin Dampf. Alle drei lachen und knöpfen sich die Eiskarte vor.

»Und wie geht es jetzt weiter?«, möchte Bohn wissen, nachdem sie bestellt haben. »Ich meine, ich rede hier gerne mit euch und genieße den freien Nachmittag, nur ... das hört sich nach einem ziemlich großen Aufwand an. Zum einen weiß ich gar nicht, ob ich so viel Zeit finden werde, mich mit diesen Stationen zu befassen – zum anderen mag ich dir, Hannah, ja auch nicht so viel Zeit stehlen. Ich meine, ich bezahle natürlich, was immer das kostet, und –«

»Quatsch«, unterbricht ihn Hannah. »Erstens macht es mir Spaß. Zweitens finde ich gut, dass ihr das zusammen macht – auch Martin schadet es nicht, sich ganz gründlich und aktiv damit auseinanderzusetzen. Drittens habe ich mir das so ausgedacht, dass nicht ich an jeder Station stehe und euch in die ›Geräte‹ einweise, sondern dass ihr das nur zum Teil mit meiner Unterstützung macht. Zum Teil werdet ihr es allein machen, zum Teil mit Hilfe von anderen Leuten. Mein Nutzen ist also vorhanden, und mein Aufwand hält sich in Grenzen, okay?«

Als Bohn den Mund öffnet, um zu protestieren, legt Martin ihm eine Hand auf den Arm: »Keine Widerrede – das bringt eh nix!«

Hannah boxt ihn spielerisch, während die Kellnerin drei Eisbecher vor ihnen abstellt. Dann wendet sie sich noch einmal an Achim: »Was deinen ersten Einwand angeht, dass du vielleicht nicht genügend Zeit finden könntest, das kenne ich von meinen Coachings, dass ein gestresster Manager ganz verzweifelt ausruft: ›Ach du liebe Zeit – jetzt soll ich mich auch noch um *mich* kümmern? Wann soll ich denn *dafür* noch Zeit finden!?‹ Ich glaube, und ich hoffe, du bist es dir wert – auch, um gesund zu bleiben, und auch, damit dir die Arbeit wieder Spaß macht.«

I. Die Lupe: Wie schlimm ist es wirklich?

Die drei genießen ihr Eis und reden über andere Themen – meistens über den Beruf. Die Männer erzählen verschiedene Anekdoten, um das aktuelle Chaos in ihrem Unternehmen zu veranschaulichen. Hannah Dampf schwankt zwischen Lachen und Kopfschütteln, kommentiert gelegentlich eine Story und fasst zusammen: »Also, eines ist klar – wenn man euch beiden die Leitung überließe, würde das Unternehmen in kürzester Zeit wachsen und gedeihen!«

»Selbstverständlich!«, antworten Dampf und Bohn unisono, und Hannah fragt sich, ob sie den ironischen Unterton nicht gehört haben oder nicht hören wollten. Etwas später lenkt sie zurück zum Anlass des Treffens: »Also, Achim, bist du bereit für mentales Fitnesstraining?«

»Wie gesagt: Ich bin ziemlich am Ende. Tiger hin oder her, die Arbeit macht mir seit vielen Monaten keinen Spaß mehr, ich verbringe viel zu viel Zeit dort und bin abends trotzdem nicht zufrieden. Zu vieles bleibt liegen, zu vieles lässt sich von mir nicht beeinflussen. Dazu spüre ich die Unzufriedenheit der anderen – es laugt mich aus. Aber, wie ich ebenfalls schon sagte: Ich möchte dich nicht ausnützen!«

»Das hatten wir doch schon, Achim. Ich tue das gerne und die halbe Arbeit lasse ich euch sowieso allein machen. Martin möchte einen starken Kollegen an seiner Seite, ihm tut es außerdem selbst gut – wenn das nicht genügt, können wir ja vereinbaren, dass ich Bescheid sage, wenn es mir zu viel wird, oder dass ich dann eine Rechnung stelle, okay?«

»Auf jeden Fall!«, bestätigt Bohn sofort.

»Gut!« Hannah bückt sich zu ihrer Handtasche neben dem Stuhl. »Ich habe ein paar Unterlagen mitgebracht, die ich bei meinen Klienten verwende, um ihren Status quo festzustellen. Zum Glück habe ich die ganze Mappe eingesteckt, so dass ich für jeden von euch Blätter habe. Ihr bekommt verschiedene Aufgaben, die ihr durchgehen dürft. Bestellt euch ruhig noch einen Kaffee, ich gehe jetzt nämlich für eine Stunde shoppen.« Sie legt einige Klarsichthüllen mit Fotokopien auf den Tisch und zieht unterschiedliche Papiere heraus. »Habt ihr Stifte? Achim, du als offizieller Klient notierst zunächst die Aufgabe.« Bohn legt sich die Serviette zurecht und zieht einen Stift aus der Brusttasche, Dampf lässt sich von seiner Frau einen Kuli zuschieben.

»Also: Aufgabe eins: Jeder von euch füllt diesen Selbsttest ›Aktuelle Stressbelastung‹ aus. Es sind 40 Fragen – bei jeder könnt ihr mit *nie*, *manchmal* oder *andauernd* antworten. Für jedes *manchmal* gebt ihr euch einen Punkt, für jedes *andauernd* bekommt ihr zwei Punkte. Am Ende addiert ihr die Punkte.« Hannah schiebt jedem der beiden Geschäftsführer ein Blatt zu mit den 40 Fragen.

»Also kann ich maximal 80 Punkte bekommen«, meint Martin Dampf.

»Wenn du 80 Punkte hast, mein Lieber, dann gibst du heute noch alle Schlüssel ab und wanderst direkt in die Reha!«, lacht Hannah, während Bohn »Herr Lehrer, ich weiß was, im Keller brennt Licht!« murmelt und beginnt, seinen Bogen auszufüllen.

»Moment!«, ruft Hannah und legt ihre Hand auf Bohns Bogen. »Du sollst doch erst mal notieren, was ihr insgesamt tun sollt!«

Bohn schaut hoch und nimmt sein Handy, dem er »Bogen ausfüllen und Gesamtwert errechnen« diktiert. »Papier sparen schont die Umwelt«, sagt er achselzuckend, als er sieht, wie Hannah die Augen rollt.

»Also, ihr werdet den Fragebogen ausfüllen und euren Gesamtwert errechnen. Danach dreht ihr die Bögen um – dort seht ihr, wie euer Testergebnis ausgewertet wird. Jetzt lautet die Aufgabe, eure Ergebnisse zu vergleichen und zu besprechen. Diskutiert insbesondere die Fragen, ob ihr mit diesem Ergebnis gerechnet habt, und weshalb es wohl so ausfällt, wie es ausfällt.« Sie wartet, bis Bohn »Ergebnisse diskutieren: Abgleich Erwartung und Ergebnis; weshalb gerade so und nicht anders?« ins Handy diktiert hat. Dann zieht sie aus einer anderen Klarsichthülle je vier Blatt heraus und legt sie mit der bedruckten Seite nach unten vor den Männern ab.

»Wenn ihr damit fertig seid, habt ihr hier etwas zu lesen. Es ist ein kurzer Artikel, in dem geschildert wird, was sich bei Stress im Organismus abspielt. Alle kurz- und langfristigen Folgen werden geordnet nach vier wesentlichen Bereichen übersichtlich dargestellt: Körper, Fühlen, Denken, Verhalten. Eure dritte Aufgabe lautet: Lest euch die Texte durch und besprecht dann, welche der langfristigen Stressfolgen ihr nicht so schlimm findet und welche ihr auf gar keinen Fall bekommen wollt. Da Martin das mentale Fitnesstraining mitmachen möchte, und da ihr beide solche Topmanager seid, könnt ihr euch das Ganze aufteilen, und jeder liest nur die Hälfte. Die Texte bekommt ihr aber beide komplett. Noch Fragen?«

Bohn diktiert wieder, dann schauen sich beide Männer an und schütteln den Kopf. Martin fragt aber doch noch: »Welchen Namen hat diese Station? Wofür ist das gut?« Hannah erläutert: »Der Name lautet ›Lupe‹. Hier geht es darum, genau hinzuschauen. Zum einen, um den aktuellen Status quo in puncto Stress festzustellen, zum anderen, um die Geschehnisse im Körper zu kennen und sich darüber hinaus die Folgen vor Augen zu führen. Andere Fragen?« Keiner sagt mehr etwas, beide Männer nehmen die Stifte und schauen auf das erste Blatt, auf den Fragebogen.

»Prima, dann gehe ich jetzt shoppen, und ihr guckt mal, wie gefährdet ihr seid, und überlegt dann, ob die Folgen erträglich wären, wenn ihr so weitermacht wie bisher.« Hannah Dampf steht auf, hängt ihre Handtasche um und verlässt die Eisdiele in Richtung Innenstadt.

Achtung Selbsttest!

Achim Bohn und Martin Dampf sitzen über ihren Fragebögen[1] und kreuzen die Antworten an. »Versagensängste? Hast du Versagensängste?«, fragt Bohn zwischendrin, und Dampf grunzt »Nicht abschreiben – nimm deine eigenen Probleme!«

Beide grinsen und kreuzen weiter an. »Ich mag meine Arbeit nicht?«, überlegt Bohn etwas später. »Eigentlich mag ich die schon, nur zurzeit nicht ... also kreuze ich *manchmal* an, oder?«

»Guck mal, Achim, oben steht: Fülle es so aus, wie es für die letzten drei Monate passt!«

»Wenn das so ist, dann nehme ich *andauernd* ...«

Gleich darauf runzelt Dampf die Stirn. »Sag mal – ›Ich habe mit vielen Menschen zu tun‹, das ist doch nicht automatisch ein Stressthema? Wenn man Menschen mag? Als Vertriebler muss ich hier *andauernd* ankreuzen, aber dann bekomme ich sofort zwei Stresspunkte. Wo ist denn da die Logik?«

Bohn schaut hoch und denkt nach. »Also, ich habe mal gelesen, dass in Experimenten mit Ratten Stress entweder durch laute Musik von AC/DC erzeugt wird oder durch viele Ratten auf engem Raum. Wenn das auch für Menschen gilt, dann wäre es auf einer instinktiven Ebene stressiger, ständig von anderen Leuten umgeben zu sein, als allein durch den Wald zu gehen«, vermutet er dann.

1 Den vollständigen Fragebogen plus Auswertungsschema finden Sie im Anhang.

»Es sei denn, der Tiger kommt«, grinst sein Kollege.

Schließlich sind beide fertig und addieren. »24« sagt Dampf. »Du?«

Bohn schneidet eine Grimasse und zählt noch einmal. »53«, murmelt er dann stirnrunzelnd. Beide drehen ihren Bogen um und lesen die Interpretationen. »Geht ja noch«, meint Dampf dann und liest vor: »Bei mir steht: ›Sie sollten Ihre Fähigkeiten zum Umgang mit Stress unbedingt verbessern.‹ – Ich finde, das passt prima zu unserem Fitnessprogramm der sieben Stationen!« Er schaut seinen Kollegen an: »Mit 53 Punkten bist du zwar noch einiges von der maximalen Punktzahl entfernt – aber trotzdem liegst du schon im Höchstbereich, wenn der Test nicht lügt. Das würde schon zu dem passen, was wir neulich überlegt hatten – in der letzten Zeit bist du wirklich ganz schön fertig gewesen, oder?«

Bohn schaut weiter auf seine Ergebnisinterpretation. »... ›bereits im Teufelskreis des chronischen Stresses gefangen‹ ... ›krank machende Wirkung‹ ... ›allerhöchste Zeit, etwas zu tun‹ ...« – soll mir *das* jetzt helfen? Ich fühle mich schlechter als vorher!« Er schaut Dampf kurz an und schüttelt den Kopf. »Wieso ist man bei diesem Test schon nach so wenigen Punkten im roten Bereich? Das ergibt doch keinen Sinn – vielleicht hat sich Hannah beim Abschreiben vertippt?« Dieses Mal macht keiner der beiden Witze – besonders das Ergebnis von Bohn wirkt deprimierend, sogar erschreckend.

»Was genau sollen wir jetzt tun? Das andere Zeug lesen?«, fragt Martin Dampf schließlich, und Bohn aktiviert den Bildschirm seines Handys. »Nee, erst sollen wir abgleichen, inwiefern das, was der Test über unser Stresslevel sagt, mit dem übereinstimmt, was wir selbst erwartet hätten. Du fängst an – ich brauche noch einen Moment, um mich zu sammeln.«

Dampf überlegt. »Also, ich kann es so formulieren: Dass ich nicht gerade bei null Punkten und keinerlei Stress landen würde, habe ich mir gedacht. Ich mag meine Arbeit sehr gerne. Dennoch, oder sogar deshalb, bin ich nicht nach acht Stunden zuhause, und oft auch nicht nach zehn Stunden – das ist bei der Position halt so, das wusste ich schon vorher. Dass ich also ein paar Punkte haben würde, hatte ich erwartet. Nicht erwartet hatte ich, dass ich mit diesen Punkten bereits im gefährdeten Bereich gelandet bin, mit dem Hinweis, ich sollte auf jeden Fall etwas tun. Ich dachte bisher, klar, ein bisschen Stress, okay – aber kein Handlungsbedarf.« Er zögert und fragt dann seinen Kollegen: »Wie kommst du denn mit deiner Punktzahl klar, beziehungsweise mit der Interpretation?«

»Schlecht«, meint Bohn. »Einerseits war schon klar, dass es mir nicht gut geht und dass ich in den Seilen hänge. Dass das mit sogenanntem Stress zu tun haben könnte, klar, darauf konnte man auch als Laie kommen, geschenkt. Auch dass meine Punktzahl höher sein würde als deine, war zu erwarten – dich habe ich ja noch nie rumbrüllen hören, oder Türen knallen, oder Ähnliches.« Er schneidet eine Grimasse, bevor er fortfährt. »Genau wie bei dir macht mir aber die Interpretation zu schaffen. Besonders die Aussagen, dass ich praktisch kurz vor dem Kollaps stehen soll oder mit einem Bein in der Klinik – das sehe ich nicht so, oder habe ich bisher nicht so gesehen.«

Dampf denkt über die Worte seines Kollegen nach und nickt. »Wir haben also beide kein Problem mit den Punkten, die wir erreicht haben – aber wir haben beide Schwierigkeiten, die gefühlt sehr dramatische Interpretation der Punktwerte zu akzeptieren, stimmt das so?«

»So kann man es beschreiben«, sagt Bohn nachdenklich. »Wenn wir das zu Ende denken, dann bleiben zwei Erklärungen übrig: Entweder ist die Skala verzerrt und schlägt für alle Leute viel zu früh Alarm –«, er stockt, und Dampf ergänzt »– oder aber man macht sich im Alltag einfach nicht ständig bewusst, wie hoch der eigene Stresspegel ist.« Beide nicken langsam, und Bohn nimmt den Faden wieder auf: »Das wäre schon möglich – stell dir mal vor, wir würden bei der Arbeit auch noch ständig denken, ›Mann, bin ich gestresst!‹ – früh, mittags, abends, nachts – das würde uns ja dann gleich doppelt stressen! Da wäre eine systematische Verdrängung verständlich, einfach um überhaupt weiter zu funktionieren!«

»Puh! Mir fällt dazu eine Geschichte ein, die ich irgendwo gehört habe, eine Art von makabrer Frage: Wie kann man einen Frosch bei lebendigem Leib kochen, ohne dass er aus dem heißen Wasser springt?« Bohn schaut seinen Kollegen fragend an, und dieser gibt die Antwort selbst: »Indem man das Wasser nur langsam wärmer dreht. Würde man den Frosch direkt in kochendes Wasser werfen, würde er mit einem Satz wieder rausspringen. Setzt man ihn aber in warmes Wasser und dreht nach und nach höher, wird er mit der Zeit immer müder, aber er springt nicht raus. So wird er bei lebendigem Leib gekocht.«

»Pfui, wie ekelhaft! Und du meinst, wir sind solche Frösche? Dass die Anforderungen langsam erhöht werden, jeden Monat etwas mehr, jedes Jahr etwas höhere Ziele – und wir denken jedes Mal, na klar, ein Prozent mehr, das schaffe ich, kein Thema – und dabei werden wir langsam gar gekocht?«

Martin nickt. »Sozusagen. Das eine ist, was du vorhin sagtest: Wir verdrängen vermutlich den vorhandenen Stress, weil uns das nur belasten würde. Und zugleich gilt auch die Dynamik der Froschgeschichte: Wir werden ja nicht auf einmal, sondern ganz langsam immer weiter hochgekocht.«

»Na toll«, meint Achim Bohn. »Zuerst hatten wir einen angreifenden Tiger, das war schon nicht so lustig – und jetzt sind wir selbst nur noch Frösche im Kochtopf? Ich kann mir nicht helfen, aber momentan tut mir unsere Station 1 nicht wirklich gut!«

»Ob die in so einer Eisdiele auch Bier haben?«, murmelt Martin Dampf und schaut nach der Kellnerin.

Gedanken, Gefühle, Körper, Verhalten

»Was sollen wir als Nächstes tun? Das hier lesen?« Martin Dampf hält den Artikel hoch, den seine Frau vorhin zurückgelassen hat. Achim Bohn schaut auf die Notizen in seinem Smartphone und nickt: »Ja. Durchlesen und dann überlegen, welche der langfristigen Stressfolgen wir notfalls in Kauf nehmen würden.« Er blättert durch die Kopien und schaut seinen Kollegen an: »Das ist aus einer Informationsbroschüre der Krankenkassen. Sollen wir uns das aufteilen oder beide alles lesen?«

»Wir teilen es auf – nochmal genauer nachlesen können wir später immer noch«, meint Dampf. »Du liest die Themen Denken und Fühlen, ich lese Körper und Verhalten, okay?« Der andere nickt, und beide trinken gelegentlich von ihrem Kaffee, während sie einige Minuten konzentriert lesen.

»Also … ich will nix davon geschenkt!«, sagt Achim Bohn schließlich und schiebt seine Blätter von sich weg. »Hast du eine nette Stressfolge gefunden, auf die du scharf bist?«

Dampf schüttelt den Kopf. »Nein. Bei mir war nichts drin, was ich gerne haben wollte – im Gegenteil. Was will denn Hannah mit der Frage erreichen? Meine Stressfolgen, vor allem die langfristigen, sind echt abstoßend, die braucht kein Mensch!«

»So geht's mir auch. Wir tauschen uns mal aus, oder? Ich bestelle uns erst nochmal einen Kaffee – nimmst du wieder einen Cappuccino?«

Bohn winkt den Kellner heran und bestellt, dann atmet er tief durch und fasst die wichtigsten Punkte seiner beiden Kapitel zusammen. »Fangen wir mal mit dem Denken an. Wenn der Tiger auf uns losrennt, während wir mit Lendenschurz und Holzknüppel dastehen, ist klar: Kurzfristig sind wir im Denken hellwach und absolut fokussiert. Das passt ja auch, denn wenn ein Tiger angreift, wird keiner vor sich hinträumen.« Er hebt mahnend den Zeigefinger und fährt fort: »Langfristig ist das allerdings prompt blöd: Wenn wir uns über lange Zeit auf hohem

Leistungsniveau befinden, kostet das viel Kraft und Energie. Aus diesem Grund findet man als langfristige Folgen im Bereich des Denkens Vergesslichkeit und Nachlassen der Konzentrationsfähigkeit. Man ist generell erschöpft und deshalb auch mental nicht so leistungsfähig wie in weniger stressigen Zeiten.«

»Super«, schimpft Martin Dampf. »Ich bin also gestresst, weil ich seit Wochen zu viel zu tun habe. Zugleich baue ich mental ab und kann mich immer schlechter konzentrieren – wodurch ich langsamer werde, aber mehr Fehler mache? Was ja bedeutet, dass ich weniger leiste und schlechtere Ergebnisse liefere, wodurch ich also *noch* gestresster werde?«

»So sieht's wohl aus. Hört sich nicht gut an. Dazu kommt bei vielen Menschen noch die Neigung, mehr zu grübeln, wenn sie im Stress sind. Das ergibt eine zusätzliche Belastung.« Bohn zählt an drei Fingern ab: »Ich kann mich auf Wesentliches schlechter konzentrieren, vergesse Dinge – *und* lenke mich durch unwesentliche Themen ab.« Er hält inne und schüttelt den Kopf: »Ehrlich gesagt, ich habe alle diese Symptome in den letzten Wochen bemerkt: Meine Gedanken sind oft abgeschweift und haben sich im Kreis gedreht ... ich habe manches vergessen, was ich mit Kollegen besprochen hatte ... – passt schon.«

»Von nix kriegt man halt auch keine 53 Punkte im Stresstest!«, frozzelt Dampf und überlegt: »Inwiefern hilft eigentlich Grübeln, wenn der Tiger kommt? Das hat doch evolutionär gesehen keinen Sinn?«

»Stimmt«, antwortet sein Kollege. »Ich glaube, die langfristigen Folgen sind alle nicht sinnvoll, auch nicht in der Steinzeit – das sind einfach nur die Konsequenzen davon, dass man zu lange im Flucht-oder-Kampf-Modus gefangen ist. Damals hat das ja nur ein paar Minuten gedauert, nicht Wochen oder Monate. Daher kann man die langfristigen Sachen nicht mit ›nützlich zur Tigerabwehr‹ erklären.«

Dampf nickt langsam. Dann fragt er: »Und was steht Schönes im Kapitel Fühlen?«

»Ach«, seufzt Bohn und blättert in seinen Kopien. »Das willst du nicht wirklich wissen! Die kurzfristigen Folgen sind wegen der Steinzeit wieder nachvollziehbar: Ich will kämpfen oder fliehen, also bin ich reizbar, aggressiv und hektisch. Langfristig kann sich das in zwei Richtungen entwickeln: Wenn ich ständig im übererregten Zustand bleibe, können Ängste entstehen. Ich befinde mich seit Wochen oder Monaten auf der Flucht vor wilden Tieren, lebe Tag und Nacht im Alarmzustand. Wenn einfach keine wilden Tiere zu sehen sind, sucht sich der Instinkt wohl irgendetwas, was gerade da ist, und entwickelt davor Ängste. Zum Beispiel Schlangen ... Spinnen ... Aufzüge ... offene Plätze ...«

»Kann man verstehen«, meint Dampf, »wieso haben Menschen eigentlich immer gerade vor solchen Sachen Angst?«

Bohn überlegt. »Ich kann mir das eigentlich mit der Steinzeit ganz gut erklären. Kein Mensch hat Angst vor einem VW Käfer oder vor einem Tisch oder vor einem Buch, es gibt auch keine Angst vor Bäumen. Die typischen Ängste hängen alle noch mit urzeitlich bedrohlichen Objekten zusammen.«

»Spannend«, kommentiert Dampf. »Du meinst, weil Spinnen und Schlangen vor 10 000 Jahren mal gefährlich waren und ungeschützt über eine Lichtung zu gehen damals nicht immer klug war, warnt unser Gehirn uns Jahrtausende später noch davor? Da könnte was dran sein.«

Bohn schaut ihn an: »Warum sollte es sonst so sein? Zurück zum Thema: Wenn man durch den Dauerstress langfristig keine Ängste entwickelt, gibt es eine Alternative: Man entwickelt eine Depression.«

»Na klasse«, schimpft Dampf.

Bohn fährt fort: »Moderne Theorien erklären das mit Gefühlen von Ohnmacht und Hilflosigkeit. Wenn wir uns einer Stresssituation über sehr lange Zeit hilflos ausgeliefert fühlen, wenn wir nicht weggehen können – dann können wir statt Ängsten auch Depressionen entwickeln. Wenn ich den Text richtig verstanden habe, ist der berüchtigte Burn-out eine Art von Depression – jedenfalls wird das Phänomen zu dieser Art von psychischer Störung gerechnet.«

»Ich kann mir das schon vorstellen.« Martin Dampf überlegt: »Wenn ich mir bewusst mache, dass ich tagaus, tagein zur Arbeit fahre, dort zehn Stunden wie ein bekloppter Hamster im Rad renne, ohne mein Ziel zu erreichen ... und mir dann auch noch ausmale, dass das gestern schon so war und es morgen auch so sein wird ... puh! Da kostet die Rennerei selbst Kraft, aber außerdem macht mich der Gedanke an meine Situation in zunehmendem Maße mutlos.«

»Jetzt hast du gerade von mir gesprochen, Martin ...« Bohn zieht wieder eine Grimasse, und Dampf lästert: »Ich dachte, du wärst mehr auf der aggressiven Seite unterwegs?« Bohn überlegt und meint dann: »Das ist kurzfristig«, worauf Dampf kontert: »Solange du noch aggressiv und reizbar bist, ist das also ein gutes Zeichen, dann steckst du noch nicht ganz so tief in der ...«

»Du Blödmann!«, schüttelt Bohn den Kopf und wechselt das Thema. »Das waren jedenfalls die langfristigen Folgen beim Denken und Fühlen. Lass mal hören, was körperlich passiert – bekomme ich wenigstens Muskeln und werde deshalb attraktiver, weil ich seit Monaten vor dem Tiger wegrenne?«

»Jein«, lacht Dampf. »Generell stimmt das: Wir rennen Wochen und Monate vor dem Tiger weg – aber nicht wirklich, sondern nur gedanklich. Davon gibt es leider keine Muskeln – aber ich kann dir Rückenschmerzen anbieten.«

»Danke, hab ich schon – kommen die etwa auch vom Stress?«

»Ja«, Dampf blättert kurz nach, »weil wir kampfbereit sind, spannen wir unsere Muskeln an, insbesondere die großen Muskelstränge. Wenn wir das über längere Zeit tun, verkrampfen diese Muskeln, und schwupp – hast du deine Rückenschmerzen.«

»Wenigstens keine Impotenz!«, stöhnt Bohn.

Dampf lacht: »Ich bin ja noch nicht fertig. Unter körperliche Folgen habe ich hier eine ziemlich lange Liste. Fangen wir mal hinten an.«

»Hinten?«

»Ja. Bei der Verdauung«, grinst Dampf. »Wenn wir vor einem wilden Tier wegrennen, konzentriert sich der Körper auf das Wesentliche. Um Energie zu sparen, regelt er bestimmte Funktionen kurzfristig runter. Dazu gehört unter anderem die Verdauung, außerdem das Immunsystem.«

»Hm, ja«, überlegt Bohn, »wenn ich vor dem Tiger wegrenne, wäre es blöd, wenn ich dringend aufs Klo müsste. Höchstens als biologische Abwehr, aber ob das den Tiger beeindruckt, wenn ich mich während der Flucht plötzlich hinhocke und …«

»Hör auf! Kopfkino!«, protestiert Dampf und ergänzt: »Dumm ist dann wieder, wenn du dir monatelang alles verkneifst: Das ist dann Verstopfung und nicht mehr witzig. Eine andere Stressfolge ist, verursacht durch das geschwächte Immunsystem, der Anstieg allgemeiner Krankheitsanfälligkeit bis hin zur Gefahr von Krebs.«

»Krebs? Durch Stress?« Bohn verschluckt sich an seinem Kaffee. »Du meinst, weil die Abwehr geschwächt ist?«

»So ist das wohl, wobei es dazu anscheinend noch keine gesicherten Erkenntnisse in der Forschung gibt. Manche Daten bestätigen den Zusammenhang, andere nicht. Manche Forscher sagen auch, die Wirkung könnte indirekt sein, weil jemand, der im Stress ist, oft mehr raucht, mehr Alkohol trinkt, mehr Kaffee konsumiert«, erläutert Dampf. »Ich erzähle dir noch die restlichen körperlichen Folgen, okay? Wir hatten bisher Rückenschmerzen, Verdauungsprobleme, Infektionsanfälligkeit, vielleicht auch Krebs … In diese Sammlung gehören noch Schlafstörungen – das kann man sich ja denken. Allerdings sind außerdem im Paket Dinge wie Herzinfarkt, Schlaganfall und schließlich die Impotenz – das ist alles ein Thema.«

»Wieso ist das ein Thema?«, wundert sich Bohn.

»Weil der Körper für Kampf oder Flucht Kraft braucht«, erklärt sein Kollege. »Unsere Fettpolster sind unsere Kraftreserven, und wenn ich mit dem Tiger zu tun habe, wird Fett in die Blutbahn gebracht, als Energiereserve. Wenn ich aber gar nicht kämpfe oder fliehe, und der Körper über Monate und Jahre Fett ins Blut schickt ...« Dampf schaut den anderen erwartungsvoll an, und Bohn ergänzt nachdenklich »... dann bleibt das Fett im Blut, zirkuliert dort vor sich hin und verstopft mir langsam die Gefäße?«

Dampf nickt. »Genau. Und dann kommt es je nachdem, welche Gefäße sich komplett verschließen, zum Herzinfarkt, zum Schlaganfall oder ...«

»Okay, ich habe es verstanden. Also, von den körperlichen Langzeitfolgen möchte ich *auch* nichts geschenkt! Das alles nur wegen Adrenalin? Was für ein unnützes Hormon!« Bohn schüttelt energisch den Kopf.

Dampf hebt eine Hand: »Einspruch: Erstens sagt der Autor des Artikels, dass alle die Steinzeitler, die kein Adrenalin produzieren konnten, aufgefressen wurden – eben weil sie cool blieben, als der Tiger oder Bär oder Wölfe kamen. Und zweitens, nur um dich nicht falsch zu informieren, ist Adrenalin nur für den kurzfristigen Stress zuständig. Im Falle von langfristigem Stress übernehmen andere Hormone, die heißen CRH und ACTH.«

»Klugscheißer!«, schimpft Bohn, »ist mir doch wurscht, wie das Schwein, das mich fertigmacht, mit Vornamen heißt!«

»Gönne mir doch, dass ich mal was weiß!«, grinst Martin Dampf und doziert vergnügt: »Lassen Sie uns nun abschließend die langfristigen Stressfolgen im Bereich des Verhaltens betrachten. Dort läuft es wie folgt: Wer sich total unter Druck fühlt, will instinktiv etwas dagegen *tun*. Die eine Möglichkeit liegt nun darin, sich zu verkriechen. Man ist so k.o., dass man am Abend und am Wochenende nur seine Ruhe möchte. Sozialen Rückzug nennt man das wohl, man geht allen Leuten aus dem Weg. Im Übrigen auch bei der Arbeit: Man macht die Tür hinter sich zu ... erledigt nur noch Dienst nach Vorschrift ... alles verschiedene Formen von Fluchtverhalten.«

»*Das* klingt doch ganz sympathisch«, lacht Bohn. »Endlich habe ich eine Antwort auf Hannahs Frage, welche Stressfolge ich für mich auswählen würde.«

»Ich sehe deine verschlossene Tür deutlich vor mir, mein Lieber. Leider sagt unser Artikel, dass das nicht wirklich guttut: Sozialer Kontakt wird hier als heilsam gegen Stress bezeichnet. Der Autor meint, man würde sich durch den Rückzug etwas, was Stress reduzieren könnte, selbst wegnehmen.«

»Ich entscheide mich trotzdem dafür – es sei denn, du hast doch noch etwas Besseres im Angebot?« Bohn lehnt sich mit verschränkten Armen zurück.

Dampf schaut erst auf die Unterlagen und dann seinem Kollegen ins Gesicht: »Eins habe ich noch, aber das wird dich auch nicht glücklich stimmen. Es fängt recht harmlos an: Wenn ich einen üblen Tag hatte, trinke ich abends ein Bier. Du trinkst glaube ich gerne ein Gläschen Wein.«

»Na, *jetzt* habe ich meine Stressfolge wirklich gefunden! Die nehme ich!« Bohn strahlt.

»Ich bin noch nicht fertig: Alkohol wirkt wie ein Beruhigungsmittel. Um runterzukommen, gibt es weitere Mittel: Wer gerne raucht, gönnt sich gegen den Stress eine Zigarette. Alkohol, Zigaretten beruhigen, aber gesund sind sie nicht, das wissen wir ja. Dazu kommen noch alle möglichen legalen Drogen ...«

»Wie bitte? Drogen sind doch illegal?!«, geht Bohn dazwischen.

»Dachte ich auch, aber damit sind Dinge wie Schlafmittel, Tranquillizer und so weiter gemeint: Medikamente, die man zum Schlafen nimmt oder um sich zu beruhigen.«

»Pfui Kuckuck!«, schimpft Bohn. »Da bleibe ich doch bei meinem Gläschen Wein!«

»Na ja«, Dampf hebt die Schultern, »die Gefahr ist: Bei allem, was beruhigend wirkt, gibt es im Gehirn einen Gewöhnungseffekt. Das heißt, wenn mich im Januar das eine Bier runterbringt, brauche ich im April für den gleichen Effekt schon zwei oder drei. Das gilt genauso für Schlafmittel und Beruhigungsmittel. Damit bekommen wir leider als weitere langfristige Stressfolge im Bereich des Verhaltens die Gefahr der Abhängigkeit: von Alkohol, von Schlafmitteln, von Beruhigungsmitteln.«

»Auch von Wein?«, fragt Bohn.

Ab heute nur noch Eustress?

Als Hannah eine halbe Stunde später mit zwei Einkaufstüten wieder in der Eisdiele eintrifft, schaut sie die beiden Männer prüfend an: »Schon fertig? Alles angekreuzt, gelesen, diskutiert?«

Ihr Mann begrüßt sie und sagt ernst: »Ja, haben wir. Und wir haben uns entschieden: Ab heute nur noch Saufen und sozialer Rückzug.«

»Wie bitte?«

»Du wolltest doch wissen, welche der langfristigen Stressfolgen wir wählen würden. Das war unsere Antwort. Sogar einstimmig.«

Hannah Dampf runzelt die Stirn. Erst als die Männer losprusten, merkt sie, dass ihr Mann sie auf die Schippe genommen hat.

»Nein«, sagt Martin schließlich. »Wir wollen ab heute nur noch Eustress haben. Auf Stress möchten wir besser verzichten. Und psychologisch haben wir einiges an dir auszusetzen – wenn du uns gegen Stress helfen möchtest, waren die letzten eineinhalb Stunden nicht hilfreich. Nachdem wir den Test ausgewertet und die Folgen diskutiert haben, geht es uns viel schlechter als vorher!«

»Oh je – das wird gleich hart für euch«, schüttelt Hannah den Kopf und bestellt ein Glas Wasser. »Fangen wir mit dem Thema

Eustress an, dem berühmten ›guten Stress‹. Die Forschung sagt dazu: Wenn ich etwas Anspruchsvolles mache, was mir Vergnügen bereitet, wenn ich also einige Wochen an einem Großprojekt arbeite, dabei die Nacht zum Tag mache, 12 bis 14 Stunden, auch am Wochenende – und obwohl es mir einen Heidenspaß macht ... dann bin ich auf körperlicher Ebene dennoch im Stress. Einfach, weil ich permanent im Aktivierungsmodus bin. Und das bedeutet, dass ich wenigstens die körperlichen Folgen langfristig trotzdem bekommen kann. Sorry, Jungs!«

Das Wasser kommt und sie trinkt einen Schluck. Dann schaut sie die beiden Männer an. »Und was die letzten eineinhalb Stunden angeht, so hatte ich zwei Dinge bezweckt: Ich wollte euch klarmachen, dass ihr, vermutlich, betroffen seid. Außerdem wollte ich euch motivieren, etwas zu unternehmen, *bevor* ihr in die langfristigen Folgen reinlauft.«

»Na, *das* hat beides geklappt!«, sagt Achim Bohn, und Hannahs Mann stimmt zu: »Raffinierte Taktik. Meine Antwort lautet wieder einmal: Ja, ich will! Fahren wir ins Trainingslager gegen den Stress!«

II. Der Hammer: Stressoren bekämpfen

Vier Tage später stehen Martin Dampf und Achim Bohn vor einer Tür im vierten Stock eines großen Automobilherstellers in Stuttgart. »Dr. Kai Masurke, Dipl. Ing.« lesen sie und schauen sich an. »Verstehst du Schwäbisch?«, fragt Martin Dampf seinen Kollegen.

»Wenn ich es nicht sprechen muss, sollte es klappen«, lacht Bohn. »Weshalb wir ausgerechnet hierher fahren sollten, um etwas über Stress zu lernen, ist mir allerdings nicht richtig klar – zu einem Ingenieur?«

Dampf zuckt die Schultern und klopft an: »Wir werden es gleich herausfinden.«

Ein schlanker Mann in Jeans und offenem Hemd öffnet die Tür. Er hat auffallend helle Augen und dichtes, nach hinten gekämmtes Haar, das er zu einem Pferdeschwanz gebündelt hat. »Kai Masurke – Sie müssen Herr Bohn und Herr Dampf sein, wa?« Als die beiden nicken, dreht er sich um und geht zurück ins Zimmer. »Kommen Se rin!«

»Eindeutig kein Schwabe«, murmelt Dampf, als sie eintreten. Masurke zeigt mit ausladender Geste auf eine Sitzgruppe in der Ecke und lacht: »Nee, det is richtich, ick bin Balina!« »Und Sie haben scharfe Ohren«, sagt Bohn trocken, als die drei sich setzen. »Ick kann och Hochdeutsch!«, meint Masurke fröhlich, als er den beiden Kaffee und sich selbst ein Glas Wasser einschenkt. »Zucker und Milch nehmen Se sich mal selber«, er zeigt auf die Gefäße auf dem Tischchen vor ihnen und fährt fort: »Sie kommen von Hannah? Wie geht's ihr denn? Ick hab sie nach dem Studium blöderweise aus den Augen valoren, wat schade is. So ne Süße!« Bohn prustet und guckt Martin Dampf an, dessen Kaffeetasse zehn Zentimeter vor seinem Mund in der Luft stehen geblieben ist: »Hannah ist seit zwölf Jahren meine Frau«, sagt er steif und schaut den anderen scharf an. Masurke bleibt vergnügt: »Na, det passt sicher jut, det kann ick mir direkt vorstellen – Glückwunsch!«

»Weil er auch 'n Süßer ist?«, gluckst Bohn und stellt seine Tasse ab. Dann beschließt er, das Gespräch besser in eine neutrale Richtung zu lenken: »Haben Sie denn auch Psychologie studiert? An der Türe steht ja Dipl. Ing.?«

»Nee, nee, wir kennen uns von der Uni, aber mehr so von den Freizeitaktivitäten«, erklärt Masurke und lehnt sich zurück. »Als se mich anjerufen hat, hab ick mich echt jefreut. Se hat mir jesacht, wat se von mir möchte, und dass Sie in Stuttgart wären und ob Se mal vorbeikommen könnten.« Bohn sieht, dass sein Kollege intensiv über die Art der »Freizeitaktivitäten« nachdenkt, und nickt stellvertretend für beide: »Ja, das stimmt. Wir hatten hier auf der Messe zu tun, und Hannah Dampf, also seine Frau, fand, das würde gut passen. Von Ihnen könnten wir besonders gut die erste Regel des Stressmanagements lernen. Sie meinte, Sie wären gleich aus zwei Gründen gut dafür geeignet.« Beim letzten Satz schaut er den Ingenieur fragend an.

Masurke lacht. »Typisch Hannah! Eine Schnitzeljagd zu veranstalten, det is ja drollig! Und das mit den zwei Gründen hat se mir och am Telefon verklickert – von alleene wär ick da nich druff jekommen. Soll ick mal loslegen?« »Gern«, kommt es von Achim Bohn, während Martin Dampf nur nickt.

Unzufriedenheit ernst nehmen

»Wunderbar. Ick will Ihnen det mal als Jeschichte klarmachen, was Hannah meint. Wissen Sie, wer der Mann des Jahrtausends war, und warum?« Dampf schüttelt den Kopf, während Bohn überlegt. »Moment kurz ... war das nicht Gutenberg? Irgendwo wurde das neulich mal erwähnt. Weil der Buchdruck als wichtigste Einzelerfindung für die Entwicklung der Menschheit im vergangenen Jahrtausend eingeschätzt wurde?«

»Der Kandidat hat 100 Punkte – genau so ist es. Wissen Sie, wie man vor Gutenberg Bücher hergestellt hat?«

»Man hat sie abgeschrieben, oder?«, Martin Dampf ist aus seiner Grübelstarre erwacht, »Mönche in Klöstern haben damals vor allem die Bibel abgeschrieben. Ich habe mal gehört, dass ein Mönch sein ganzes Mönchsleben damit beschäftigt war, eine einzige Bibel einmal abzuschreiben.«

»Auch det stimmt, auch Sie ham also 100 Punkte.« Masurke lächelt Dampf an. Er schaut seinen Besuchern mit bedeutungsvoller Miene in die Augen. »Det mit dem Buchdruck hat also janz schön jeholfen, dat die Mönche weniger Stress hatten, wa?!« Er spricht langsam und betont jedes Wort – die beiden Einzelhändler schauen ihn ratlos an.

»Wenn ich an einen Mönch denke, dann denke ich eigentlich nicht gerade an Stress«, meint Bohn schließlich etwas hilflos.

»Ja, aber den janzen Tag een Buch abschreiben, und det lebenslänglich?!«, betont Masurke.

»Na, wenn ich mein ganzes Leben für *eine* Aufgabe Zeit hätte, dann würde ich mich vermutlich nicht gestresst fühlen. Bei uns muss alles immer schon am Abend fertig sein«, zuckt auch Dampf die Schultern, und Bohn ergänzt: »Oder bis gestern.«

»Ick merke schon, ick brauch noch 'n Beispiel«, sagt der Ingenieur. »Wissen Se denn och, wer Ottmar Mergenthaler jewesen is?« Dampf und Bohn schütteln ihre Köpfe. »Na jut, ick werde Ihnen seine Jeschichte mal erzählen. Er war nämlich ein Uhrmacher aus der Gegend hier unten, und damit Se nich lang raten müssen: Er hat 1884 die Setzmaschine erfunden.«

»Nochmal was mit Buchdruck?«, stöhnt Bohn.

»Nee! Damit konnte man Zeitungen herstellen! Dafür war der Buchdruck viel zu langsam, dort musste man jeden Buchstaben einzeln setzen, und erst durch eine Setzmaschine ließ sich det ...«

»Entschuldigen Sie bitte, Herr Masurke«, unterbricht Martin Dampf. »Wir sind beide Einzelhändler, Sie sind Ingenieur, was sollen wir denn aus diesen alten Beispielen über Stress in der Gegenwart lernen?!«

»Na ja, wissen Se ... solche ollen Maschinen, det is mein Hobby... aber ick verstehe, Se brauchen ein neuet Beispiel, am besten aus Ihrem Arbeitsbereich«, nickt Masurke. Er steht auf und wandert im Zimmer auf und ab, bleibt an seinem Schreibtisch stehen und schaut auf die Wand dahinter. Dort sind viele bunte Fotos von Kindern mit Reißzwecken angepinnt und tatsächlich auch die Abbildung einer alten Linotype-Setzmaschine. In einer anderen Ecke hängen einige Schwarzweißfotografien von Studenten mit Plakaten auf der Straße, offenbar bei einer Demo. »Ick könnte Ihnen och die Story von Apple erzählen, die waren nämlich am Anfang total jenervt von IBM. Die fanden det blöd, dass ... nee, warten Se ...« Masurke marschiert nochmal auf und ab und bleibt dann vor den beiden anderen stehen: »Ick hab's! Sie ham doch an Ihren Kassen diese Scanner, mit denen Ihre Kassiererinnen die Ware und den Preis erfassen, oder?« Er lässt sich in seinen Sessel fallen und schaut Bohn und Dampf erwartungsvoll an.

»Ja schon ...«, sagt Dampf verständnislos.

»Und früher, davor, da hatten Se Registrierkassen, stimmt's?«

»Kommen Sie wieder mit 'ner ollen Maschine um die Ecke?«, schüttelt Dampf den Kopf, doch Bohn macht eine beruhigende Geste: »Ja, stimmt, und weiter?«

»Also, wat ick meine, ist: Zu Zeiten der Registrierkassen mussten die Kassiererinnen jeden Preis von Hand eingeben. Sie mussten die Preise entweder wissen oder die Waren so lange drehen, bis se das Preisschild gefunden hatten. Und an den Regalen mussten die Leute alle Preisschilder vorher festtackern – richtig?« Die beiden anderen Männer nicken stirnrunzelnd. »Na – und war det nich stressig? War et nich jut, dass dann einer endlich mal die Scannerkasse erfunden hat? Da ist doch direkt ne Menge Stress wegjefallen, kann man det nich so sagen?«

»Ja, klar, aber wollen Sie uns damit sagen, dass wir Erfinder werden müssen und alles wegerfinden oder weiterentwickeln sollen, was uns Stress macht?« Dampf rollt mit den Augen, Masurke behält seinen enthusiastischen Tonfall bei.

»Indirekt, Herr Dampf! Indirekt! Se müssen noch 'n janz kleenet bissken abstrahieren! Et jeht ums Prinzip, denken Se doch mal nach!« In den Gesichtern von Masurkes Gesprächspartnern zeigt sich allerdings nur »Bahnhof«. Schließlich seufzt der Ingenieur und erläutert: »Wenn Se det Janze etwas abstrakter sehen, dann jeht et im ersten Schritt beim Umgang mit Stress um Folgendet: Wenn etwas dauernd stört oder stresst – dann sehen Se als Erstes immer zu, dat Sie es verändern! *Nicht hinnehmen – verändern*!« Der Ingenieur schaut triumphierend zu den beiden Kollegen aus dem Einzelhandel.

Beeinflussbar oder nicht?

»Sind wir den weiten Weg nach Stuttgart gefahren, nur um zu hören, dass wir die Firma verändern sollen? Roboter einstellen, wenn uns die Arbeitszeiten nicht passen – die sind dann um 6 Uhr früh da und räumen das Obst in die Obstabteilung? Und den einen oder anderen Chef ersetzen wir durch einen Klon, wenn uns sein Führungsstil nicht passt?« Bohn schüttelt den Kopf.

»Langsam, Achim, ich glaube, ich kriege den Grundgedanken so nach und nach mit. Sie möchten uns vermitteln, Herr Dr. Masurke, dass wir als Erstes immer überprüfen sollen, ob sich an dem Sachverhalt, der uns Stressgefühle verursacht, etwas verändern lässt? Also nicht einfach nur hinnehmen und leiden, nicht automatisch in die Opferhaltung gehen?«, fragt Martin Dampf.

Der Ingenieur nickt: »Janz jenau! Se wissen doch: Wer sich nicht wehrt, lebt verkehrt!« Bohn ist noch nicht überzeugt: »Jetzt kommen Sie uns doch nicht mit den alten Sprüchen – den Vorstand können wir nicht verändern, die Arbeitszeiten nicht, die Arbeitsbelastung nicht, die Firmenstruktur nicht ...« – er redet sich in Rage, und Dampf bremst ihn erneut: »Da ist schon was dran, Achim. Ich hatte mal einen Chef, der mich total mit Arbeitsaufträgen eingedeckt hat. Alle paar Stunden fiel dem etwas Neues ein, er war sehr kreativ, leider auch sehr sprunghaft. Ich bin total abgesoffen, weil ich versucht habe, allem gerecht zu werden, was kommt. Ich habe versucht, jede Aufgabe zu erfüllen, egal wie.«

»Kommt mir gerade sehr bekannt vor«, knurrt Bohn mit zusammengebissenen Zähnen.

Dampf lässt sich nicht beirren. »Ja, klar, so etwas gibt es andauernd, überall. Ich konnte zum Teil nicht mehr schlafen, ich hatte Tage, an denen ich 12 bis 14 Stunden auf der Arbeit war. Nach einigen Monaten habe ich gemerkt, dass es so nicht weitergeht, und habe deswegen das Gespräch mit meinem Chef gesucht. Ich hatte mir genau überlegt, wie ich mein Anliegen formuliere, habe meine Perspektive geschildert, wie es mir geht mit seiner Führung, welche Art von Unterstützung mir guttun würde. Dass er zum Beispiel Dinge, die er von mir möchte, priorisiert. Dass er mir freie Hand beim Weg lässt, wenn er mir das Ziel gesteckt hat. Und so weiter. Das hat geholfen, er hat sich für das Feedback bedankt und sich sogar indirekt entschuldigt.«

»Dein Chef? Bei dir?«

»Na ja, er hat gesagt, dass er wüsste, dass ihm manchmal die Gäule durchgehen, und dass es okay sei, wenn man ihn dann bremsen würde.«

»Das ist doch keine Entschuldigung!«

»Aber das Zugeständnis, dass er nicht perfekt sei, dass man ihn auf Widersprüche ansprechen dürfe, dass man als Mitarbeiter nicht passiv gehorchen müsse«, beharrt Dampf. »Ich habe mir seither angewöhnt, dass ich zunächst das Gespräch suche, wenn etwas verkehrt läuft, und bin damit eigentlich in den meisten Fällen recht gut gefahren.«

»Deshalb bist du also weniger gestresst als ich«, murmelt Bohn. »Aber das nimmt uns doch nicht sämtlichen Stress? Viele Dinge können wir *nicht* verändern«

»Det is nur 'n Grundprinzip, det wichtig ist, Herr Bohn«, schaltet sich Masurke in den Dialog der beiden Geschäftsführer ein. »Wenn man die neue Startbahn so baut, dass die Flieger in Zukunft direkt über Ihrem Häuschen losfliegen, dann müssen Se det nich automatisch bloß ertragen. Se können überlegen, ob Se wegziehen, oder Se können beim Glaser fragen, was die modernsten schalldämmenden Fenster kosten. Nur wenn det allet nich machbar ist, sollten Se über Autogenes Training nachdenken.«

Achim Bohn schaut nachdenklich. »Wenn ich zu viel Arbeit habe, gehe ich also in Zukunft zum Chef und sage dem, so geht das nicht?«

Dampf nickt: »Ja. Wenn es wirklich so ist, dass es zu viel ist, wäre das angebracht. Alternativ kannst du dich zuerst mal auf den Hintern setzen und selbst überlegen, was wichtig ist und was nicht. Das nennt man priorisieren, davon hast du bestimmt schon im Seminar ›Zeitmanagement‹ gehört!«

Bohn grunzt bei dieser Stichelei, bleibt aber am Thema: »Und wenn ich beim Chef sitze und der sagt, alles ist gleich wichtig? So einen hatte ich nämlich mal ...?«

»Dann hakst du nach und lässt dich nicht so leicht abspeisen! Und wenn das wirklich mal gar nichts bringt, machst du dir spätestens dann deine eigene Priorisierung«, ergänzt Dampf die Überlegungen seines Kollegen.

»Dann bleibt ja doch alles an mir hängen«, beschwert sich Bohn. »Bin ich jetzt also selbst schuld, wenn ich Stress habe?«

»Sowieso«, schaltet sich der Ingenieur vergnügt wieder ins Gespräch ein, »det ist doch ne jute Nachricht: Wenn Se selbst am Stress schuld sind, können Se och selbst wat dran verändern – so müssen Se det sehn!«

»Na klasse«, schimpft Bohn.

Dampf lacht. »Das stimmt schon, Achim. Als Erstes versuchst du, den Chef zu verändern. Wenn der dich mit Arbeit zuschüttet und nichts priorisiert, ist es wichtig, das Übel an der Wurzel zu packen. Nur als Beispiel natürlich. Erst wenn das nichts bringt – dann gehst du her und priorisierst die Aufgaben so, wie du es für richtig hältst. Natürlich auch, wenn es sowieso nicht am Chef liegt, sondern an dir selbst. Wenn du das Priorisieren nicht hinbekommst oder nicht sauber machst. Dann bist du sowieso dein eigener Stressauslöser. Verändern ist jedenfalls immer der erste Schritt, das ist schon ein wichtiger Gedanke.«

Achim Bohn gibt seine Skepsis noch nicht auf: »Aber es ist doch eine Illusion, zu glauben, man könnte alles, was Stress macht, verändern!«

»Sachen und Leute *können* gar keinen Stress machen, det können wa nur selbst«, wirft Masurke ein, aber er sieht, dass die beiden Geschäftsführer noch am vorherigen Gedanken herumkauen. Martin Dampf stimmt dem Einwand seines Kollegen zu: »Das ist richtig – alles können wir natürlich nicht verändern. Trotzdem können wir sagen, wir haben eine erste wichtige Regel gegen Stress erfasst, oder?«

»Und die wäre?«, fragt Bohn.

»Nun, die wäre: Überprüfe, was dein Stressgefühl gerade auslöst – und kläre dann zunächst, ob du den Auslöser beeinflussen kannst oder nicht. Und wenn er sich beeinflussen lässt, gehe dagegen an.«

»Klingt logisch«, sagt Bohn etwas widerstrebend, während Masurke strahlt: »Jeht doch!«

»Na, so richtig hell hat Ihre Lampe aber nicht geleuchtet auf dem Weg zu dieser Erkenntnis, Herr Dr. Masurke!«, frozzelt

Martin Dampf den Ingenieur. »Mit all Ihren Geschichten aus dem Mittelalter!«

»Wenn det doch aber mein Hobby ist!«, entgegnet der andere vergnügt.

Mach kaputt, was dich kaputt macht!

»Das war also der Kern unserer Reise nach Stuttgart?«, fragt Bohn, und der Ingenieur nickt: »Ich glaube schon. Aber soweit ich weiß, waren Se doch sowieso schon hier auf der Messe?«

»Stimmt schon. Dann also herzlichen Dank für Ihre Erläuterungen, wir sollten Sie bestimmt nicht länger aufhalten.« Bohn steht aus seinem Sessel auf, und auch die anderen erheben sich. Masurke winkt ab. »Gern jeschehen, allet fein, für Freunde von Hannah doch immer!«

»Ich bin nicht ihr Freund, ich bin ihr Ehemann«, brummt Martin Dampf, während die drei sich in Richtung Tür bewegen. »Apropos ...«, er bleibt vor dem Schreibtisch des Ingenieurs stehen, schaut auf die bunten Kinderbilder und die alten Fotos der Studentendemos. »Was war eigentlich die andere Eigenschaft, weshalb meine Frau meinte, wir müssten diesen ersten Kerngedanken gerade von Ihnen hören?«

»Ach, wissen Se«, Masurke deutet auf die Schwarzweißbilder, »mein Vater war 'n echter Hippie und Sponti, der war 68 uff jeder Demo ...« Die beiden Geschäftsführer mustern den Ingenieur, die Jeans, seine zurückgebundenen langen Haare. »Ihr Vater ...?«, sagt Dampf etwas irritiert.

»Ja klar! Ick habe damit meinen Frieden jemacht, schon seit langem. Jedenfalls, damals im Studium war det immer so wat wie 'n Running Gag zwischen Hannah und mir. Wir haben die ollen Spontisprüche für alles Passende und Unpassende verwendet, det war immer 'n großer Spaß!« Er sieht die verständnislosen Gesichter der Männer und holt Luft. »Kennen Se det nich?

›Wer sich nicht wehrt, lebt verkehrt!‹ oder ›Mach kaputt, was dich kaputt macht!‹ – ick finde, det passt zu unserem Thema heute! Stressauslöser nicht automatisch hinnehmen ... Deshalb, det soll ick Ihnen sowieso noch von Hannah ausrichten, deshalb is der Hammer das Symbol für diese Einheit!«

Nach einem Augenblick lachen die beiden anderen los, dann bedanken sie sich herzlich und verabschieden sich. »Der hat doch echt 'n kleinen Hammer«, murmelt Martin Dampf, als sie die Tür schließen. »Det hab ick janz jenau jehört, Herr Dampf!«, ruft es drinnen vergnügt.

»Ich sagte doch schon, der hat gute Ohren«, flüstert Bohn, als sie den Flur zum Aufzug entlanggehen.

Abends zuhause bei Dampfs will Hannah wissen, wie es in Stuttgart war. Martin berichtet kurz und fragt dann, weshalb seine Frau ihn und Bohn extra zu Kai Masurke geschickt habe – schließlich sei die Botschaft am Ende doch recht schlicht gewesen, die sie aus dem Gespräch hätten ziehen können.

»Ach ja? Wie lautet die denn genau?«, fragt Hannah.

Martin lacht: »Mach kaputt, was dich kaputt macht!«, dann antwortet er mit etwas mehr Ernst: »Eigentlich hat uns dein Hippie-Ingenieur nur empfohlen, wenn wir in Stress kommen, immer erst zu überprüfen, ob wir den Stressor, den Stressauslöser, nicht verändern können. Durch Lärmschutz, durch ein anderes Zimmer, durch ein Gespräch ... – egal. Wir sollen möglichst den Auslöser entschärfen, das war die Botschaft, die wir mitgenommen haben. Das wolltest du uns doch vermitteln, nehme ich an?«

Hannah nickt, und Martin wiederholt seine Frage: »Wieso für diese schlichte Message extra nach Stuttgart fahren?«

Seine Frau lächelt: »Erstens wart ihr beide sowieso schon in Stuttgart, deshalb kannst du höchstens fragen: Wieso deshalb durch die halbe Stadt fahren? Zweitens kennst du mich und kannst dir die Antwort bestimmt selbst geben ...«

Martin schneidet eine Grimasse: »Wir haben das schon im Auto besprochen. Die Frage kam eigentlich von Achim. Meine

Antwort war, dass du bestimmt gedacht hast, dass die Botschaft besser sitzt, wenn wir dafür extra irgendwohin pilgern. Wenn du uns das nur in der Eisdiele beim Kaffee kurz erklärt hättest, würden wir es sicher nicht so ernst nehmen, richtig?« Hannah lächelt wieder und hebt ihren Daumen: »Ganz genau. Der Gedanke ist wichtig – und ich bin sicher, durch das Gespräch mit Kai hat er sich gut eingeprägt.«

»Apropos Kai: Er hat sich da etwas unklar ausgedrückt über die Art und Weise eurer Freundschaft während des Studiums …« Martin Dampf schaut seine Frau fragend an.

»Also, zum Thema Eisdiele – ihr könnt natürlich auch in einen Biergarten gehen!«, wechselt Hannah elegant das Thema.

III. Der Hebel: Bewertungsfilter erkennen

»Stressmanagement könnte auf Dauer ganz schön dick machen«, lästert Achim Bohn, als sich die beiden Männer drei Tage später im Biergarten gegenübersitzen.

»Ich weiß«, sagt Martin Dampf, »wobei ich glaube, Hannah nützt das als Vorwand, um nochmal shoppen zu gehen. Sie will in einer Stunde zu uns stoßen, hat mir aber schon mal diesen Umschlag mitgegeben.« Er legt einen verschlossenen Umschlag auf den Holztisch, auf dem »Station 3« steht.

»Station 3?«, fragt Bohn. »Diesmal nicht Hammer oder Lupe? Ich hatte schon mit Dynamit oder Revolver gerechnet, oder etwas Ähnlichem! Am besten, wir bestellen erst mal.« Er winkt die Kellnerin heran, und als jeder ein Weizenbier bestellt hat, zieht Bohn den Umschlag zu sich und reißt ihn auf.

Hallo Achim! Vermutlich steht das Bier schon auf dem Tisch und Ihr seid in bester Stimmung? Heute habe ich für Eure Männergruppe folgende Aufgabe.

Bitte diskutiert diese Frage: »Gibt es in unserer westlichen Welt, in unserer Demokratie, einen Stressor, der auf jeden Fall für alle Menschen gleichermaßen als Stressauslöser funktioniert? Einen garantierten Stressreiz für alle also?«

Wenn Ihr die Frage beantwortet habt, könnt Ihr den kleinen Umschlag öffnen, den ich in den großen reingelegt habe. Viel Spaß, und esst nicht zu viel Gegrilltes! :-)

Der Zettel trägt Hannahs Handschrift: schwungvoll, gut lesbar, mit einem Smiley neben dem letzten Satz. Die beiden Männer schauen sich an, und Bohn schüttelt den geöffneten Umschlag. Tatsächlich fällt ein kleinerer Umschlag heraus, der noch verschlossen ist. Darauf steht mit der gleichen markanten Schrift »Erst die Frage beantworten!« geschrieben.

Uhl und Nachtigall

»Umschlag im Umschlag, also nee! Schnitzeljagd habe ich zuletzt mit 14 gespielt«, brummt Dampf, aber Bohn grinst ihn an: »Also, mir gefällt es gut, wenn eine erwachsene Frau verspielt ist!« Dampf schnaubt und zieht eine Grimasse.

Die Kellnerin bringt die Gläser und stellt sie vor den beiden ab. Sie trinken genussvoll, stellen die Gläser ab und schauen sich an. »Wenn ich das richtig sehe, sollen wir eine Art Brainstorming durchführen«, überlegt Bohn und lehnt sich auf der Bierbank zurück. Er schaut in den blauen Himmel und lässt seine Gedanken schweifen. »Für mich waren Lateinarbeiten stressig, damals im Gymnasium. Und Mit-Mädchen-Reden auch, als ich 14 oder 15 Jahre alt war. Aber ob das für alle galt?«

Er schüttelt den Kopf. »Dem Klassenstreber waren die Lateinarbeiten egal, oder er hat sich sogar auf sie gefreut – und alle anderen Jungs haben die Mädels gerne angebaggert.«

»Die haben nur so getan«, kontert Dampf. »Mich hat das als Jugendlicher auch nervös gemacht. Aber du hast schon recht, das galt sicher nicht für alle Jungs.« Nachdenklich sagt er dann: »Vorgestern hat Sabrina im Büro erzählt, sie sei vollkommen fertig, weil auf der Autobahn ein Porschefahrer so gedrängelt habe – das hat sie mit Sicherheit deutlich gestresst. Man konnte ihr Adrenalin noch im Büro deutlich spüren. Aber in der Diskussion darüber hat dann Annette gemeint, dass sie bei so etwas einfach ihren Rückspiegel wegdrehen würde, damit sie den Drängler nicht sehen müsste – während Georg sagte, er würde sogar voller Vergnügen in den Rückspiegel schauen und sich freuen, wenn der Raser schön wütend werde.«

»Wir suchen also weiter nach etwas, das *alle* Leute stresst ...« Bohn wedelt mit Hannahs Zettel durch die Luft: »Was meinst du, was die Anmerkung mit der westlichen, demokratischen Welt bedeuten soll?« Er schaut nachdenklich auf einige Passanten, die am Biergarten vorübergehen. »Wenn man das weglassen würde, was würde sich ändern? Man könnte dann fragen, was Menschen in Asien stresst oder in Afrika oder in Russland ...? Welche zusätzlichen Stressfaktoren gibt es dort, wo keine Demokratie ist?«

Dampf greift den Ball auf: »Da würde man einiges finden – die Angst zu verhungern ist logischerweise extrem belastend für *jeden* Menschen. Genauso die Angst vor Krieg und vor Folter, das ist auch ein eindeutiger Stressauslöser für jeden. Insofern wäre die Antwort auf die Frage rasch klar, wenn wir demokratisch weglassen würden, oder?«

»Stimmt«, nickt Bohn, »oder es gibt ein Erdbeben, und dein wackliges Haus bricht zusammen, du verlierst alles, was du besitzt! Wobei so etwas doch auch hier in Europa stressig wäre?«

»Richtig – wobei wir hier in Europa keine Erdbeben haben, und wenn doch, wären wir vermutlich alle hausratversichert, die Existenz wäre nicht direkt vernichtet«, hält Dampf dagegen.

Bohn widerspricht vorsichtig: »In Süditalien gibt es durchaus Erdbeben, und dort sind die auch nicht so gut versichert wie bei uns.«

Dampf greift den Gedanken seines Kollegen auf. »Okay, dann lautet die Antwort auf die Frage also: *Alle Menschen auch hier im ruhigen Europa sind gestresst bei einem Erdbeben, wenn sie keine Versicherung haben?* Das klingt irgendwie merkwürdig, oder?« Er zieht eine Grimasse.

»Es stimmt aber«, beharrt Bohn und zögert. Dann nimmt er den Faden wieder auf. »Wenn man es so formuliert, klingt es halt sehr konkret. Vermutlich müssen wir abstrahieren.«

Dampf runzelt die Stirn: »Wie abstrahiert man Erdbeben oder Hausratversicherung?«

Bohn nickt. »Eben! Das meine ich mit sehr konkret. Wenn wir verallgemeinern, würde die Antwort heißen: *Stress für alle Menschen in Europa bedeutet es, wenn sich eine Naturkatastrophe ereignet.* Das stimmt doch, eine Katastrophe löst bei jedem Stress aus? Aber so etwas kommt nur extrem selten vor.«

»Vielleicht ist es ja das, was Hannah uns sagen möchte?«, meint Dampf nachdenklich. »Dass die Gründe für Stress viel seltener sind, als man so denkt? Das würde ja auch passen zu der Steinzeitgeschichte mit dem Tiger. Tiger sind ja inzwischen auch sehr selten hier in Hessen!« Zufrieden greift er nach dem kleinen, verschlossenen Umschlag auf dem Tisch: »Dann können wir den jetzt öffnen, oder?«

Achim Bohn zögert. »Nein, warte. Lass uns noch einen Moment nachdenken. Erdbeben kommen selten vor, da hast du recht. Aber es gibt schon alltägliche Katastrophen in unserem Leben, zum Beispiel Krankheiten oder Entlassung. Vielleicht meint Hannah ja solche Ereignisse? Die bedeuten doch für *jeden* Menschen Stress, auch in Europa?«

Dampf zögert und schüttelt den Kopf. »Denk mal an Jörg, weißt du noch? Den Geschäftsführer Vertrieb aus dem Saarland – der war über 20 Jahre für KÖNIGKAUF tätig, jede Woche gut 60 Stunden unterwegs; er hat die Läden besucht, seine Verkaufsleiter geführt ... – und wurde ohne Vorwarnung entlassen. Das hat ihn zunächst total umgehauen, aber: Als ich ein halbes Jahr später mit ihm telefoniert habe, meinte er, die Entlassung sei der größte Glücksfall seines Lebens gewesen. Er hätte sonst vermutlich erst mit 65 und nicht schon mit

51 gemerkt, dass es im Leben auch noch andere Dinge gibt als nur die Arbeit.«

Bohn stimmt zu. »Du hast recht – solche Geschichten kenne ich auch, und gar nicht wenige! Aber eine schlimme Krankheit, *die* würde doch jeden belasten?«

Dampf schüttelt nachdenklich den Kopf. »Jein. Im Prinzip schon, aber auch dazu fallen mir einige Ausnahmen ein. Meine Tante zum Beispiel hat es erst nach ihrer Krebsdiagnose geschafft, endlich an sich selbst zu denken – das hat sie später immer wieder betont. Oder Verkaufsleiter Heinze aus Nordrheinwestfalen: Er hatte einen Herzinfarkt, der ihn um ein Haar umgebracht hätte, das muss sehr knapp gewesen sein. Auch er hat mir erzählt, dass er dadurch die Prioritäten in seinem Leben vollständig neu geordnet habe und dass er deshalb wirklich froh sei, diesen Warnschuss erhalten zu haben.«

»Klingt nach einem ähnlichen Prinzip, das stimmt«, sagt Bohn langsam. »Aber es ist schon irgendwie schräg: zum Glück wurde ich entlassen beziehungsweise zum Glück hatte ich Krebs – Schicksalsschläge, die zur Wende im Leben wurden. Dennoch lässt sich das ja nicht auf alle Leute anwenden, oder? Außerdem sind diese Betrachtungen von den Leuten bestimmt erst einige Zeit später angestellt worden – als Jörg entlassen wurde, hat er bestimmt nicht Gott sei Dank gedacht, und auch der VKL hat im Rettungswagen garantiert Panik gehabt, falls er mitbekommen hat, was mit ihm los war?«

Beide sind für einige Zeit still. Sie trinken ihr Weizen und grübeln über Hannahs Fragestellung. Bohn schüttelt sich schließlich: »Puh! Da sind wir vom Porsche im Rückspiegel über Erdbeben in Italien zu Krebs und Herzinfarkt gekommen, ganz schön heftig!«

»Ja«, stimmt Dampf zu. »Ich glaube, wenn wir das alles zusammenfassen, können wir sagen: Wahrer Stress beginnt eigentlich viel später – und nicht schon, wenn man mal einen Termin verpasst oder den Chef verärgert, richtig?«

»Das ist allerdings absolut richtig«, Bohn nickt, »aber eine konkrete Antwort auf Hannahs Frage, was für alle Menschen bei uns gleichermaßen stressig sei, haben wir noch nicht gefunden, wenn wir Erdbeben rauslassen.« Nachdenklich schaut Martin Dampf in sein halbvolles Glas und überlegt: »Vielleicht will Hannah genau das ausdrücken? Dass es so etwas eben nicht gibt? Dass es, von ganz großen Katastrophen abgesehen, keinen universell gültigen Stressauslöser gibt, der jeden Menschen gleichermaßen in Stress versetzt? Letzten Endes haben wir für jedes Beispiel, das uns eingefallen ist, ein oder mehrere Gegenbeispiele gefunden.«

Bohn verschränkt die Arme und runzelt die Stirn. »Also wäre die Antwort auf Hannahs Frage: *Es gibt in unserem Alltag, von großen Katastrophen abgesehen, keinen Stressor, der alle Menschen gleich stark in Stress versetzen könnte* – meinst du das ist es?«

Dampf nickt. »Ja, das ist der Punkt. Wenn wir uns einig sind – dann kann ich ja jetzt den kleinen Umschlag öffnen, oder?« Bohn lacht über die Ungeduld seines Kollegen und schiebt den kleinen Umschlag zu ihm rüber. »Das ist wie Weihnachten für dich, oder?«

Dampf öffnet den Umschlag und zieht einen kleinen Zettel heraus, natürlich wieder mit Hannahs Schrift. Dort stehen nur wenige Sätze:

Sicher habt Ihr die richtige Antwort gefunden. Meine nächsten Fragen lauten: Weshalb ist das so? Und wie würdet Ihr diese dritte Station bezeichnen?

Martin stöhnt. »Manchmal könnte ich meine Frau echt auf den Mond schießen! Guck mal, ob da ein noch kleinerer Umschlag drin ist – das kann ja noch endlos weitergehen!« Bohn lacht wieder und schüttelt den Kopf. »Nee, ich hab direkt nachgeschaut, als ich das gelesen habe. Da ist sonst nix mehr.«

Die Bewertung ist's!

Dampf rafft sich auf. »Also, lass uns das Ganze zu Ende denken. Wir waren uns einig, dass es keinen allgemeingültigen Stressauslöser gibt. Anders gesagt, jeder Mensch empfindet etwas anderes als Stressor. Nun lautet die nächste Frage, weshalb das so ist?« Er überlegt und fährt fort: »Jeder erlebt es anders, weil jeder verschieden ist – ist *das* die Antwort? Das wäre eine Banalität, oder?«

Sein Kollege schaut nachdenklich auf die Tischplatte. »Ja, das ist banal. Aber trotzdem ist es auch nicht falsch. Wenn wir diesen Gedanken präziser formulieren würden ... lass mich nachdenken: Sabrina hat *Angst* vor dem Drängler auf der Autobahn, Georg *amüsiert* sich ... – worin konkret liegt der Unterschied zwischen den beiden?«

»Ihre Interpretation, oder? Ihre unterschiedliche Einschätzung der Situation.« Dampf sucht nach den passenden Worten: »Sabrina sagt sich wohl in dem Moment: Ich bin in Gefahr oder ich bin für den ein Problem. Während Georg eher denkt: Großartige Gelegenheit, solch einen Deppen ein bisschen zu ärgern! Die beiden verwenden verschiedene Interpretationen, oder?«

Bohn stimmt ihm zu: »Richtig, der Unterschied liegt in den Bewertungen. Sabrina macht den Drängler in Gedanken groß und gefährlich, Georg macht ihn klein und lächerlich. Man könnte sagen, beide haben völlig unterschiedliche Filter, durch die sie die Situation wahrnehmen.«

Martin Dampf fasst die Überlegungen zusammen: »Das folgt also dem Sprichwort ›Wat den Eenen sin Uhl, is den Annern sin Nachtigall.‹ Beide erleben die Situation unterschiedlich, weil sie sie unterschiedlich bewerten. Gilt das auch für unsere anderen Beispiele?«

Achim Bohn überlegt. »Ja, das lässt sich übertragen: Dem einen ist die Entlassung eine große Katastrophe, dem anderen bietet sie die Chance auf einen Neuanfang.«

Dampf steigt ein: »Und dem einen ist natürlich eine schwere Krankheit eine große Katastrophe, ein anderer sieht in ihr die einzig legitime Möglichkeit, sich auszuklinken und an sich zu denken?«

»Geht es denn um den Unterschied zwischen Optimist und Pessimist? Dann wären wir aber doch bei den Banalitäten gelandet, oder? Ich kann schließlich keinem, der gerade entlassen wurde, auf die Schulter hauen und ihm ›Riesenchance, Charlie!‹ ins Ohr raunen. Der haut mir ja eine rein, und das zu Recht!« Bohn schaut Dampf voller Zweifel an.

»Das wäre tatsächlich nicht gerade einfühlsam«, lacht dieser, »aber wenn wir mit unserer Annahme richtig liegen, dass es von der *Bewertung* abhängt, ob etwas als Stress erlebt wird, dann haben wir auf jeden Fall einen sehr starken Hebel in der Hand, über den wir Einfluss nehmen können.«

»Wieso?«

»Na ja – wir können entweder versuchen, den Stressor zu verändern, denk an Dr. Kai-mit-dem-Pferdeschwanz ... oder wir ändern unsere Bewertung. Damit haben wir einen weiteren Ansatzpunkt gegen den Stress bekommen!«

»Können wir das – einfach unsere Bewertung ändern?« Bohn bleibt skeptisch, aber Martin Dampf ist in Fahrt: »Vielleicht nicht automatisch, und nicht immer leicht – aber es würde sich lohnen, meinst du nicht? Ich würde sagen, das ist ein wirkungsvoller Hebel: Wir machen durch die Bewertung des Stressors diesen groß oder klein! Schau, ich zeichne dir das mal auf.« Dampf greift nach der Serviette und zeichnet drei Kästchen und zwei Pfeile darauf:

Stressor → **Bewertung** → **Stress**

Bohn nickt nachdenklich. »Langsam verstehe ich, was du meinst. Der gemeinsame Nenner aller Beispiele, die wir gerade besprochen haben, ist jedes Mal die Bewertung, ganz egal, ob Porschefahrer oder Entlassung.« Er schaut auf Dampfs Skizze und fährt fort. »Bewerte ich ein Ereignis als entsetzlich oder bedrohlich, dann erlebe ich Stress. Bewerte ich es als inspirierend oder herausfordernd, dann erlebe ich weniger oder vielleicht gar keinen Stress.«

»Genau das meine ich. Damit hätten wir auch schon den Namen für diese Station, oder? Es kommt auf die Betrachtungsweise an, darauf, was ich durchlasse und was nicht. Insofern könnten wir sie die Sonnenbrille oder vielleicht den Filter nennen – was meinst du?«

Bohn schaut nachdenklich: »Für mich ist es eher ein Regler. So wie ich an meiner HiFi-Anlage die Lautstärke einstellen kann, so kann ich den Stress durch die Art, wie ich ihn betrachte, stärker oder schwächer werden lassen. Du hast doch vorhin Hebel gesagt, das ist auch so etwas Ähnliches.«

»Auch gut«, sagt Dampf. »Also nennen wir diese Station den *Hebel*. Wobei Tango auch passen würde.«

»Wie bitte?« Bohn schaut verständnislos.

Dampf lacht. »Du kennst doch den Spruch: *it takes two to tango* – das gilt hier auch: Der Stressor allein genügt nicht, es braucht immer auch die Bewertung, um Stress zu erzeugen. Also: *it takes two*, und Tango ist dafür unser Codewort.«

»Ähm, nee ... – wir bleiben bei Hebel!«, schüttelt Bohn den Kopf. »Für einen Vertriebler hast du eine ganz schön schräge Denkweise ...«, foppt er seinen Kollegen.

»Hey, du Immobiler – mach mir keinen Stress!«, kontert Dampf im gleichen Tonfall, und Bohn beendet den Dialog mit einem fröhlichen »Das hängt ja nach unseren neuesten Erkenntnissen von *dir* ab!«

Wah-Wah-Pedale des Stresses

Zehn Minuten später ist Hannah Dampf an ihrem Tisch eingetroffen, dieses Mal mit zwei vollen großen Tüten, die ihr Mann kritisch betrachtet. »Schuhe?«, fragt er misstrauisch.

»Laufschuhe – wir wollten doch wieder mit dem Joggen beginnen.«

»Drei Paar?«, zweifelt Martin Dampf.

Hannah ignoriert seine Frage und schaut die beiden an: »Und? Wie weit seid ihr?«

Bohn antwortet für seinen Kollegen, der gerade in einer der Tüten herumwühlt. »Wir haben alle deine Fragen beantwortet. Erstens: Es gibt in unserer westlichen, demokratischen Welt keine für alle gleichermaßen stark belastenden Stressauslöser, wenn man von Naturkatastrophen absieht. Zweitens: Das liegt daran, weil es bei der Entstehung von Stress immer auf die individuelle Bewertung der Situation ankommt, und diese Bewertung kann von Person zu Person sehr unterschiedlich ausfallen. Drittens: Weil man durch die Bewertung ein Ereignis größer oder kleiner machen kann, haben wir uns entschieden, die dritte Station Hebel zu nennen.«

Hannah nickt anerkennend und applaudiert den beiden Männern: »Sehr gut! Und Hebel finde ich einen passenden Begriff dafür. Wisst ihr, wie man das in der Fachsprache nennt?« Achim und Martin schauen sie fragend an, und sie erklärt. »Man spricht von Stressverstärkern. Es gibt bei manchen Menschen bestimmte Einstellungen, die Ereignisse schlimmer erscheinen lassen. Durch diese Einstellungen wirken Situationen dann belastender als für andere Leute.«

»Verstärker ...«, sinniert Martin Dampf, »... dann hätten wir statt Hebel ja auch Wah-Wah-Pedal sagen können ... oder als Gag: Weia-Weia-Pedal!«

»Wie bitte?«, fragt Hanna.

»Ach nix, mir fiel gerade nur ein weiterer Name ein, aber manche Leute hier am Tisch finden meine Fantasie sowieso schon zu blumig ...«

»Mich kannst du damit nicht meinen, mein Schatz«, lacht Hannah und beugt sich vor, um ihrem Mann einen Kuss zu geben. Dann fragt sie: »Wollt ihr mal nachdenken, welches die wichtigsten Stressverstärker sein könnten, mit denen sich Menschen das Leben unabsichtlich besonders schwer machen? Welche persönlichen Einstellungen und Denkweisen Schwierigkeiten erzeugen könnten?«

Beide Männer schütteln zugleich den Kopf. »Ach nö«, kommt es von Martin Dampf. »Für heute war schon genug Rätselraten und Schnitzeljagd, du darfst es uns zur Abwechslung ruhig auch mal leichtmachen.«

»Aber meine Herren Geschäftsführer, wo ist denn Ihr Ehrgeiz?«, rügt Hannah vergnügt und ergänzt: »Ist in Ordnung, ich werde es euch erzählen – aber nur unter der Bedingung, dass ihr dafür bei jedem Punkt überlegt, wie die Gegenmaßnahme aussehen könnte.«

»Einstellungen lassen sich verändern?«, möchte Bohn wissen.

Hannah lächelt. »Gute Frage. Ja, es geht, aber es ist schwer. Ich gebe euch einen Tipp: Es geht entweder durch wirklich aufwühlende Erkenntnisse – oder durch diszipliniertes Trainieren.«

Einstellungen

Nachdem die Bedienung frische Getränke gebracht hat, holt Hannah Luft. »Also, wenn ihr nicht raten möchtet: Der erste sogenannte Stressverstärker dürfte euch kaum unbekannt sein. Man nennt ihn Perfektionismus – schon mal gehört?«

»Nöööö«, flötet ihr Mann, während Achim gleichzeitig »Noch nie!« kichert. Hannah muss auch lachen und erklärt: »Diese Einstellung ist ein nicht zu unterschätzender Risikofaktor für persönlichen Stress. Da ihr zwei so etwas offenbar nicht kennt, muss ich wohl erklären, worin das Risiko liegt.«

Die beiden Männer sitzen feixend vor ihr, und Hannah trinkt einen Schluck Bitter Lemon, bevor sie fortfährt. »Kurz gesagt führt die Überzeugung, alles immer perfekt erledigen zu müssen, fast immer in den Abgrund. Zum einen ist das Ziel nicht erreichbar: Alles immer perfekt machen geht nicht. Zum anderen kostet es extrem viel Zeit, denn laut Vilfredo Pareto ...«

» ...erledigt man 80 Prozent der Aufgaben in 20 Prozent der zur Verfügung stehenden Zeit ...«, fällt Martin ihr ins Wort, und Achim Bohn führt den Satz mit gelangweilt leiernder Stimme fort: »... während man für die restlichen 20 Prozent der Aufgaben 80 Prozent der Zeit aufwenden muss ...«

Hannah stutzt, nickt dann und sagt: »Zeitmanagement, Basis-Seminar?«

»Logo«, antwortet ihr Mann in leicht überheblichem Tonfall.

»Wunderbar, dann ist euch ja auch die Schlussfolgerung klar: Perfektionismus kostet zu viel Zeit. Die heutige Arbeitswelt mit der großen Menge von Aufgaben erzwingt praktisch automatisch, dass man mit 80 oder 90 Prozent zufrieden ist.«

Achim führt Hannahs Gedanken weiter: »Deshalb muss man priorisieren in A-, B- und C-Aufgaben, und bei einem Zielkonflikt erledigt man immer die Aufgabe mit der A-Priorität zuerst. Wenn man Glück hat, sind dann am Abend, oder am Wochenende, nur Aufgaben mit niedriger C-Priorität liegen geblieben.«

»Na schön – ihr habt also im Seminar aufgepasst. Setzt ihr das denn auch um?«

»Wenn wir Zeit haben«, sagt Martin und wundert sich zunächst, weshalb die anderen beiden losprusten. »Ist doch wahr – wenn alles ruhig läuft, erstellen wir Zeitpläne und priorisieren unsere Aufgaben. Wenn es aber richtig hektisch wird, ist dafür keine Zeit mehr!«, verteidigt er sich.

»Dazu gibt es eine Geschichte, die ihr dann sicher auch schon kennt ...«, setzt Hannah an, und diesmal greift Achim den Faden auf: »Vermutlich die von dem Mann im Wald, der mit einer Säge Bäume fällt und stöhnt, weil er mittags erst drei Bäume geschafft hat, aber insgesamt zwölf Bäume fällen muss ...« Jetzt fällt Martin ein: »Und als man ihn fragt, wieso das so langsam gehe, sagt er, seine Säge sei stumpf, jedoch könne er die Säge nicht schärfen, denn ...« Achim übernimmt »... dafür sei schließlich keine Zeit.« Beide Männer geben sich betont gelangweilt, als sie sich die Teile der Geschichte gegenseitig zuspielen. Hannah stellt fest:

»Echte Zeitmanagement-Profis. In der Theorie. Sagt mal, nach eurer Erfahrung – ist es denn nun falsch, die anstehenden Aufgaben nach wichtig und weniger wichtig zu priorisieren?«

»Nein, natürlich nicht.« Martin Dampf zuckt mit den Schultern. »Es ist richtig, und immer wenn ich es mache, habe ich am Tag etwas weniger Druck, weil ich mich etwas weniger verzettele. Die Kunst ist wirklich, das auch in hektischen Zeiten sauber durchzuziehen.«

»Es ist eben wirklich genau wie das mit der Säge«, nickt wiederum Achim Bohn.

»Dann halten wir also fest: Gegen zu großen Perfektionismus hilft das Pareto-Prinzip, das Ordnen von Aufgaben nach Wichtigkeit und das konsequente Durchhalten dieser Regeln – korrekt?« Hannah schaut die beiden Geschäftsführer an, und ihr Mann liefert noch eine Ergänzung. »Für mich hat sich noch etwas bewährt, was ich von einem deiner Kollegen gehört habe, Hannah. Ich habe vor einiger Zeit ein gutes Vierteljahr lang jeden Abend auf den Tag zurückgeblickt und mir selbst gesagt: 17 von 20 Punkten erledigt – super! Oder: 85 Prozent geschafft – ich bin gut! Das hat einiges bewirkt.«

»Im Ernst? Hast du dir das denn geglaubt?«, fragt sein Kollege erstaunt.

»Am Anfang nicht«, erzählt Dampf. »Ich kam mir bescheuert vor, auch weil ich das selbst gar nicht so empfunden hatte. Aber mein Coach ist damals ganz rational vorgegangen. Er meinte, dass wir ohnehin nie hundert Prozent unserer Aufgaben schaffen würden – und dass wir deshalb abends beim Blick zurück auf den Tag immer vor einem Teilerfolg stehen würden. Die Wahl, die wir hätten, liege also auch hier in der Bewertung: Sehe ich 90 Prozent als Erfolg an oder als Versagen. Damit hat er mich überzeugt.«

»Und wieso ein Vierteljahr lang?«

»Weil ich so lange gebraucht habe, bis ich die Zufriedenheit wirklich *fühlen* konnte. Das hat er mir schon vorher gesagt, er meinte, das Gehirn brauche einige Monate Zeit, um alte Gewohnheiten abzulegen und neue anzunehmen. Heute schaue ich auf einen Tag mit 17 von 20 erledigten Punkten zurück und bin recht zufrieden, weil ich denke, das soll mir doch erst mal jemand nachmachen.«

»Cool, den Punkt hatte ich noch nicht in meinem Programm«, sagt Bohn nachdenklich und lehnt sich zurück.

Hannah Dampf wartet einen Moment, damit sich das alles etwas setzen kann. Dann fährt sie mit ihrem Überblick fort: »Ein weiterer häufiger Stressverstärker ist die Ungeduld. Ich nehme mal an, das kennt ihr Helden auch nur vom Hörensagen?«

»Ähm …«, sagt ihr Mann.

»Erklär' mal«, meint Bohn.

»Aber 'n bisschen plötzlich«, kommt es wieder von Martin, und alle lachen.

»Ungeduld als Haltung, als Einstellung, sorgt für dauernden Druck«, erläutert Hannah. »Dabei geht es nicht um Termine, die man alle einhalten möchte, das wäre wieder der Perfektionismus. Ungeduld spielt immer dann eine Rolle, wenn wir warten müssen, in der Supermarktschlange, im Stau, im Wartezimmer beim Arzt ...«

»... in der Hotline unserer IT, auf der Landstraße hinter einer Wanderdüne …«, ergänzt Achim Bohn mit Leidensmiene.

Martin verschränkt die Arme und brummt: »Da hilft uns Pareto nicht weiter – das sind doch echt objektiv unerträgliche Situationen, oder?«

Seine Frau schaut ihn an: »Das würde ja bedeuten, dass ihr vorhin bei meiner Grundsatzfrage, was alle Leute stresst, hättet antworten müssen: Naturkatastrophen – und Supermarktschlanken – ist das wirklich für alle Leute so?«

Martin Dampf windet sich und murrt: »Aber ein Stau ist doch echt nur Mist!«

Hannah erklärt geduldig: »Überlegt doch mal. Gerade haben wir gesehen, dass wir sicher nicht jeden Abend hundert Prozent unserer Aufgaben erledigt haben werden. Und wir haben gesagt, dass wir die Wahl haben, uns zu ärgern, wenn noch zehn Prozent fehlen, oder uns zu freuen, dass wir neunzig Prozent geschafft haben. Genauso ist es mit den Staus: Sie kommen vor, und wir werden noch in einigen drinstehen. Also haben wir nicht die Wahl, sie zu vermeiden oder nicht. Es ist wie vorhin: 17 von 20 sind entweder gut oder nicht, das hängt von der Bewertung ab. Das könnt ihr auf den Stau übertragen.«

Martin schüttelt verärgert den Kopf: »Wieso? Soll ich mir jetzt sagen: Beinahe wäre ich pünktlich gekommen, juhuu! Und dann lächeln wie ein Buddha?«

Achim grinst ihn an. »Das klingt witzig. Aber im Ernst, ich glaube, ich weiß, was deine Frau meint: Du stehst im Stau, und der Stau ist Realität. Du kannst ihn nicht verändern – egal, wie sehr du schimpfst. Das Gleiche gilt fürs Wartezimmer oder die Hotline.«

»Und?« Dampf schaut noch immer verärgert, während er sich vorstellt, im Stau zu stehen, doch Bohn bleibt geduldig: »Wenn du nicht wählen kannst, ob du im Stau stehst oder nicht, kannst du doch wählen, ob du dich aufregst oder nicht!«

Bohn schaut seinen Kollegen bedeutungsvoll an, während dieser mit verschränkten Armen dasitzt. »Du kannst im Stau entweder fluchen wie ein einbeiniger Pirat; dadurch hat sich der Stau nicht verändert, aber dir geht es garantiert mies. Oder du kannst sagen, okay, ein Stau, machen wir das Beste daraus. Du stellst gute Musik an und lehnst dich zurück, bist dankbar für die Erholungspause.«

»Puh, das ist aber *sehr* souverän – schon fast Zen, finde ich.« Dampf runzelt die Stirn, löst aber seine Arme.

»Du musst es ja nicht machen«, lächelt seine Frau. »Du kannst dich auch aufregen. Aber Fakt ist: Körperlich bist du Gefangener im Stau, deine Freiheit liegt darin, wie du geistig reagierst. Das hat nicht viel mit Zen zu tun, aber einiges mit Gelassenheit– und diese ist bekanntlich das Gegenteil von Ungeduld.«

»Ob ich *das* noch lerne im hohen Alter von 44?«, Dampf schaut skeptisch.

»Sieh es mal so«, grinst Bohn, »es werden bestimmt noch genügend Staus, Warteschlangen und Warteschleifen auf dich warten in den nächsten 44 Jahren – und jedes Mal kannst du ganz prima üben!«

»Machen wir mal weiter, okay?«, schlägt Hannah vor. »Ein anderer Stressverstärker besteht in besonders großer Hilfsbereitschaft. Wenn ich bei jeder Bitte sofort sage: Ja klar, das mache ich gerne – oder sogar nicht einmal warte, ob ich gefragt werde, sondern schon von mir aus freiwillig und häufig meine Hilfe anbiete –, dann kann man sich leicht vorstellen, dass das auf Dauer nicht gut geht.«

Achim Bohn zieht eine Grimasse: »Jetzt sprichst du von meiner Mutter«, sagt er, »dabei wusste ich gar nicht, dass du sie kennst. Im Ernst, sie ist genau, wie du es schilderst. Tatsächlich ist sie permanent überarbeitet, kommt selten zu den Dingen, die sie selbst gerne tun möchte, jammert zwar nicht offen darüber, aber vermittelt doch zwischen den Zeilen eine gewisse Traurigkeit darüber, dass sie so wenig Zeit für sich hat.«

Auch Martin stimmt ein: »Da habe ich direkt einige Leute vor Augen. Die sind so – immer helfen, sich immer kümmern. Als Abteilungsleiter hatte ich noch solche Kollegen, aktuell mindestens einen solchen Mitarbeiter ... oder denk mal an Knut Gebert aus dem Tennisverein«, er schaut Hannah an, »er ist dort im Vorstand, organisiert jede Feier und jedes Turnier, delegiert viel zu wenig und arbeitet schon Tage vor den Veranstaltungen nur für den Verein. Er besorgt die Würstchen und das Grillfleisch, kauft die Getränke ein, trägt die Bänke und Tische aus dem Lager aufs Gelände – wenn er könnte, würde er sicher auch das Zelt noch allein aufbauen. Und dann ist er oft gereizt und läuft den ganzen Tag mit geballter Faust in der Tasche herum, während die anderen feiern, und berichtet noch Tage und Wochen nach der Veranstaltung davon, wie ihn dies geärgert oder jener enttäuscht hat. Das passt ins Modell: Ärger und Gereiztheit sind klassische Stresssymptome.«

»Knut ist wirklich ein passendes Beispiel. Ein feiner Kerl, und zugleich Opfer seiner eigenen Hilfsbereitschaft.« Hannah stimmt ihrem Mann zu. Dann fragt sie: »Habt ihr eine Idee, was solchen Leuten helfen könnte?«

»Ist doch nicht schwer – sie müssten eben zwischendrin immer mal Nein sagen, und Aufgaben an andere abgeben.« Bohn zuckt mit den Schultern: »Ich verstehe nicht, wo da das Problem liegt.«

Dampf boxt ihn locker gegen den Arm und lacht: »Das liegt daran, dass *du* das Problem mit der übertrieben großen Hilfsbereitschaft nicht hast!«

»Na hör mal, ich bin durchaus hilfsbereit!«

»Ja klar, aber in gesundem Umfang. Hier geht es um Leute, die sich nicht gut rausziehen können, Leute, denen es schwerfällt, sich abzugrenzen. Dazu gehörst du nicht, deshalb sagst du: Was soll schwer daran sein, Nein zu sagen? Aber wenn zu dir jemand kommen würde und dich mit dem Satz ›Was soll schwer daran sein, mit neunzig Prozent zufrieden zu sein?‹ mal eben von deinem Perfektionismus heilen wollte, würdest du dich davon allein auch nicht bekehren lassen, oder?«

»Wer sagt denn, dass ich ein Perfektionist bin?«, brummt Bohn, signalisiert aber, dass er verstanden hat. »Wie kann man dann solchen Leuten helfen, öfter Nein zu sagen?«

»Überlegt mal, was dem Neinsagen im Weg stehen könnte«, gibt Hannah einen Tipp.

»Meine Mutter hilft eben gerne«, meint Bohn.

»Ich glaube, das hat mit Harmonie zu tun«, ergänzt Dampf. Nachdenklich spricht er weiter. »Wer gerne hilft, wer nicht Nein sagen mag, möchte wohl möglichst mit allen Menschen in Harmonie leben. Der denkt vermutlich, wenn er Nein sagt, kann man ihn nicht mehr leiden.«

»Klingt plausibel – aber was würde dem helfen?«

»Riskieren«, überlegt Dampf. »Er müsste es mal riskieren. Kennt ihr die Story von dem Typ, dessen Nachbar jeden Morgen noch im Bademantel ums Haus rennt und in die Hände klatscht?« Hannah nickt, Achim schüttelt den Kopf, Dampf fährt fort: »Okay. Als unser Typ hört, dass dieser Nachbar wegzieht, geht er rüber und verabschiedet sich. Dabei fragt er, wieso der seit zwanzig Jahren morgens händeklatschend um sein Haus läuft. ›Das wissen Sie nicht?‹, fragt der. ›Das hält die Löwen und Tiger fern!‹ – ›Aber hier gibt es doch überhaupt keine Löwen oder Tiger!‹, sagt der Typ, und sein Nachbar antwortet: ›Sehen Sie – es wirkt eben!‹«

Achim Bohn schaut Martin Dampf verständnislos an, der zieht eine Grimasse. »Mit der Geschichte meine ich, dass der Nachbar den Mut hätte haben müssen, aufs Klatschen zu verzichten – um dann zu merken, dass nix Schlimmes passiert. Übertragen heißt das, Leute, die Angst vor dem Neinsagen haben, bräuchten den Mut, gelegentlich doch mal Nein zu sagen. Wenn sie dann merken, dass die Umwelt das akzeptiert und man sie immer noch leiden kann – dann könnten sie sich langsam entspannen und mit mehr Ruhe Nein sagen.«

»Mut zum Training, meinst du? Trainieren und riskieren?«, fragt Bohn, und Dampf nickt.

Alle denken darüber nach, dann hebt Bohn die Hand. »Mir fällt noch eine andere Hilfestellung für diese Leute ein. Ich habe mal gelesen, man sollte immer betonen, was man *tut*, und nicht von dem reden, was man *nicht* tut. Das finde ich zum Thema Neinsagen ziemlich hilfreich.«

»Hast du ein Beispiel?«, fragt Martin.

»Ja, klar. Anstatt zu sagen ›Es tut mir leid, aber das schaffe ich diese Woche nicht mehr‹, sagt man: ›Das mache ich gerne für Sie – ich werde mich gleich nächste Woche drum kümmern.‹ – Verstehst du das Prinzip?«

»Du meinst, so habe ich praktisch Nein gesagt zur Frage, ob ich etwas *heute* erledigen kann?«

»Genau.«

Dampf überlegt und sagt dann: »Ich probiere es mal. Frage: Können Sie uns für die Feier einen Kuchen backen? Antwort: Ich kann für die Feier einen einkaufen. Oder vielleicht sogar: Ich kann Ihnen Geld geben, damit Sie einen kaufen können. So in der Art?«

»Hört sich etwas großkotzig an«, lacht Bohn, »aber die Richtung stimmt. Man kann es auch bei indirekt geäußerten Bitten anwenden: Wenn ein Mitarbeiter zum Chef sagt, ›Ich bin unsicher, ob ich diese Präsentation wirklich gut halten werde‹, und dabei heimlich hofft, dass der hilfsbereite Chef ihm die Aufgabe abnimmt, könnte dieser antworten: ›Ich kann Ihnen gerne danach ein Feedback geben, wie Ihre Präsentation auf mich gewirkt hat.‹ Das ist doch viel netter als das typische ›Sie werden das schon schaffen!‹, das man sonst hört.«

Hannah hebt die Augenbrauen und wackelt mit dem Kopf: »Übertriebene Hilfsbereitschaft ist glaube ich nicht euer Problem, das merke ich schon.« Als die beiden Geschäftsführer protestieren möchten, hebt sie abwehrend die Hand und spricht weiter. »Die Einstellung, immer allen helfen zu wollen, hat noch ein Geschwisterchen, und zwar die Einstellung, keine Hilfe annehmen oder einfordern zu können. Du hast vorhin Knut Gebert erwähnt, Martin, der ist dafür ein gutes Beispiel. Er ist einerseits sehr hilfsbereit. Andererseits macht er lieber alles allein, bevor er andere fragt, ob sie ihm helfen.«

Hannah sieht Martins zustimmende Miene und fragt nach: »Ich könnte mir vorstellen, dass diese Einstellung in eurem Arbeitsfeld auch nicht gerade selten vorkommt, oder?« Beide Männer nicken, Dampf sagt. »Genau, nehmen wir mal Eike Happ, der ist immerhin Hausleiter in einem 4000-Quadratmeter-Markt mit 80 Mitarbeitern. Aber im ersten Jahr machte er alles Mögliche immer noch selbst. Er konnte sich nicht vorstellen, dass es jemand anderes genauso gut erledigen würde wie er.«

»Wäre das nicht eher der Perfektionist?«, fragt Bohn den Vertriebler, und der stimmt zu: »Mag sein. Aber ich hatte, als ich noch Verkaufsleiter war, immer wieder Hausleiter zu führen, die lieber mit hochgekrempelten Ärmeln Regale einräumten, als sich um ihre Planungsaufgaben zu kümmern. Die sind, glaube ich, geflüchtet – weg von etwas, was ihnen nicht so lag, hin zu etwas, bei dem sie sich wohl und sicher gefühlt haben.«

»Was würde solchen Leuten helfen?«, fragt Hannah dazwischen.

Dampf überlegt: »Ein Chef wie ich, der sie zwingt, also herausfordert, sich ihren eigentlichen Aufgaben zu stellen.«

»Und vielleicht auch ein Coaching für ihre neuen Aufgaben, damit sie sich darin sicherer fühlen, oder?«

»Ja klar, fordern und fördern nennt man das. Machen nicht alle Chefs, ist aber wichtig. Wenn ich keinen solchen Chef habe und mich selbst bei diesem Verhalten ertappe, muss ich ehrlich zu mir selbst sein und mich zwingen, nicht Vogel Strauß zu spielen. Wenn mir etwas schwerfällt und ich mich davor drücke, es zu tun, werde ich es nie lernen und es wird mir immer schwerfallen.«

Hannah runzelt die Stirn. »Aber wir sprechen ja gerade über Leute, die nicht um Hilfe bitten können – insofern sollten die womöglich eben *nicht* danach streben, alles selbst zu können, sondern lernen, besser zu delegieren.«

»Richtig, das war ja der Punkt«, sagt Martin nachdenklich, »ich glaube, Arbeit abgeben oder andere um Hilfe zu bitten ist wirklich schwierig bei uns.«

»Ist das so? Ist das überhaupt identisch: Delegieren und um Hilfe bitten? Sind das nicht verschiedene Dinge? Was steht dem Delegieren im Weg?«, fragt Achim Bohn dazwischen.

»Wer nicht gut delegiert, will meistens gern die Kontrolle behalten«, sagt Dampf. »Wenn ich eine Aufgabe abgebe, habe ich nicht mehr die volle Kontrolle darüber, wie sie gemacht wird. Aber wenn ich anfangs klar sage, was ich will, und später gut prüfe, ob das Ziel erreicht wurde, dann habe ich doch noch immer die Kontrolle!«, hält Bohn dagegen.

Dampf lächelt. »Richtig. Wir beiden wissen das, aber das ist nicht jedem klar.«

Hannah weist die beiden Führungskräfte darauf hin, dass sie sich wieder im Bereich Perfektionismus bewegen. »Welche anderen Gründe sind denkbar, außer einem perfektionistischen Kontrollbedürfnis, wenn jemand nicht um Hilfe bittet? Geht mal weg vom Delegieren!«, insistiert sie.

»Man möchte nicht schwach erscheinen«, sagt Martin, während Achim meint, dass man vielleicht befürchtet, sich vom anderen abhängig zu machen: »Wenn ich jemanden um einen Gefallen bitte, dann schulde ich dem etwas. Wenn ich alles allein mache, bin ich keinem etwas schuldig.«

»Okay – und was würde dagegen helfen?«, fragt Hannah.

»Das sind eigentlich Dinge, die mit Vertrauen und mit Teamplay zu tun haben«, meint Bohn nach kurzem Nachdenken. »Wenn ich mich im Team wohl fühle und wenn ich den anderen vertraue, muss ich weder Angst haben, dass man mich für schwach hält, noch dass jemand das ausnützen würde. Wenn ich verstehe, dass Teamplay ein Geben und Nehmen ist, dann kann ich heute ohne Probleme nehmen, weil ich genau weiß, dass ich morgen wieder etwas geben werde.«

»Das hängt auch wieder vom Chef ab«, überlegt Martin. »Wenn der sein Team so führt, dass das jedem klar ist, fällt ein Stressfaktor weg. Vorhin hatten wir ihn schon mal in der Pflicht, wenn er fordert und fördert, und jetzt wieder. Hängt Stress oder nicht Stress also doch an der Führungskraft?«

Bohn wiegt den Kopf hin und her: »Teils, teils. Das Verhalten der Führungskraft kann bestimmtes Verhalten bei den Mitarbeitern unterstützen oder ausbremsen. Aber es hängt doch größtenteils von der Einstellung der Mitarbeiter ab: Bin ich zu perfektionistisch oder nicht? Greife ich nach jeder Aufgabe oder nicht? Bitte ich um Hilfe oder nicht? Stressverstärker hattest du das genannt, Hannah, oder?« Sie nickt. »Wir hatten ja selbst von Hebeln gesprochen, die ein vorhandenes Problem entweder größer oder kleiner machen, je nachdem, wie man eine Sache betrachtet«, fasst Bohn die Überlegungen zusammen.

Denkstile

»Ich gebe euch noch etwas zum Nachdenken mit«, lächelt Hannah, woraufhin die Männer pro forma protestieren: »Noch etwas? Das langt doch allmählich!« Hannah lächelt entspannt. »Das geht recht schnell. Da ihr von Hebeln sprecht – es gibt noch etwas, was diese Hebel noch wirkungsvoller macht.«

»Wirkungsvoller ...«, grübelt Martin, »da die Hebel den Stress *verstärken*, würde wirkungsvoller doch *schlimmer machen* bedeuten, oder?«

Hannah stimmt zu. »So kann man das sehen.« Sie gibt einen kurzen Überblick. »Was also das Ganze noch steigern kann, sind die sogenannten Denkstile. Das bezeichnet die Art und Weise, wie jemand alltägliche Ereignisse verarbeitet. Im Zusammenhang mit Stress sind hier die folgenden vier besonders häufig: Verallgemeinerung, Personalisieren, selektive Wahrnehmung, Katastrophisieren. Könnt ihr damit etwas anfangen?«

Beide Männer stöhnen, Achim jammert: »Eins von meinen Weizen war wohl schlecht – mein Hirn schaltet langsam ab. Könntest du das nicht kurz für uns zusammenfassen?«

Hannah nickt verständnisvoll und wechselt die Sitzposition: »Kann ich.«

Sie trinkt ihr restliches Bitter Lemon und erläutert. »*Verallgemeinern* bedeutet, dass man negative Einzelereignisse in Gedanken zur Regel macht. Wenn ein einzelner Mitarbeiter zweimal etwas falsch macht, wird daraus so etwas wie ›*nie* kann ich mich auf *irgend*jemanden verlassen!‹ – aus dem einen Mitarbeiter werden alle Menschen dieser Erde, und aus den beiden Vorfällen wird ein Naturgesetz.«

Martin blickt grinsend zu Achim Bohn, der schuldbewusst in sein Glas schaut und »keine Ahnung, wer so etwas macht« murmelt.

Hannah schaut schmunzelnd zwischen beiden hin und her, dann fährt sie fort. »*Selektive Wahrnehmung* ist etwas Ähnliches. Ich schaue auf einzelne negative Vorfälle wie das Kaninchen auf die Schlange und lasse mich von denen hypnotisieren. Am Ende scheint nichts Positives mehr zu existieren, ich sehe nur noch die miesen Dinge.«

»Da kenne ich eine Geschichte von diesem Watzlawick!«, ruft Martin. »Ein Mann meint, dass immer alle Ampeln rot sind, wenn er kommt. Und weil er das total verbissen sieht, regt er sich schon vorher so über diese Ungerechtigkeit auf, dass er drei grüne Ampeln gar nicht wahrnimmt – und bei der ersten roten Ampel ist er natürlich erst recht sauer, so dass er auch an den drei nächsten grünen vorbeifährt, ohne sie zu bemerken!«

Seine Frau nickt: »Genau.«

Dann fährt sie fort. »Zwei haben wir noch. *Personalisieren* ist auch rasch erklärt. Das beschreibt jemanden, der ständig alles auf sich bezieht.«

Bohn lacht: »Ich hatte mal einen Chef, der relativ launisch war. Oft kam er früh schon sauer ins Büro, und alle gingen automatisch in Verteidigungshaltung. Da das oft montags war, habe ich meistens nur gedacht: wieder ein Wochenende ohne Sex. Mir war egal, ob der schlechte Laune hatte, ihm aber nicht. Nach einigen Monaten haben wir herausgefunden, dass er Fan des KSC war – und das war das Jahr, als der mal wieder abgestiegen ist.«

»Das ist ja reines Kopfkino, wenn ich denke, dass die schlechte Laune eines anderen bestimmt an mir liegt! Man kann sich das Leben auch wirklich schwermachen!«, wundert sich Martin Dampf, während seine Frau spöttisch kontert: »Bei manchen Leuten ist das auch umgekehrt.«

»Wie bitte?«, fragt er verblüfft, während Achim Bohn vergnügt kichert.

»Noch zum letzten Punkt. Das ist klassisches Kopfkino.« Hannah schaut beide an und stellt sicher, dass sie wieder zuhören. »Diesen vierten Denkstil nennt man *Katastrophisieren*. Wie der Name schon verrät, ist das ein Denkstil, bei dem die Personen aus jeder Mücke einen Elefanten machen.«

Martin rollt die Augen, als er das hört: »Meine frühere Assistentin war so, als ich noch Verkaufsleiter war. Ständig ist irgendeine Katastrophe passiert: ›Ich bin drei Minuten zu spät – oh Gott, das tut mir *so* leid, Herr Dampf! Die Zahlen von Markt 327 sind noch nicht eingetroffen – das *gibt's* doch gar nicht!‹ Das ging den ganzen Tag so, sie fühlte sich ständig so im Stress, dass ich nur vom Zuhören fast selbst in Stress gekommen wäre!«

»Solche Leute kenne ich auch«, Bohn zieht eine Grimasse, »bei denen ist Kopfkino wirklich der passende Begriff. Sie sind ständig entweder auf der Flucht vor einer Katastrophe oder voller Hektik damit beschäftigt, die nächste zu vermeiden. Und was macht man gegen solche Denkstile?«

Hannah hat gerade die Getränke bezahlt und greift nach ihren Einkaufstüten. »Dazu kommen wir an der nächsten Station, meine Herren. Dort werden wir dann die Fernbedienung für unser Kopfkino kennen und benützen lernen.«

Hilft es eigentlich schon?

Einige Tage später steckt Martin Dampf den Kopf durch die Tür von Bohns Büro. »Guten Morgen, Achim! Schön, dass deine Tür wieder mal offen steht! Das passt zu einer Frage, die ich seit ein paar Tagen mit mir herumtrage.«

»Komm doch rein!«, winkt der Immobilien-Geschäftsführer seinem Kollegen zu. »Welche Frage hast du denn?« Bohn setzt sich zu Dampf, der auf einem Sessel der Sitzgruppe Platz genommen hat.

»Es ist jetzt etwa einen Monat her, seit wir uns hier drin zum ersten Mal über deine Situation unterhalten haben. Du hast mir erzählt, wie es dir geht, was dir alles stinkt ... Zwei Wochen später haben wir uns mit Hannah zusammengesetzt und seither drei von ihren komischen ›Stationen‹ absolviert.«

»Ja, ich weiß. Als mir der Kragen geplatzt ist und ich Katja so blöd angemacht habe. Es war mir damals tierisch unangenehm, dass du das mitbekommen hast. Und dann bist du auch noch reingekommen und hast mich zur Rede gestellt!«

»Zur Rede gestellt würde ich das ja nicht nennen – ich habe mir Sorgen gemacht und deshalb nachgefragt. Deine Tür war nur noch zu, der Ausbruch gegenüber Katja war ja nicht der einzige – es ist mir nicht leichtgefallen, zu klopfen. Ich wusste ja nicht, ob du sauer wirst, wenn ich dich darauf anspreche.«

»Ja, das verstehe ich. Ich stand auch extrem unter Strom. Aber es war natürlich goldrichtig, dass du nachgefragt hast, das war ja kein Zustand. Was ist denn *heute* deine Frage?« Bohn schaut Dampf erwartungsvoll an.

»Ich wollte gerne wissen, ob du von unseren ersten Stationen schon etwas merkst. Es waren ja erst drei von sieben, und die erste war mehr eine Art Bestandsaufnahme – mir jedenfalls gingen unsere Gespräche, zu zweit, mit Hannah und sogar das mit dem Ingenieur noch häufig durch den Kopf. Daher wollte ich mal nachschauen, wie es dir damit geht.«

»Ähnlich«, meint Bohn und lächelt. »Sehr nett, dass du fragst, das weiß ich zu schätzen! Du hast es ja selbst gerade angesprochen: Meine Tür steht wieder offen, ich verschanze mich etwas weniger als noch vor einem Monat. Wenn ich mich an die Gespräche über den Säbelzahntiger erinnere, könnte man sagen: Ich bin etwas weniger auf der Flucht als damals.«

Er hält kurz inne, dann fährt er fort: »Du hast, was die erste Station betrifft, schon recht: Die war mehr theoretischer Natur, Grundlagen und so was in der Art. Aber erstens sollte man den Feind kennen, gegen den man kämpft, deshalb war es gut, zunächst zu klären, was hinter diesen inflationär benutzten Begriffen wie Stress und Burn-out eigentlich steckt. Zweitens haben wir ja nicht nur Theorie erarbeitet, sondern diesen verflixten Stresstest gemacht – das Ergebnis hat mich sowohl geschockt wie auch wachgerüttelt. Schließlich, drittens, hat die Analyse der Stressfolgen, direkt nach dem krassen Testergebnis, gleich nochmal an mir gerüttelt: Ich habe innerhalb einer Stunde kapiert, was Stress ist, dass ich an ihm leide beziehungsweise mittendrin stecke, und dass die langfristigen Folgen gravierend wären, wenn ich nichts verändere. Das hat Hannah echt geschickt aufgezogen.«

Martin Dampf nickt. Auch er erinnert sich an das Gespräch. »Das war ziemlich hart, finde ich, ziemlich schonungslos. So ist sie manchmal, wenn sie es für nötig hält. Ich war ja der Meinung, dass es nur um dich geht – ich habe schließlich niemanden angebrüllt ...«

Bohn verdreht die Augen: »Erinnere mich doch nicht auch noch dran! Das ist mir echt peinlich!«

Dampf grinst und spricht weiter. »Sollte es auch. Aber ich wollte von mir reden, keine Sorge. Als dieser Test auch mir selbst ein immerhin mittleres Stresslevel bescheinigt hat, war ich deshalb *not amused*, und die möglichen Stressfolgen fand ich genauso wenig witzig wie du. Schwupp, schon saß ich mit im Boot!«

»Das war also eine Motivationseinheit à la Hannah Dampf«, grinst Achim. »Ganz schön listig! Sie hat das bestimmt schon vorher gewusst, mit dir.«

Martin schneidet eine Grimasse, Bohn greift den vorigen Faden auf und überlegt. »Du wolltest ja wissen, ob ich aus Station 2 oder 3 schon etwas für meine Situation anwenden konnte. Grundgedanke von Station 2 war ja, Stressoren nicht einfach nur hinzunehmen, sondern sie, wenn möglich, zu verändern. Ich habe nochmal analysiert, was mich denn konkret in den letzten Monaten nervt, und bin erst mal beim Chaos im Gesamtunternehmen gelandet, bei all den rasch wechselnden und oft widersprüchlichen Entscheidungen. Hier habe ich entschieden, dass ich das nicht verändern kann. Geschäftsführer zu sein ist zwar schon mal nicht schlecht, aber auf Unternehmensentscheidungen habe ich dann doch keinen Einfluss, die werden weiter oben getroffen – zwei, wenn nicht sogar drei Ebenen über uns, wenn man den Eigentümer und den Aufsichtsrat mit dazu nimmt.«

Dampf nickt nachdenklich: »Das sehe ich genauso. Hier sind wir letzten Endes nur Ausführende, egal, was man alles Nettes zu uns sagt. Wie hast du das denn dann gelöst? Der Hammer von Station 2 musste wohl in der Kiste bleiben? War nix mit kaputt machen, was dich kaputt macht?«

»Nun, ich habe einerseits überlegt, was mich daran eigentlich so nervt. Dabei habe ich versucht, gleichzeitig meine persönlichen Stressverstärker im Auge zu haben. Ich dachte, es wird schon auch etwas damit zu tun haben.«

»Du meinst deine Harmoniesucht und übertriebene Hilfsbereitschaft?«, fragt Martin ironisch.

»Ganz genau.« Bohn grinst. »Im Ernst, ich habe rasch gemerkt, dass vor allem der Perfektionist in mir wütend war: Wegen des Chaos und der häufig wechselnden Direktiven kann der keine Spitzenergebnisse liefern. Die Umstände hindern mich zurzeit, meine Arbeit so gut zu machen, wie ich es gern möchte.«

Wieder nickt Dampf. »Das verstehe ich gut. Eine ganz blöde Falle, in der man da als höhere Führungskraft sitzt. Schließlich muss man die Achterbahnfahrt nach unten möglichst glaubhaft vertreten.«

»Richtig. Das kam noch dazu. Ich musste immer wieder ›Ganz neuer Kurs – volle Kraft voraus, heute mal nach Nordnordwest, hurra!‹ brüllen. Ich kenne meine Mitarbeiter, die stöhnen selbst genauso. Sie möchten ebenfalls Topleistungen abliefern, aber jeder weiß, dass das aktuelle Hü und Hott des Unternehmens uns in der Außenwirkung enormen Schaden zufügt. Meinen Expansionsexperten werden in Videokonferenzen von nicht einmal zehn Minuten Dauer Projekte zerdeppert, an denen sie seit Jahren gearbeitet haben – das tut weh!«

»Also doch Harmoniesucht – du möchtest von ihnen geliebt werden!«, provoziert Dampf, doch Bohn schüttelt den Kopf: »Nö, ich verstehe die einfach, und es zerreißt mich, wenn ich sehe, dass wir durch die Unternehmenssituation schlechter abliefern, als wir es könnten.«

»Und wie löst du das, Achim? Ändern kannst du es nicht, das hatten wir ja gerade schon?«

»Erstens habe ich begonnen, kongruenter und authentischer zu sein. Statt bei jeder neuen Parole ›Tschakka!‹ zu brüllen, was mir eh keiner glaubt und was ich auch weiß, reagiere ich ehrlicher. Ich sage, dass die Situation zurzeit suboptimal ist, aber dass wir immer noch unsere Stärken haben: Wir sind Profis, wir sind ein gutes Team, wir halten zusammen. Erklärtes Ziel ist, jeden Tag das Beste abzuliefern, was unter den gegebenen Umständen möglich ist.«

Dampf runzelt die Stirn. »Das hilft?«

»Auf alle Fälle hilft es mir selbst. Ich kann so sprechen, wie es für mich stimmig ist, und muss nichts vorspielen. Ich nehme meine Leute ernst und werde umgekehrt auch eher ernst genommen, als wenn ich nur Hurra-Parolen verbreiten würde. Das hätte ich schon früher haben können, aber besser spät als nie. Außerdem habe ich auch eine subtile Ansage an meinen eigenen Perfektionismus gemacht – ich hoffe, du hast das herausgehört?«

Dampf überlegt und fragt dann: »Meinst du die Stelle, an der du davon sprichst, das Beste abzuliefern, was im Moment möglich ist?«

»Ganz genau. Wenn hundert Prozent nicht möglich sind, sollten wir dem auch nicht hinterherjagen, nur um täglich zu scheitern. Für mich war dieser überzogene Anspruch ein extremer Stressor, deshalb habe ich ihn von meinen ebenso wie von den Schultern meiner Mitarbeiter genommen, ›*Das Beste abliefern, was im Moment geht*‹ hilft mir enorm. Vorgestern habe ich ganz bewusst einen relativ kleinen Erfolg gemeinsam mit allen gefeiert, um zu zeigen, dass jedes erreichte Ziel positiv gesehen werden kann. Übrigens ist mir, nachdem ich das klar sortiert hatte, doch noch etwas anderes eingefallen, was ich dann umgesetzt habe, sozusagen im zweiten Schritt.«

»Nämlich?«, fragt Dampf.

»Nämlich«, lächelt Bohn, »nämlich habe ich meinem direkten Chef im nächsten Arbeitsgespräch genauso wie dir gerade davon berichtet. Ich habe offen gesagt, dass mir das Chaos zu schaffen macht. Dass mir bewusst ist, dass auch er nicht allzu viel ausrichten kann, sondern selbst in einer ähnlichen Lage ist wie ich. Ich habe auch gesagt, dass die aktuelle Situation aus meiner Sicht eine ganze Menge Nachteile hat, und wir unter anderen Umständen besser arbeiten könnten – wenn Ziele mal für ein Jahr und nicht nur für ein paar Wochen gelten würden. Dann habe ich ihm erklärt, dass ich mich entschieden hätte, das

Beste draus zu machen, und habe ihn informiert, welche Parole ich an meine Leute ausgegeben hätte.«

»Wow?!«, sagt Dampf mit hochgezogenen Augenbrauen. »Und?«

»Auch mein Chef ist natürlich nicht blöd. Er weiß, dass ich recht habe. Er hat gemerkt, dass meine Lösung mich entlastet, und meinte lapidar: Mir würde es ja offensichtlich helfen, und da ich ihm letzten Endes gerade sagen würde, dass ich mein Bestes geben würde und auch meine Leute dazu anhielte – dann sei da wohl nichts dagegen einzuwenden.«

»Diplomatisch«, meint Dampf. »Aber was soll er machen?«

»Richtig, Martin. Jedenfalls ging es mir nach diesem offenen Gespräch nochmal um einiges besser. Ich hatte das Gefühl, dass ich jetzt nach unten *und* nach oben ehrlich war, das hat mich sehr entlastet.«

Beide Männer schweigen für einen Moment, dann fixiert Bohn seinen Kollegen: »Jetzt klären wir noch die gleiche Frage in die andere Richtung: Wie läuft es denn bei *dir* inzwischen?«

Dampf überlegt und erzählt dann. »Unser Gespräch im Biergarten über die Hebel ist ja gerade mal fünf Tage her. Für mich war die Sache mit dem Perfektionismus wesentlich, zusammen mit der Erkenntnis, dass wir im Vertrieb an keinem Tag *alle* Punkte schaffen, die wir auf der Agenda haben. Ich habe also nicht die Wahl, ob ich sie schaffe oder ob nicht – sondern ich kann nur wählen, wie ich damit umgehe, dass ich sie nicht schaffe.«

»Autsch!«, meint Bohn. Dieses Mal zeigt er die fragende Miene.

»Nee, gar nicht Autsch, das war gut für mich. Ich glaube, ich habe mich bisher immer dafür gesteinigt, wenn ich nicht jeden Tag jedes To-do erledigt habe. Das versuche ich in den letzten Tagen bewusst zu verändern. Im Moment habe ich das Gefühl, dass mir das gut bekommt, ich sehe manches lockerer.«

Bohn legt den Kopf schräg: »Sag mal, hast du im Biergarten nicht erzählt, dass du das nach einem Vierteljahr Training so schon machen würdest? ›Neunzig Prozent geschafft, hurra!‹, und so weiter?«

Dampf zuckt mit den Schultern: »Ja, hatte ich gesagt. Fakt ist, dass ich das vor einiger Zeit so gemacht hatte, und dass mir das damals echt gut getan hat. Als ich euch letzte Woche davon erzählt habe, ist mir aufgefallen, dass ich damit wieder nachlässiger geworden bin. Daher habe ich mir vorgenommen, die neunzig Prozent wieder bewusster zu feiern«, gesteht Dampf dem Kollegen. »Deshalb klappt es ja auch so gut – ich hatte früher schon einmal geübt, so zu denken.«

»Wenn uns jemand zuhört, hat der bestimmt den Eindruck, dass Stressmanagement etwas mit Abschlaffen zu tun hat«, sagt Bohn nachdenklich. »Jeder von uns findet sich gerade damit ab, dass er hundert Prozent nicht erreicht – das läuft völlig konträr zu den üblichen Sprüchen im Unternehmen, oder?«

»Jein«, Dampf schüttelt den Kopf, »die üblichen Sprüche, da hast du recht, zielen darauf ab, dass wir alle jeden Tag hundertzwanzig Prozent anstreben sollen. Der Trick ist, sich klarzumachen, dass das nicht geht. Mehr als hundert gehen nicht, und oft gehen eben auch hundert nicht. Anders gesagt: Wenn wir hundertzwanzig als hundert definieren, dann werden wir täglich scheitern, da maximal hundert möglich ist. Mir etwas Unmögliches vorzunehmen, bewirkt ja nicht, dass ich das Unmögliche dann schaffe – es bewirkt, dass ich Frust bekomme, weil ich es nicht schaffe. Und dieser Frust kostet mich Energie. Wenn ich aber ehrlich bin, so wie du es ja auch sagst, und ›täglich das Maximum‹ liefern möchte, kann ich das erreichen. Das gibt mir Zufriedenheit, und die setzt Energie frei. Die Rechnung geht also positiv auf.«

Dampf überlegt kurz, dann ergänzt er: »Natürlich achte ich seit neulich stärker als zuvor darauf, meine Aufgaben zu priorisieren. Denn wenn ich weiß, dass ich nicht alles erledigen werde, was auf meiner Agenda steht, dann muss ich schauen, dass möglichst nur C-Ziele liegen bleiben. Würden abends eine Menge A-Ziele übrig bleiben, wäre es schwer, mir selbst glaubhaft auf die Schultern zu klopfen.«

»So gesehen ergibt es Sinn«, überlegt Bohn. »Du sagst dir, dass du nicht alles erreichen kannst, und dass das normal ist. Du hörst also damit auf, dich deshalb zu beschimpfen. Und damit du nicht zu lasch wirst beziehungsweise weiterhin erfolgreich bist, arbeitest du strukturiert und gehst die wichtigen Ziele zuerst an.«

»Exakt. So kann ich abends zu dem Perfektionisten in mir sagen, dass ich wie jeden Tag das Beste herausgeholt habe, was ging.« Dampf lehnt sich zurück.

Beide Männer schweigen für einen Moment, dann sagt Bohn: »Hört sich irgendwie ähnlich an wie bei mir.«

Dampf lacht: »Vermutlich liegt das daran, dass wir beide bei den Stressverstärkern, den Hebeln, Perfektionismus an vorderster Stelle haben. Wenn wir übertrieben hilfsbereit wären, oder zu harmoniebedürftig, hätten wir uns jetzt vermutlich gegenseitig berichtet, wo wir in den letzten Tagen Nein gesagt hätten, oder wie wir uns mit Sätzen wie ›Heute nicht – morgen dann gern!‹ etwas Luft verschafft hätten.«

Am Abend schildert Martin Dampf seiner Frau bei einem Glas Wein das Gespräch mit Achim Bohn. Hannah fasst am Ende zusammen: »Ihr habt also bemerkt, dass ihr ähnliche Mechanismen habt, oder hattet, die euch angetrieben haben, richtig? Perfektionismus war das Kerosin in eurem Tank?«

Martin nickt: »Ja, zu einem großen Teil kam die Energie von dort. Ehrlich gesagt habe ich immer noch ein schlechtes Gewissen, wenn ich mich mit ›Fünfundneunzig Prozent ist prima‹ beruhige – wenn das die Vorstände wüssten! Die erwarten doch grundsätzlich hundert Prozent oder mehr!«

Hannah schüttelt den Kopf. »Erstens hast du gerade selbst gesagt, dass hundert Prozent der Anforderungen nicht möglich sind: mehr geht sowieso nicht. Zweitens hast du die Reaktion von Achims direktem Chef geschildert, der durch sein Schweigen Achim indirekt zugestimmt hat, dass das so ist.« Martin runzelt die Stirn und nickt langsam. Hannah fährt lächelnd fort: »Und schließlich, mein lieber Martin, seid doch *ihr* beiden immer die extremen Logiker, oder nicht?«

»Ja, wieso – worauf willst du denn raus?« Martin schaut seine Frau misstrauisch an.

»Ich möchte darauf hinaus, dass es auch aus Sicht des Unternehmens langfristig klüger ist, was ihr für euch entschieden habt.«

»Nur noch neunzig oder fünfundneunzig Prozent anzustreben? Was soll daran für KÖNIGSKAUF klüger sein?«

Martin Dampf schüttelt den Kopf, aber seine Frau bleibt gelassen: »Ich weiß nicht, ob du aktuelle Zahlen zum Thema Burn-out kennst. Menschen, die wegen Burn-out zuhause bleiben, kommen nicht nach einer Woche zurück und auch nicht nach einem Monat. Das dauert ein halbes Jahr oder ein Jahr, bis die wieder auf den Füßen stehen, und dann ist es nicht gesagt, dass sie noch einmal in ihre vorherige Position zurückgehen. Wenn KÖNIGSKAUF also möglichst lange etwas von seinen Top-Führungskräften haben möchte, dann liegt es in deren eigenem Interesse, diese nicht schon mit 45 zu verschleißen – meinst du nicht auch?«

»Moment mal – ich werde erst in vier Monaten 45!«, protestiert Martin, während er über Hannahs Aussage nachdenkt. Dann nickt er. »Du hast schon recht – wenn ich Vorstand wäre, würde ich Stressmanagementkurse für alle Führungskräfte zur Pflicht machen. Aus Menschlichkeit, und um die Kräfte maximal zu nutzen.«

»Siehst du!« Hannah trinkt genussvoll einen Schluck Wein. »Es ist also auch im kapitalistischen Sinn richtig, dass du abends nicht zu spät zu mir nach Hause kommst! Wie heißt das bei euch? Win-win?«

Dampf grinst: »Hier dann eher win-win-win: Es ist gut für's Unternehmen, für dich, und für mich.« Auch er trinkt einen

Schluck Wein und schaut sie nachdenklich an. »Weißt du – ich werde wohl wirklich mal schauen, ob wir nicht für meine Leute ein gutes Stressmanagementseminar bekommen können! Warum sollten wir warten, bis der Erste ausgebrannt ist?«

Beide schweigen und genießen den Chianti. Dann fragt Martin: »Sag mal – dass Achim und ich unter unserem Perfektionismus leiden und gegen ihn ankämpfen müssen, wenn wir weniger Stress haben möchten – das haben wir jetzt besprochen, und im Nachhinein ist es auch keine allzu große Überraschung. Aber ... was ist eigentlich mit dir?«

»Mit mir?«, fragt Hannah unschuldig.

»Klar. Du bist doch auch nicht stressimmun, nur weil du Psychologie studiert hast – oder ist das ein Prüfungsfach mit Praxisanteil?«, beharrt Martin.

Hannah schüttelt den Kopf. »Nein, das nicht. Solche Dinge werden im normalen Studium nicht gefragt, das lernt man erst später, wenn man sich dafür interessiert.«

»Also?« Martin blickt sie erwartungsvoll an. Hannah erwidert den Blick über ihr Glas hinweg: »Du willst wissen, was meine Achillesferse ist?« Er nickt, und Hannah gibt sich rätselhaft: »Kommst du da nicht selbst drauf? Nach zwölf Ehejahren?«

»Also, wenn ich mich in der Küche umschaue, kann es schon mal nicht der Perfektionismus sein!«, grinst er, und sie täuscht einen Boxhieb an: »Chauvi!«

Er denkt nach. »Als wir uns kennengelernt haben, warst du in der ersten Zeit oft am Stöhnen, was diverse Tätigkeiten hier in unserem Ort anging. Alle paar Wochen hattest du die beiden Hunde von Lisa Merz bei dir, wenn die ihren Freund in Hamburg besuchen wollte. Im Sommer hast du in drei oder vier Häusern Blumen gegossen, wenn die Besitzer im Urlaub waren. Es gab mal ein paar Jahre, auch am Anfang unserer Freundschaft, da warst du gefühlt zwei Stunden täglich am Telefon und hast dich als Kummerkasten für irgendeine arme Seele hergegeben. Und für Richard und Gabi hast du drei Jahre lang zweimal pro

Woche die Zwillinge ins Judo gefahren, obwohl die umgekehrt für dich oder für uns überhaupt nichts getan haben.«

»Die Spur ist heiß«, lacht Hannah, »wie lautet also der Name meiner Achillesferse?«

»Maßlos übertriebene Hilfsbereitschaft?«, schlägt Martin vor, und sie boxt erneut nach ihm.

»›Maßlos übertrieben‹ ist natürlich vollkommen falsch. Hilfsbereitschaft genügt als Begriff, ohne negative Bewertung!«, doziert sie streng.

Er grinst kurz und wird wieder ernst: »Wie hast du das denn in den Griff bekommen? Heute sind diese Auswüchse doch recht weit zurückgegangen, finde ich.«

Hannahs Blick wirkt misstrauisch, als sie rasch fragt: »Wieso? Findest du mich etwa egoistisch?«

Ihr Mann steht auf, geht zu ihr und nimmt sie in den Arm: »Hannah ... ich finde dich *gesund*! Was damals lief, fand ich *nicht* gesund, du warst erst für alle anderen da und spät oder gar nicht für dich selbst! Also – wie konntest du das verändern?«

Sie entspannt sich und überlegt. »Zum einen habe ich, wie du weißt, vor sieben Jahren mein Coaching-Geschäft ausgebaut. Da hatte ich einfach nicht mehr so viel Zeit.« Er möchte etwas sagen, aber sie hebt die Hand: »Moment. Ich weiß, was kommt: Dass ich gerade zu der Zeit total auf dem Zahnfleisch gegangen bin. Das stimmt – und genau das war der Auslöser, mich zu überprüfen. Ich habe gemerkt, wie viel Lust ich einerseits auf das Coaching hatte, und wie kaputt ich oft am Abend war. Einige Monate lang habe ich das wohl verdrängt – bis ich den Kurs Entspannungstechniken – Imagination – Selbsthypnose besucht hatte. Dort habe ich das Thema aufgearbeitet und genau hingeschaut. Danach habe ich einiges verändert.«

»Ich erinnere mich vage«, meint Martin, und Hannah rollt die Augen: »Typisch! Ich weiß, wie ich dir damals ausführlich davon erzählt habe!« »Ja ... ich weiß auch, dass ich es gut fand, und dass ich dachte, endlich kümmerst du dich mal um dich ... und um mich ...«, stottert Martin, während er in seinen Erinnerungen kramt. »Das zu ändern, war doch sicherlich nicht leicht?«, versucht er von sich abzulenken.

»Das stimmt. Ich habe mir eine Liste gemacht mit all meinen Zeitfressern. Die habe ich mir dann einzeln mit dem Hammer in der Hand angeschaut – weißt du, was ich meine?«

»Kaputt machen, was dich kaputt macht?«, fragt Martin lachend. »Du bist mit dem Hammer zu Richard und Gabi? Ach du liebe Zeit!?«

»Dass Männer immer alles wörtlich nehmen müssen!«, stöhnt Hannah und erläutert geduldig: »Ich habe mich entschieden, das zu ändern, was ich ändern kann. Die Zwillinge habe ich immer gerne gefahren – aber ich war der Meinung, dass Richard und Gabi nicht schimpfen sollten, dass ich es nicht mehr tun würde, sondern sich bedanken, dass ich es so lange getan habe.«

»Allerdings«, stimmt Martin zu. »War es dann auch so? Ich erinnere mich nicht mehr genau ...«

»Gabi war erst etwas verschnupft – ich glaube aber, weil sie nicht direkt wusste, wie sie es ohne mich regeln sollte. Richard hat mich sofort verstanden. Heute denke ich übrigens, dass man wahre Freunde auch daran erkennt, dass sie es begrüßen, wenn man mal egoistisch handelt.«

»Und weiter? Die vielen Telefonate? Das ist heute lange nicht mehr so schlimm wie damals – was hast du gemacht?«, fragt Martin.

»Stimmt. Hier hat mir ein Spruch von dir geholfen. Weißt du das auch nicht mehr?«

»Ähm ...« Martin täuscht einen Hustenanfall vor.

»Okay«, lacht Hannah, »du hast mir gesagt, ich soll mal bei all diesen Freunden-in-Not ausprobieren, was passiert, wenn ich in diesen langen Telefonaten von mir selbst und meinen Sorgen erzähle. Das habe ich tatsächlich mal getan, und siehe da: Bei vier von fünf Leuten war die Reaktion so erhellend, dass ich die Telefonate eingestellt habe.« Martin schaut sie fragend an. »Alle diese sogenannten Freunde haben das Telefonat nach höchstens zwei Minuten unter verschiedenen Vorwänden unterbrochen – keiner wollte wirklich wissen, wie es mir ging. Alle hatten sie mich als persönlichen Mülleimer verwendet. Das hat mich verletzt, hat mir aber auch geholfen. Nur Chris war anders – sie hat zugehört und versucht, mir zu helfen, wie ich umgekehrt versucht habe, ihr zu helfen.«

»Stimmt«, meint Martin, »mit ihr hast du auch heute noch Kontakt.«

»Eben deshalb«, versetzt seine Frau grimmig.

»Wenn ich das richtig verstehe, hast du eine Art Bilanz gezogen und überprüft, wer dich wirklich braucht?« Martin überlegt und fährt fort. »Außerdem hast du geprüft, wer deine Hilfe verdient?«

»So kann man es nennen«, stimmt Hannah nach kurzer Überlegung zu.

»Das freut mich!«, nickt Martin schließlich und nimmt sein Glas in die Hand. »Wenn du vorhin bei Achim und mir meintest, dass es ja klug sei, nicht zu perfekt zu sein, um nicht unterzugehen, kann ich dir das so ähnlich zurückgeben und sagen: *Wer immer nur gibt, hat irgendwann nichts mehr zu geben!* Auf deinen Egoismus!«

Hannah hebt ihr Glas ebenfalls und formuliert es um: »Auf eine gesunde *Balance*!«

Martin trinkt genussvoll, dann lässt er sein Glas sinken. »Achim und ich sind übrigens schon sehr gespannt auf die nächste Station. *Wir* sind ja sachliche Realisten, aber wir haben einige Kollegen und Mitarbeiter, die ganz schön unter ihrem jeweiligen Kopfkino leiden – ein paar davon können aus jeder Mücke einen Elefanten machen und steigern sich in wirklich alles rein. Wir sind beide schon gespannt, welche Gegenmittel du für solch schweren Fälle haben könntest ...«

»So so«, murmelt Hannah und lächelt. »Ihr seid also sachliche Realisten?« Martin hebt warnend einen Finger, und sie fährt rasch fort: »Diese Gegenmittel waren zum Teil schon unseren Großmüttern bekannt. Man muss sich klarmachen, dass man durch zu viel Kopfkino seine Probleme selbst erzeugt. Dann kann man sie auch selbst ändern.«

»Das habe ich doch neulich erst gehört: Selbst schuld – welch ein Glück!«, überlegt Martin, »war das nicht dieser schrullige Berliner?«, überlegt Martin. Hannah schenkt beide Gläser wieder voll und setzt sich auf Martins Schoß: »Wenn du das gleich von *zwei* klugen und sympathischen Leuten hörst – dann muss da doch was dran sein, meinst du nicht?«

IV. Die Fernbedienung: Kopfkino ausschalten

Achim Bohn und Martin Dampf sitzen im Gastro-Bereich einer Bowlingbahn an einem Bistro-Tischchen. Von der Bahn hört man das Donnern der Kugeln beim Auftreffen auf die geölte Bahn, das explosive Knallen der auseinanderfliegenden Pins, das Jubeln der Teams bei jedem Strike. Über allem liegt das rhythmische Wummern der Musik.

»Frankfurt Schwanheim«, murmelt Bohn und schaut in Richtung des wilden Treibens, »ich denke, Hannah weiß, was sie vorhat, oder?«

Dampf zuckt die Schultern und trinkt von seinem Bier. »Bisher haben wir von jeder Station profitiert. Und wenn sie uns heute in den Bowling Club schickt, wird sie schon ihre Gründe haben – wenn das Treffen blöd wird, können wir ja immer noch ein paar Kugeln schieben.«

»Sagt man so, unter Profis? Kugeln schieben? Ich fühle mich echt ziemlich deplatziert!« Bohn schaut sich erneut um und ergänzt: »Weißt du denn, worum es tatsächlich geht? Sollen wir speziell in diesen Club hier, oder sollen wir speziell diesen Schweden treffen? Und was hat das alles mit Stress zu tun? Bowling gegen Stress als neues Programm der Krankenkassen?«

»Hab etwas Geduld!«, lächelt Martin Dampf. »Ich weiß genauso wenig wie du, aber sicher geht es um den Schweden, und nicht um den Ort hier. Es ist erst drei Minuten vor neun, der Typ hat also noch Zeit.«

In diesem Moment steht ein etwa sechzigjähriger Mann mit schulterlangen, blonden Haaren vor ihrem Tisch: »Hei hei! Seid ihr Martin und Achim? Ich bin Lasse!«, fragt er und streckt seine Hand aus, als die beiden nicken.

»Hallo Lasse! Ich bin Achim!« »Hei, Lasse, ich bin der Martin!«, schallt es zurück, als sie Hände schütteln. »Was möchtest du trinken?« Achim bestellt für den Schweden eine Cola-Rum, und alle lehnen sich erst einmal auf den wackligen Hockern zurück, um sich gegenseitig zu betrachten. Als Lasses Getränk kommt, stoßen die Männer an. »Was kann ich für euch tun?«, fragt der Neuankömmling, als er sein Glas wieder auf den Tisch stellt.

»Das ist eine ausgezeichnete Frage«, sagt Bohn halblaut, und Martin Dampf übernimmt: »Wir beide sind auf dem Weg zu weniger Stress, Lasse. Wir haben vor gut fünf Wochen festgestellt, dass wir beide ziemlich unter Druck stehen – viel mehr, als wir dachten. Da meine Frau Hannah als Coach arbeitet, hat sie uns unter ihre Fittiche genommen. Sie möchte, dass wir sieben Stationen gegen Stress aufsuchen. Na ja: Du bist Station Nummer 4!«

Der Schwede lacht und trinkt einen Schluck. »Aha«, kommentiert er dann, »mehr wisst ihr nicht? Die ist ja cool, deine Frau! Viel mehr weiß ich auch nicht: Ein guter Freund von mir kennt jemanden, der jemanden kennt, der deine Frau kennt – und der bat mich, heute um neun Uhr hier nach Martin und Achim zu suchen. Die würden sich gern mal mit mir unterhalten.«

»Na super!«, kommt es von Achim Bohn, während Martin laut überlegt: »Was ich von Hannah noch weiß, ist, dass du einer der besten Experten seist, um gegen Kopfkino vorzugehen. Hilft dir das?«

Lasse denkt einen Moment nach, schmunzelt dann und zuckt die Schultern. »Ich würde das nicht so ausdrücken wie deine Frau. Aber die Stichworte Kampf gegen Stress und Kopfkino helfen mir zu verstehen, was sie wohl von mir erwartet. Am besten erkläre ich erstmal, wer ich bin und was ich mache, und dann bauen wir uns das gemeinsam zusammen, okay?«

Das kann doch nicht wahr sein: Bowling-Weltmeister!

Die beiden Manager nicken und lehnen sich erwartungsvoll zurück. Der Schwede verschränkt die Arme hinter dem Kopf. »Ich konzentriere mich am besten auf das, was für eure Themen Stressmanagement und Kopfkino interessant sein dürfte, okay?« Die anderen nicken, Lasse fährt fort. »Ich gehe es mal historisch an. In einer Talkshow in Schweden war 1980 ein interessanter Dialog entstanden. Einige Gäste diskutierten mit Lars Eric Unestahl über eine Behauptung, die dieser aufgestellt hatte. Unestahl, ein Gast der Show, ist Psychologe und Mentaltrainer. Er coacht schon seit den 1960er Jahren schwedische Sportler im Bereich der *mental fitness*. In der Talkshow hat er darüber gesprochen, dass es nicht sinnvoll sei, realistische Ziele zu setzen, wenn man Weltmeister werden wolle.«

»Was?!« »Quatsch!!« Bohn und Dampf reagieren empört. »Jeder weiß doch, dass Ziele realistisch sein müssen, wenn man die Motivation nicht zerstören möchte!«, ruft Dampf, und Bohn nickt und ergänzt: »Ja, Führungskräfte-Grundkurs: Ziele müssen SMART sein: Spezifisch. Messbar. Attraktiv. *Realistisch*. Terminiert!«

Lasse lacht und hebt beide Hände hoch. »Kenne ich. Ich will das heute nicht diskutieren, vielleicht ein anderes Mal. Zurück zur Talkshow: In dieser Diskussion hat man Lars Eric eine Wette angeboten: Er solle seine Behauptung dadurch beweisen, dass er ein unrealistisches Ziel verwirklichen würde. Nach einigem Hin und Her hat man entschieden, dass es für Schweden in den 1980er Jahren vollkommen unrealistisch wäre, Bowling-Weltmeister zu werden. Andere Nationen lagen weit vorne, und in Schweden gab es zu diesem Thema kaum eine Kultur, nicht einmal eine richtige Vereinsstruktur.« Er schaut die beiden Männer an, die beim Thema Sport wie auch beim Thema Umgang mit Zielen als Manager sehr aufmerksam geworden waren. »Nun – die Talkshow war 1980. Habt ihr ein Smartphone?«

Achim und Martin zücken ihre Handys, während Lasse meint: »Sucht doch mal nach Bowling Champion.«

Achim findet zuerst etwas: »Hier! Bowling World Champion 1986, bei den Männern ein Schwede, bei den Frauen eine Schwedin!« Auch Martin tippt und wischt auf seinem iPhone: »Ich habe hier sogar schon 1983 in Caracas ... das ist unübersichtlich, weil es Einzel gibt und Doppel, und Trio ... und zu fünft. Aber hier steht: All Event: Sweden! Das ist ja krass!«

Die beiden schauen ihren neuen Bekannten an und zählen zusammen: »Schweden, Bowling, 1983. Du bist etwa 60. Mentaltraining ... Kopfkino ... – warst du damals einer der Weltmeister?«

»Etwa 60?«, lacht Lasse, »na, vielen Dank, das ist sehr schmeichelhaft! Ich war mit dabei, das stimmt. Ich habe in meiner Freizeit Bowling gespielt, als ich Lars Eric traf. Der hat uns alle wie ein großer Junge angegrinst und gefragt, ob wir Lust hätten, Weltmeister zu werden. Danach ging alles sehr schnell. Interessant ist, was damals passiert ist. Wollt ihr das wissen?«

»Wow!«, staunen die beiden Geschäftsführer, »Aber klar! Was genau war der Trick? Und sind Sie heute hier, um Frankfurt Schwanheim zu trainieren?«

Der Schwede schüttelt den Kopf und bestellt ein Wasser für sich. »Langsam. Erstens: In Schweden sagt man Du, nicht Sie. Zweitens: In Schwanheim bin ich, weil mich ein Freund eingeladen hat, den Leuten hier von unseren Trainingsmethoden zu erzählen. Genauer gesagt, von den *mentalen* Trainingsmethoden. Und drittens: Einen Trick in dem Sinn gibt es nicht, aber es gibt eine Sammlung von Grundsätzen.«

»Und?«, fragt Martin Dampf. »Welche sind das?«

Lasse lacht: »Die Ausbildung zum Mentaltrainer dauert zweieinhalb bis drei Jahre, und man sollte schon zuvor etwas über Psychologie wissen. Ich kann euch ein paar nützliche Prinzipien für den sportlichen Erfolg sagen, aber dann sollten wir uns auf das Coaching zum Thema Stress und Kopfkino konzentrieren.«

»Erst die Tipps für den Sport!«, fordert Achim, und Martin hebt den Daumen. Lasses Wasser kommt, er trinkt einen Schluck und zählt an den Fingern auf.

»Im Sport ist es wichtig, sich intensiv auf sein Ziel zu konzentrieren. Einer der Tricks ist, sich sein Ziel nicht nur zu denken. Es genügt auch nicht, wie man oft hört, es aufzuschreiben. Wichtig ist, es sich vor dem inneren Auge vorzustellen. *Visualisieren* nennt man das. Man schaut auf den Erfolg, und man schaut außerdem auf den Weg dorthin. Der Abfahrtsläufer sieht vor seinem inneren Auge, wie er auf dem Treppchen steht und jubelt, und er sieht auch, wie er den Hang perfekt hinunterschießt und die beste Zeit seines Lebens fährt.«

Lasse zeigt zwei Finger. »Für maximale Wirkung ist es sinnvoll, dabei in Trance zu gehen. In Trance gibt es keinen Realitätstest, so nennt man das in Fachkreisen: Wer in Trance ist, hat den Zweifler draußen gelassen. Das ist übrigens der Trick, durch den man das R in der SMART-Formel ignorieren kann. Wer sich vorstellt, olympisches Gold zu erzielen, wird es im Alltag mit inneren Stimmen zu tun bekommen, die ihn kritisieren: *Wer bist du schon? Alle wollen das! Wieso gerade du!* Wenn man sich das Ziel in Trance vorstellt, sind diese kritischen Stimmen weg, man glaubt es – und indem die Zweifel wegfallen, lässt sich die Energie besser aufs Ziel bündeln.«

»Krass«, sagt Achim erneut.

Lasse zählt weiter auf. »Drittens macht man sogenannte Toughness-Übungen: Man trainiert nicht nur mentale Stärke, sondern mentale Härte. Ein kleines Beispiel: Wenn ich trainiere, mich zu konzentrieren, setze ich mich täglich zwanzig Minuten an einen ruhigen Platz und lese einen schwierigen Text. Das geht nach einigen Tagen immer besser. Wenn ich das in Form einer Toughness-Übung durchführe, lese ich einen schwierigen Artikel – aber schalte Radio oder Fernsehen an, damit viel Ablenkung um mich herum ist. Erst klappt das Lesen fast gar nicht, aber nach ein bis zwei Wochen bin ich auch im Chaos voll konzentriert.«

»Und was hat das mit Bowling zu tun, oder mit Skifahren?«, fragt Martin.

Achim hebt die Hand: »Ich glaube ich weiß es: Man kann ja zuhause in Ruhe trainieren – aber beim Wettbewerb hast du die Teams der Gegenseite, die Aufregung, den Lärm – und musst es *dann* auch können, oder?«

»Ganz genau.« Lasse lächelt: »Du musst es ausblenden können, wenn 5000 Leute von der Tribüne brüllen, dass du gleich danebenwirfst.«

»Puh! Bei mir reicht es beim Dart schon, wenn einer neben mir steht und meint, dass ich bestimmt gleich danebenwerfe – garantiert verhaue ich dann diesen Wurf!«, überlegt sich Martin.

»Du verhaust auch jeden anderen Wurf!«, grinst Achim, aber Lasse bleibt ernst: »Ihr seht an diesen kleinen Beispielen: Heute bekommt kein Sportler Gold, der nur seinen Körper oder sein Gerät beherrscht. Muskeln, Fitness und Geschicklichkeit zeigen die körperliche Seite der Medaille – mentale Fitness liefert die zweite Seite, die man zum Erfolg benötigt.«

Spiele für dein eigenes Team!

»Das ist ultra-super-hammer faszinierend«, staunt Martin und bestellt neue Getränke für alle. »Am liebsten würde ich mir jetzt nur anhören, mit welchen Tricks ich meinen Sport, mein Jogging und mein Tennis, verbessern könnte.« Lasse lächelt, während auch Achim begeistert nickt. Martin fährt fort: »Aber mir ist klar, dass wir dich nur heute so exklusiv für uns haben werden – danke übrigens dafür! Und unser persönliches Trainingsziel ist ja, im Stressmanagement fit zu werden beziehungsweise heute speziell im Bereich Kopfkino. Und hier kriege ich ehrlich gesagt bisher keine klare Verbindung zur Bowling-WM oder zu olympischem Gold im Abfahrtslauf?«

»Geht mir ähnlich«, meint Achim. »Wobei ich mich gerade fühle wie jemand, dem ein Wort nicht einfällt, das ihm auf der Zunge liegt. Also … so, als ob ich ganz kurz vor der Erkenntnis stünde, wie das alles zusammenhängt.«

Lasse atmet tief durch und schaut dann zu Martin Dampf. »Martin, gerade hast du ein schönes Beispiel aus dem Alltag benützt: Wenn einer neben dir erzählt, dass du gleich die Scheibe mit dem Dartpfeil nicht triffst, dann wirfst du prompt wirklich daneben, richtig?« Martin nickt und zeigt zur Tür, von wo noch immer der Lärm der Bowling-Bahnen zu ihnen dringt. »Genau – und wenn ich mit dem nächsten Wurf beim Bowlen dran bin und ein anderer sagt, genau wenn ich nach vorn gehe: ›Jetzt hau die mal bloß nicht in die Rinne!‹ – dann haue ich die Kugel garantiert in die Rinne, egal, was ich mache!«

Achim steigt ein: »Ehrlich gesagt brauche ich da gar keinen anderen dazu. Ich habe schon gemerkt, dass ich so was manchmal zu mir selbst sage – das klappt genauso gut, also schlecht: Wenn ich beim Schwungholen denke: ›Jetzt nur nicht danebenwerfen!‹ – dann werfe ich unter Garantie daneben.«

Lasse zeigt mit dem Finger auf Achim und strahlt ihn an. »Guter Mann! Genau das ist der Punkt! Wenn wir nicht aufpassen – und das ist zum Teil typabhängig –, dann brauchen wir gar keinen Gegner, der uns verunsichert. Dann verunsichern wir uns schon ganz von allein! Genau hier setzt das Mentaltraining an!«

Martins Glas schwebt drei Zentimeter vor seinem Mund in der Luft, als er nachdenklich sagt: »Wenn wir so denken, spielen wir gewissermaßen gar nicht mehr in unserem eigenen Team … während der Körper die Kugel auf die Pins werfen möchte, oder den Dartpfeil genau ins Bull's Eye, flüstert unser Geist, unsere innere zweifelnde Stimme, gemeines Gift in unser Ohr, was unsere Hand dann beim Wurf beeinflusst?« Lasse nickt lächelnd und beobachtet, wie bei den Männern der Groschen pfennigweise fällt.

Dann schnippt Achim mit den Fingern und ruft: »*Da* ist die Verknüpfung zum Stress! Ich wusste, dass ich kurz davor bin, die Verbindung zu sehen! Verstehst du?« Er schaut zu Martin. »Der Punkt ist: Wenn ich zu mir selbst bei der Arbeit sage: ›In dem Chaos kann ich nicht arbeiten!‹, oder wenn Sabrina Eller schon fünf Tage vor einer wichtigen Präsentation in der Kaffeeküche jedem erzählt, wie viel Angst sie davor habe, die Präsentation zu versauen, zu stottern, den Faden zu verlieren ... – dann ist das so, wie wenn wir uns selbst einflüstern, dass wir gleich neben die Scheibe werfen werden!«

Auch Martin nimmt jetzt Fahrt auf: »Das stimmt. Wir sabotieren dadurch unseren Erfolg, wir erzeugen unseren Stress selbst, wenn wir uns auf das Negative konzentrieren, wenn wir mit dem Misserfolg rechnen oder an ihn denken.«

»Saboteur klingt gut – ich mache das ja nicht mit Absicht, aber wenn ich mir dauernd sage, wie bescheuert meine Arbeitssituation derzeit ist, dann kostet mich das natürlich Kraft und Energie: und meine Leistung wird dadurch schlechter.« Achim zögert. »Aber wenn wir immer nur positiv denken: ›Hier ist alles super, bester Arbeitsplatz *ever*, so ein geiler Job‹ – das ist doch Selbstbetrug! Da lüge ich mir doch etwas vor!«

Martin lacht und trinkt endlich von seinem Bier, das seit Minuten vor seinen Lippen schwebte. »Nein, so meine ich das nicht. Denk an den Hammer! Station 1! Mach kaputt, was dich kaputt macht! Hannah hat uns doch eingebläut, *zuerst* zu prüfen, ob wir etwas verändern können!«

»Ja, stimmt – das hatte ich vor lauter Begeisterung vergessen. Aber falls ich *nichts* ändern kann, bleibt mein Einwand bestehen. Soll ich mir dann einreden, alles wäre rosarot?«

»Natürlich nicht«, Martin widerspricht erneut, »das würdest du dir auch mit Hypnose nicht glauben – oder doch?« Er schaut kurz zu Lasse und fährt fort, ohne eine Antwort abzuwarten. »Wenn ich die Situation bescheuert finde, würde ich erst prüfen, was ich ändern kann, Hammer also. Und die übrigen Stressoren, die ich nicht beeinflussen kann, würde ich als Herausforderung ansehen, nach dem Motto: ›Die Situation ist zwar nicht ideal, vielleicht sogar mies – aber ich bin gut, und meine Leute sind es auch, ich mache das Beste draus!‹ – verstehst du?«

Achim schaut ihn an und nickt langsam. »Das wird mir nicht leichtfallen ... aber ich glaube, du hast recht. Wir ändern, was wir ändern können, und wir glauben an uns. Das sind die Dinge, die wir beeinflussen können.«

»Auf alle Fälle ist das besser, als uns selbst zu sabotieren!«, meint Martin. »Denk doch mal: Angenommen, die Umstände sind sowieso beschissen – und wir jammern immer noch rum, führen uns Ungerechtigkeiten, Widrigkeiten und so weiter vor Augen. Egal ob laut oder in Gedanken. Davon wird nix besser, aber wir verlieren immer mehr Kraft. Ehrlich, dieser innere Saboteur, das wäre der Typ in meinem Team, den ich als Erstes entlassen würde!«

Sein Blick fällt auf Lasse, der entspannt am Tisch sitzt, den Freunden gelauscht und an seinem Wasser genippt hat. »Dich hätte ich fast vergessen! Liegen wir denn richtig?«, fragt er vorsichtig.

Lasse hält erneut den Daumen hoch. »Ihr liegt genau richtig. Überlegt mal, wie weit ein Abfahrtsläufer kommen würde, wenn er in den Minuten vor dem Start ständig denken würde ›Die dritte Kurve ist brutal – bestimmt fliege ich dort raus!‹ oder ›Mann, bin ich wütend, dass ich erst jetzt starten darf, heute früh war die Piste besser – bestimmt wird mich das meinen Titel kosten!‹ – würde *der* auf der Siegertreppe stehen?«

Die beiden anderen müssen lachen, und Achim schüttelt den Kopf: »Schönes Bild! In dem Feld wäre das undenkbar! Auch bei uns geht es täglich um Höchstleistung, jedenfalls um Bestleistung, da haben solche zweiflerischen inneren Stimmen eigentlich nichts verloren!«

»Hat nicht der Berliner Ingenieur so ’nen Spruch gekloppt? Wenn wir selbst schuld sind, sei das eine gute Nachricht – denn dann könnten wir es auch selbst verändern?«, fragt Achim nachdenklich, woraufhin Martin stöhnt. »Jetzt fängst du auch noch davon an – Hannah hat mich vor zwei Wochen schon damit genervt! Sie meinte, es sei immer ein Glück zu merken, dass man selbst an etwas schuld sei.«

»Ist doch so!«, lacht Achim.

Lasse schaut Martin freundlich an und stellt fest: »Kernige Sprüche sind gut, die prägen sich ein, dadurch wird man leichter wieder dran denken. Du hast übrigens vorhin ein Bild gebraucht, das ich mir *ganz* genau eingeprägt habe. Du kannst sicher sein, dass ich es noch oft verwenden werde. Auch wenn ich selbst schon 30 Jahre als Mentalcoach arbeite – das ist mir bisher nicht eingefallen!«

»Ach ja?«, fragt Martin geschmeichelt und zieht die Augenbrauen hoch.

»Ja! Du hast gesagt, wenn wir uns selbst fertigmachen und selbst verunsichern, dann würden wir nicht im eigenen, sondern für das gegnerische Team spielen – *das* werde ich in Zukunft noch vielen Sportlern mitgeben!«

Martin strahlt, dann schaut er zu Achim: »Dann wende ich das doch gleich mal auf uns an, beziehungsweise auf dich.« Sein Kollege schaut verständnislos. »Doch, mein Lieber. Immer wenn du über unsere Vorstände fluchst, weil die etwas tun, was du nicht magst, oder was du vielleicht einfach nicht verstehst, arbeitest du nicht für KÖNIGSKAUF, sondern für die Konkurrenz.«

»Du hast sie ja wohl nicht mehr alle!«, faucht Achim, bevor er zu lachen beginnt.

Programmwechsel im Kopfkino

»Waren das eigentlich schon die Tipps zum Thema Kopfkino?«, fragt Achim, »Ziel visualisieren, in Trance gehen – wie auch immer – und sich Toughness-Übungen ausdenken? Das finde ich bisher noch ziemlich abstrakt!«

Lasse schüttelt heftig den Kopf: »Nein, auf keinen Fall! Das habe ich nur erzählt, weil ihr gefragt habt, wie das mit der Bowling-Weltmeisterschaft funktioniert hat, dazu wollte ich ein paar Eindrücke liefern. Die Grundgedanken lassen sich zwar auch beim Umgang mit vermeintlichem Stress verwenden, aber zum Thema Kopfkino sollten wir noch mal anders ansetzen!«

Achim schaut auf die Uhr: »Schon nach zehn! Die Zeit ist echt verflogen – spannende Themen, mit denen du dich beschäftigst, Lasse! Nebenbei habe ich übrigens ein paarmal gedacht, dass *jede* Führungskraft sich mit solchen Dingen beschäftigen sollte – nicht nur mit Zahlen, Daten, Fakten. All diese Fragen hängen meiner Meinung nach unmittelbar mit Mitarbeiterführung zusammen! Aber zum Thema Kopfkino: Hast du denn noch Zeit?«

»Klar, ich habe den Abend für euch reserviert, kein Ding. Was wollt ihr übers Kopfkino wissen?«

Martin schaut die beiden an. »Ich hatte letzten Sonntag mit Hannah darüber gesprochen. Wir haben ja neulich schon die Stressverstärker kennengelernt, durch die Ereignisse und Sachverhalte überhaupt erst zu Stress werden, Hebel hatten wir das genannt.«

Lasse nickt: »Innere Einstellungen, Denkstile und so weiter, richtig?«

Auch Martin nickt und fährt fort: »Genau. Was wohl neben diesen Stressverstärkern für manche Menschen richtig quälend sein muss, ist das, was Hannah Kopfkino nennt. Für uns beide, Achim und mich, trifft das nicht so sehr zu – jedenfalls nicht für mich ...«, er grinst Achim an, dieser tritt unter dem

Tisch nach ihm, »aber Hannah trifft bei ihrem Coaching immer wieder Leute, die aus einer Mücke einen Elefanten machen, die endlos um bestimmte Probleme kreisen, die sich kurz gesagt in ein Problem so richtig hineinsteigern. Als wir darüber sprachen, fiel mir ein, dass ich unter meinen direkten Mitarbeitern, die immerhin alle selbst Führungskräfte sind, wenigstens zwei Verkaufsleiter habe, die zu solchen Mustern neigen. Deshalb war unser Plan, diese Station auch selbst zu durchlaufen – wenn nicht für uns, dann für andere. Und wie gesagt, in Achims Fall –«

Erneut tritt Bohn nach ihm, diesmal trifft er. »Blödmann!«, sagt er dabei, »wieso kreise ich um Probleme? Ich mache auch aus Mücken keine Elefanten – es *sind* Elefanten!«

»Ach komm – wir waren doch schon weiter! Du hast doch selbst gemerkt, dass es dir nix bringt, sondern nur Kraft raubt, wenn du stundenlang über verschiedene Vorstandsentscheidungen lamentierst!« Martin hebt die Hand, als Achim protestieren möchte, und spricht weiter. »Lass mal, wir können ja meine Verkaufsleiter als Beispiel nehmen – und bestimmt kennst du selbst auch Leute, oder hast schon mal von solchen gehört, die zu viel um ein Problem kreisen.«

Achim Bohn atmet durch und zieht eine Grimasse.: »Okay. Deine Beispiele zuerst!«

Martin überlegt, dann hält er den rechten Daumen mit seiner linken Hand fest. »Erstens und vor allem ist da einer meiner VKL, Rolf Kretschmar. Er ist topfit, absoluter Profi, alle wichtigen Zahlen stimmen – er ist mein bestes Pferd im Stall. Aber: Er verhält sich wie ein Getriebener! Auf einer Rundfahrt durch seine Märkte haben wir uns neulich länger unterhalten, da kam am Ende heraus, dass er ständig in Sorge ist, entlassen zu werden, dann nie mehr einen Job zu finden, Hartz IV zu beziehen und irgendwann auf der Straße zu sitzen. Ich habe gesagt, das sei doch Quatsch, aber mein Eindruck war, dass ich ihn damit nicht erreichen konnte. Er meinte, das sei so in ihm drin, weil seine Eltern eine schlimme Insolvenz erlebt hätten, die sie um alles gebracht habe, als er klein war.«

»Sei doch froh – diese Angst treibt ihn vermutlich dazu, immer Spitze zu sein!«, lästert Bohn.

Martin Dampf schaut seinen Kollegen schräg von der Seite an: »Das ist hoffentlich nicht dein Ernst! Selbst wenn es nur um Ausbeutung und nicht um Menschlichkeit gehen würde: Ich habe oft die Sorge, dass Rolf sich dermaßen in alles reinhängt, dass er irgendwann zusammenbricht. Und davon hätte *ich* dann auch im Ergebnis nichts!«

Lasse unterstützt Martin: »Das ist richtig, ständige Angst zermürbt. Wenn wir auf die Wissenschaft schauen, wissen wir, dass positive Motivation langfristig mehr Energie freisetzt als negative. In der Forschung zur Leistungsmotivation unterscheidet man zwischen Hoffnung auf Erfolg und Angst vor Misserfolg. Hattest du nicht auch ein Beispiel, dass sich jemand übertrieben reinsteigert? Du hast vorhin von einer Kollegin gesprochen, die bei Präsentationen Tage vorher in Panik gerät, richtig?«, wendet sich der Schwede an Achim.

»Richtig, Sabrina Eller. Es gibt einige, aber sie zeigt es besonders deutlich: Spricht tagelang nur von den Katastrophen, die ihr passieren könnten, wenn sie eine halbe Stunde vor Publikum reden muss. Sie werde den Text vergessen, sich verhaspeln, den Faden verlieren ... alle werden lachen, sie werde für immer blamiert sein ... – so geht das jedes Mal.«

»Generalisierung und Katastrophisieren«, murmelt Martin Dampf, und Achim nickt: »Stimmt. Diese beiden Denkstile hatten wir als starke Hebel bei den Stressverstärkern kennengelernt. Sie spricht von *immer* und von *alle*, und sie macht gedanklich aus einem kleinen Fehler eine riesengroße Katastrophe. Was kann sie oder Rolf denn dagegen tun, Lasse?« Beide Kollegen schauen den Mentalcoach erwartungsvoll an.

Lasse lächelt: »Da gibt es ein paar clevere Tricks, die man anwenden kann. Einige davon haben sogar schon unsere Großmütter gekannt. Die Tricks lassen sich sogar mischen, manchmal kann man zwei oder drei Gegenstrategien gleichzeitig anwenden. Voraussetzung ist, dass die Person erkennt, wie sie sich ihr Leben mit dieser Art von Denkstil schwer macht. Nehmen wir zuerst deinen Verkaufsleiter, Martin? Rolf heißt er?«

Martin nickt. »Ja, Rolf. Rolf Kretschmar. Er ist in allem top – und fürchtet täglich, entlassen zu werden und am Ende unter Brücken zu schlafen.«

Realitätstest, Entkatastrophisieren

»Fein. Mit ihm könnte man zum Beispiel in einem Führungsdialog einen Realitätstest durchführen. Du sagst, er ist dein bester Mann?«

»Ja, unter den VKL ist er der Beste. Er liefert die besten Ergebnisse, und er arbeitet am allermeisten.«

»Okay. Ein Realitätstest besteht darin, die Wahrscheinlichkeit seiner Ängste zu überprüfen. Ein kluger Dialog sieht so aus, dass ...«

»Das weiß ich«, Martin unterbricht und lacht, »dazu hatte ich einmal das beste Coaching der Welt: Man führt das Gespräch so, dass der andere die wichtigsten Antworten selbst gibt. Wenn ich Rolf etwas sage, denkt er, das sei halt die Meinung vom Chef – wenn er es aber selbst herausfindet, ist es wirklich seine eigene Meinung.«

»Ausgezeichnet! Aber ...«, Lasse zögert und schaut Martin scharf an: »Ich freue mich, dass du das weißt – ich wollte es nur hervorheben, weil du erzählt hast, dass du mit Rolf kürzlich darüber gesprochen und ihm erklärt hättest, dass das alles Quatsch sei.«

»Ohhh shit!«, fasst sich Martin an die Stirn. »Du hast recht! Ich konnte einfach nicht glauben, was der denkt – drum habe ich ihm direkt gesagt, das sei doch Quatsch!«

Lasse lächelt und baut eine Brücke. »Wenn du in diesem Fall deine Dialogtechnik anwenden und Rolf so führen würdest, dass er *selbst* erkennt, dass seine Ängste Quatsch sind – *was* würdest du ihn zum Beispiel fragen?«

Martin richtet sich auf und überlegt. »Also ... ich würde ihn seine Sorgen erst mal schildern lassen. Dann würde ich ihn fragen, wie realistisch sie wären. Hm. Ich glaube, er würde schon sagen, dass sie nicht besonders realistisch sind ... aber ändern würde sich nichts.«

Lasse nickt: »Wahrscheinlich nicht. Mein Tipp: Du musst mehr ins Detail gehen. Gehe alle Ängste durch und entkräfte jede einzeln. Soll ich mal Rolf spielen? Ich kenne solche Menschen gut, sie sind super, aber getrieben.«

»Okay«, nickt Martin. »Also, Rolf, du hast mir gerade deine Befürchtungen beschrieben – danke für deine Offenheit. Sag mal, für wie realistisch hältst du sie denn?«

»Ähm«, sagt Lasse grinsend, und Martin haut auf den Tisch: »Verflixt nochmal! Rolf, von den sechs Verkaufsleitern, die für mich arbeiten – wo liegst du da zurzeit? Vorn, mitte, hinten?«

»Vorn, Chef«, sagt Lasse nun.

»Okay. Und wie wahrscheinlich wäre es in Prozent, dass ich dich rauswerfe, wenn du im nächsten halben Jahr ein paar Fehler machen würdest? Die Art Fehler, wie sie deine Kollegen alle paar Wochen machen?«

Lasse antwortet erst als Lasse: »Cool, die Frage mit den Prozent!«, dann als Rolf: »Chef, das weiß ich nicht, aber vermutlich wäre es nicht sehr wahrscheinlich, dann wäre ich so wie die anderen auch. Ich schätze, zehn Prozent wahrscheinlich.«

»Echt jetzt?«, ruft Martin betont skeptisch, »es gäbe eine *zehnprozentige* Wahrscheinlichkeit, dass ich dich rauswerfe, wenn du so bist wie die anderen?«

Lasse hebt den Daumen hoch und antwortet als Rolf: »Nein, in Ordnung. Vielleicht zwei oder drei Prozent.«

Martin nickt, Lasse signalisiert dass er weitermachen soll, und Martin hakt nach: »Gut. Rolf, wenn dieser extrem unwahrscheinliche Fall eintreten würde – wie wahrscheinlich wäre es dann, dass du nie mehr Arbeit finden würdest? Als Ex-Verkaufsleiter von KÖNIGSKAUF?« Lasse flüstert kurz mit Achim, dann antwortet er »Also ... unsere Ausbildung und Qualität zählt in Deutschland zu den besten ... ich würde wohl wieder einen Job bekommen ...«

»Fein, Rolf. Wie wahrscheinlich wäre das?«

»Schon mindestens 90 Prozent, glaube ich«, meint Lasse-Rolf.

»Okay, also höchstens zehn Prozent, dass du keinen mehr bekommst. Zwei Prozent mal zehn Prozent sind zwei Promille, richtig?«, fragt Martin und fährt fort: »Für den total unwahrscheinlichen Fall von zwei Promille, dass du mehr Fehler machst, entlassen wirst und keinen Job mehr findest – wann genau müsstest du mit deiner Familie aus eurem Haus ausziehen?«

»Na ja, das Haus ist bezahlt ... wir sind zu fünft ... mit Frau und Kindern. Das Sozialamt (so heißt das bei euch, oder?) würde für uns Essen und Kosten bezahlen ... also, nicht so rasch, Chef.«

Martin lehnt sich zurück. »Cool. So merkt er selbst, dass es Quatsch ist. Ich würde es ihn normalerweise am Schluss noch zusammenfassen lassen, aber das brauchen wir hier nicht.« Er schaut zu Achim Bohn, der direkt einsteigt: »Für Sabrina Eller wäre das auch hilfreich, da kann ich ähnlich vorgehen wie ihr gerade.« Er holt Luft und schießt einige Fragen ab: »Sabrina, wie wahrscheinlich ist es, dass du deinen Text komplett vergisst? Und wie wahrscheinlich wäre es, dass dich deshalb alle auslachen? Wie wahrscheinlich wäre es, dass noch Tage später darüber gesprochen würde? Und wie wahrscheinlich, dass du für immer aus der Gemeinschaft ausgeschlossen würdest?« Martin und Lasse nicken anerkennend, und Achim meint: »Der Realitätstest ist ziemlich gut für Leute, die aus der Mücke einen Elefanten machen. Er macht den Elefanten wieder zur Mücke.«

Lasse schaut beide an. »Ist gar nicht so kompliziert, oder? Eine ähnliche Strategie heißt schon direkt Entkatastrophisieren.

Da fragt ihr die Person bewusst in Richtung Katastrophe. Ich nenne euch einmal ein paar Fragen: Was könnte bei der Präsentation schlimmstenfalls passieren? Wie schlimm wäre das? Was wäre noch schlimmer als das? Und so weiter.«

Achim legt den Kopf schräg. »Ich weiß nicht recht. Wenn ich Sabrina fragen würde, wie schlimm es wäre, wenn ihr beim Vortrag der Faden reißt, würde sie sagen, das sei unfassbar schlimm. Diese Frage würde sie also nicht beruhigen.«

»Kann sein«, überlegt Martin Dampf. »Aber nimm mal die letzte Frage. Ich hatte neulich einen Motorschaden, kurz vor einem wichtigen Termin. Ich habe mich total aufgeregt – bis ich mit Hannah telefoniert habe, während ich auf den ADAC gewartet habe. Die hat mir erzählt, dass man ihrer besten Freundin an dem Tag eine Krebsdiagnose gestellt habe. Hannah hat es nicht offen ausgesprochen, aber in dem Moment habe ich gedacht: Mensch Martin, und du Vollidiot regst dich wegen eines Motorschadens auf? Das ist ein Dienstwagen, kostet dich nur Zeit, nicht einmal Geld – andere kämpfen um ihr Leben! In der Sekunde war ich zwar beschämt, aber auch entspannt, was den Wagen anging.«

»Okay, aber wenn ich Sabrina frage, ob es noch irgendein schlimmeres Problem auf der Welt gibt als ihre Präsentation, fühlt sie sich auf den Arm genommen«, grübelt Bohn.

Distanz in Zeit oder Raum

»Dann kannst du es mit der temporalen Relativierung probieren«, wirft Lasse ein.

»Was? Mit einer Kopfoperation?!«, Achim schaut ihn verdutzt an.

Der Schwede lacht und schüttelt den Kopf: »Nein! Nicht invasiv jedenfalls. Wenn sie sagt, den Faden zu verlieren wäre so entsetzlich, frage sie, wie schlimm das eine Woche später für sie wäre. Und einen Monat oder ein Jahr später. Frag sie, ob die Leute sie noch ein Jahr später ansprechen würden: ›Weißt du noch, als du voriges Jahr bei deinem Vortrag fünf Sekunden lang nicht weitergewusst hast?‹ Das sind Fragen, die dabei helfen, Abstand zu gewinnen. Das kann man zeitlich machen oder räumlich.«

Martin schlägt mit der flachen Hand auf den Tisch. »Das hilft wirklich! Ich habe mich auf die Art bei meinem Umzug vor drei Jahren beruhigt – weißt du noch, was damals alles schiefging? Die Bauverzögerung betrug am Ende über zwei Monate, wir wurden vom Bauherrn ständig neu vertröstet. Aber mitten im Chaos kam mir der Gedanke: Gut, du kommst später rein ins Haus als gedacht. Du musst einige Klimmzüge und Spagate hinlegen, musst mit dem Nachmieter der alten Wohnung verhandeln, weil der erst später rein kann. Das ist alles extrem nervig. Aber das neue Haus wird einfach super, und spätestens zwei Wochen, nachdem wir darin wohnen, werde ich den ganzen Ärger vergessen haben und mich nur noch freuen, wie schön es ist!«

»Das ist so locker und klug, das hat dir bestimmt Hannah eingeflüstert!«, lacht Achim. Martin will ihn treten, überlegt aber, während er noch Schwung holt: »Kann sogar sein. Egal wie, es hat mir total geholfen, weil ich jedes Mal, wenn etwas war, die folgenden beiden Sätze gedacht habe: Erstens, wird mich das in drei Monaten noch ärgern? Zweitens, wenn nicht, kann ich auch *heute* schon aufhören, mich zu ärgern!«

Die beiden anderen nicken und trinken beide ihre Gläser leer. Achim fragt Lasse: »Wenn ich auf die Art Distanz in der Zeit schaffe und mich aus dem Ärger rausziehe – wie geht das im Raum? Soll Martin beim Neubau sagen: Na ja, für mich ist es blöd, aber mein Nachbar gegenüber, dem ist das total egal! – Das klappt doch nicht?«

Lasse bestellt die nächsten Getränke, dann wendet er sich Achim zu. »Nein, das nicht. Es würde bestimmt nichts bringen, an den noch unbekannten Nachbarn zu denken. Aber wenn man in Not ist, lautet die klassische Frage doch oft: Was würde XY jetzt tun? Dabei kann XY der Vater sein oder der beste Freund oder ein schlauer Kollege ... man kann sich sogar im Geist überlegen, wer für welches Problem der beste Berater wäre, und dann gezielt an den denken.«

»Du meinst, den dann gezielt *anrufen?*«

Lasse schüttelt den Kopf. »Nicht unbedingt. Manchmal kann das eine Option sein, aber der Grundgedanke ist, dass man die Denkweise von guten Freunden oder klugen Kollegen kennt und schätzt, und dass man diese Denkweise oft auch in einem gewissen Maß verinnerlicht. Die Frage, was mir ein Freund raten würde, aktiviert praktisch in mir die Kompetenzen und Perspektiven dieses Freundes, und ich muss ihn nicht mehr wirklich anrufen.«

»Hä? Das ist mir zu esoterisch: Mentaltelefonat hilft Gebühren sparen? Ich bin raus!« Achim trinkt einen großen Schluck Bier und lehnt sich zurück.

Martin schaltet sich ein: »Für mich passt der Gedanke. Ich hatte hier in meiner Position als Verkaufsleiter über einige Jahre einen richtig tollen Mentor. Mein damaliger Chef hatte mich in diese Führungsposition gehoben und an mich geglaubt – und er hat mir angeboten, wann immer ich nicht weiterwüsste, dürfte ich ihn anrufen. Das habe ich am Anfang recht oft gemacht, weil ich viel Vertrauen in ihn hatte. Ich wusste, dass er sein Angebot ernst meinte. Später habe ich ihn immer seltener angerufen, und schließlich gar nicht mehr. In diesen letzten Phasen war es interessanterweise so, dass ich in bestimmten Situationen zwar dachte: Oh, jetzt muss ich Dr. Eysel anrufen! – aber schon im nächsten Moment wusste, was dieser mir antworten würde. Anfangs habe ich trotzdem noch angerufen, aus Sicherheitsgründen – aber irgendwann dann nicht mehr. Ich glaube, ab da hatte ich ihn wirklich verinnerlicht.«

Lasse nickt zufrieden: »Genau das ist der Mechanismus, der dahintersteckt. Die Idee, einen Freund zu fragen oder einen Mentor, oder wen auch immer, bewirkt einen Perspektivenwechsel. Man schlüpft in Gedanken aus seiner Haut heraus und schaut sich das Problem von außen an.«

»Na ja, aber jetzt mal ehrlich: ›Überleg mal, was dein bester Freund jetzt tun würde!‹ ist echt etwas, was mir auch meine Oma hätte raten können!«, brummt Achim unzufrieden vor sich hin.

»Sag ich ja«, grinst Lasse. »Unsere Großmütter waren eben klug!«

Hedonistisches Kalkül

»Hast du nicht was Schärferes für uns?«, insistiert Achim. Dabei schaut er auffallend auf die Uhr, und Martin zischt: »Du bist unhöflich! Nur weil der Tipp dir nicht gefällt, ist er trotzdem nützlich!«

Lasse blickt Achim nachdenklich an und meint entspannt: »Kann schon sein, dass ich noch Schärferes habe. Jedenfalls Ungewöhnlicheres ... Hatte Martin nicht vorhin etwas erwähnt über mehrstündiges tägliches Gejammer wegen Vorstandsentscheidungen?« Achim schaut wütend, während Martin grinst: »Da hast du deine Retourkutsche!«

Lasse sucht nach den nächsten Worten. Offenbar kann er sich ganz gut behaupten, möchte aber auch keinen Konflikt erzeugen. Er fährt fort: »Nehmen wir mal an, jemand wäre so ehrgeizig und anspruchsvoll, dass er es nicht aushält, wenn er beim Vorstand oder wem auch sonst für längere Zeit keine ähnlich anspruchsvolle Haltung erkennen kann. Unabhängig davon, ob seine Einschätzung wirklich beschreibt, was auf höchster Ebene vorgeht, können wir davon ausgehen, dass sich dieser Mensch ernsthaft quält, keine solchen Ziele und Rahmenbedingungen vorzufinden, wie er sie für optimales Arbeiten wünscht – okay?« Achim blitzt ihn misstrauisch über den Rand seiner Apfelschorrle an. Er enthält sich der Aussage, daher fährt Lasse fort. »Möglicherweise findet dieser Mensch diesen Zustand so unzumutbar, dass er oft darüber spricht, vielleicht auch darüber schimpft, vielleicht sogar in Gegenwart anderer, okay? Vielleicht meint er, das hilft bei seinem persönlichen Stressabbau.«

Martin lacht: »Okay. Nehmen wir das mal alles an. Wir reden ja über niemanden, den wir kennen. Aber bei Hannah und der Station Lupe haben wir gelernt, dass dieses Schimpfen aus Sicht der Steinzeitabläufe Angriff bedeutet. Man kann zwar diesen ›Tiger‹ nicht töten, der einen so aufregt, schließlich ist es der Vorstand. Aber man kann ihn beschimpfen oder wenigstens über ihn schimpfen.« Achim sagt weiterhin nichts, er fühlt sich noch immer vorgeführt.

Einstweilen greift Lasse den Faden wieder auf: »Und um diesen starken Typen, mit höchsten Ansprüchen an sich selbst wie an seine Leitung, aus seinem Steinzeit-Angriffsmodus zu befreien, könnten wir ihm raten, zum hedonistischen Kalkül zu greifen. Habt ihr *das* schon mal gehört?«

Beide Kollegen schütteln verblüfft die Köpfe: »Was?«

»Nun«, erläutert Lasse, »ich hatte den Begriff auch nicht gekannt. Man kann ihn locker als Lustprinzip übersetzen. Das ist ein bekannteres Wort, sicher auch bei euch, oder?«

»Lustprinzip?«, fragt Achim gereizt. »In *dem* Zusammenhang dann auch noch?«

»Wieso, du wolltest doch gerade eben noch etwas Schärferes …«, spottet Martin. Dann schaut er Lasse an. »Spaß beiseite – ich stehe gerade auch auf der Leitung, was das Lustprinzip hier zu suchen hat?«

Lasse nickt und erklärt. »Das ist eine weitere Form des Perspektivenwechsels, Martin. Wir hatten schon die Distanzierung in der Zeit benützt: *Wirst du dich in drei Monaten noch darüber aufregen?* Dann die Distanzierung im Raum: *Was würde ein Freund dir raten?* Jetzt verwenden wir noch einmal eine andere Variante der Distanzierung, wir könnten es auch den Wechsel in die betriebswirtschaftliche Perspektive nennen …«

Martin platzt mit »Hä?!« heraus, und Achim brummt: »Lust und BWL in einem Satz?«

»Passt auf: Das Ganze lässt sich zusammenfassen unter der Frage: *Was genau* bringt *es mir, wenn ich mich weiter über die*

Sache aufrege? Diese Frage kann man als hedonistische Frage verstehen, denn Hedonismus heißt ja, ich mache, was mir Freude bringt, und vermeide, was mir Unlust bringt. Genauso gut könnte man das Ganze betriebswirtschaftliche Perspektive nennen, denn *Was bringt es mir?* ist gewissermaßen Kernfrage einer Kosten-Nutzen-Analyse. Und Nutzen ist ein betriebswirtschaftlicher Begriff, oder?«

»Puh!«, sagt Martin. »Das muss ich jetzt erst mal verdauen! Können wir das auf ein Beispiel beziehen?«

»Aber nicht dauernd auf das mit dem Vorstand!«, knurrt Achim und knüpft seinerseits an den Gedanken an: »Mir ist selbst schon klar geworden, dass es mir nichts bringt, wenn ich mich darüber aufrege, dass das Unternehmen gerade nicht so läuft, wie ich mir das wünsche. Das stimmt ja. Aber wenn ich nächste Woche sauer wäre über irgendeine neue Vorgabe aus der Zentrale und kurz etwas Dampf ablassen würde – wenn Martin dann den Kopf zur Tür reinstreckt und mich honigsüß fragt, ob mir das gerade viel bringt, mich so aufzuregen –«

Martin muss lachen: »Dann fliegt mir der Taschenrechner an den Kopf!«

»Mindestens!«, brummt Achim, der sich langsam beruhigt.

»Ist denn deshalb der Gedanke grundsätzlich falsch?«, hakt Lasse freundlich nach.

»Natürlich nicht«, gesteht Achim nach einigem Zögern zu. »Der Gedanke ist richtig – nur wenn mitten in meinem Zorn ein anderer damit ankommt – das geht gar nicht.«

»Okay, Achim, wenn ich den Punkt aufgreife – wie wäre es, wenn *dir selbst* mitten im Zorn diese Frage einfallen würde? Wenn du selbst überlegst: *Bringt mir das jetzt irgendwas, wenn ich mich über diese Checkliste aufrege?* Wie wäre das?«

Achim denkt wieder nach, dann fixiert er den Schweden: »Wenn mir das in dem Moment einfallen würde – dann wäre, glaube ich, der Druck erst mal raus, das stimmt.«

Martin hebt nachdenklich einen Finger: »Dann bräuchten wir einen Trick, einen Merksatz oder so etwas, um uns im richtigen Moment daran zu erinnern!«

»Alle Spitzensportler haben solche Tricks, man nennt das Trigger oder Anker«, erklärt der Mentaltrainer den beiden Geschäftsführern. »Ihr müsst mal in den letzten Sekunden vor einem Wettkampf beobachten, was ihr da seht. Schwimmer auf dem Startblock zum Beispiel ballen dreimal beide Fäuste, andere drücken Daumen und Zeigefinger fest zusammen oder streichen sich mit den flachen Händen über die beiden Schienbeine, während sie auf dem Block in Stellung gehen. Das sind alles kleine Tricks, die sie verwenden, um sich vollkommen auf ihre Leistung konzentrieren zu können.«

Martin überlegt: »Wie heißt dieser Tennisspieler, ist das der Spanier, der vor jedem Aufschlag den Ball zigmal aufdotzt, dann den Schläger gegen sein Knie klopft, und noch drei ähnliche Sachen macht? Jedes einzelne Mal! Ist das auch so etwas?«

»Mit Sicherheit«, nickt Lasse. »Bei manchen Sportlern artet es ein wenig aus ...«

»Offenbar hilft es, ich glaube, der war lange Zeit Nummer eins!«, meint Achim nachdenklich. Mit einem Ruck setzt er sich in seinem Stuhl auf und sagt mit entschlossener Stimme: »Morgen werde ich mir online einen kleinen Buddha bestellen und auf meinem Schreibtisch platzieren. Ich werde mir sagen, dass ich immer erst mal auf den Buddha schaue und durchatme, bevor ich mich aufrege.«

Lasse schaut anerkennend: »Auch so etwas ist eine prima Methode! Ein kleiner Tipp dazu: Stell deinen Buddha jede Woche an eine andere Stelle – sonst fällt er dir nach einigen Wochen nicht mehr auf. Die Idee ist jedenfalls gut. Man nennt das einen visuellen Anker, während die Berührungen und Gesten sogenannte körperliche Anker sind.«

»Wisst ihr«, fällt Martin jetzt ein, »neulich haben wir doch noch über den Umgang mit einem Stau gesprochen«, er schaut zu Lasse und erläutert kurz: »Wir hatten darüber geredet, dass wir ja den Stau nicht ändern könnten, aber doch immerhin unsere Einstellung zum Stau beeinflussen.«

Lasse nickt: »Ich glaube, wenn ich mich beim Schimpfen über den Stau erwischen und automatisch denken würde: Jetzt aufregen bringt mir überhaupt nichts – das würde eine gute Brücke bauen vom Schimpfen rüber zu einer gelasseneren Einstellung.«

Martin fährt fort. »An unser Stau-Beispiel habe ich noch einige Male gedacht – gerade weil das bei meiner Tätigkeit häufig vorkommt. Ich habe mich nach unserem Gespräch an eine extrem blöde Situation erinnert, da hatte ich einen Termin, bin zu knapp losgefahren, und dann war da ein Unfall. Ich stand nur 200 Meter davon entfernt, aber dennoch fest und bewegungslos im Stau. Ich habe geflucht, ich habe den Geschäftspartner angerufen und den Termin verlegt, dabei auf den Stau geschimpft – vermutlich habe ich keinen guten Eindruck hinterlassen – und saß gut 45 Minuten im Auto. Bis zum Schluss habe ich geschimpft wie Rumpelstilzchen. *Da* hätte ich diese Lustprinzip-Frage wirklich gebrauchen können!«

Lasse schaut anerkennend und fordert ihn auf, zu konkretisieren: »Du meinst, anstatt zu schimpfen, dauernd auf die Fahrzeuge zu schauen, wütend bei deinem Partner anzurufen, was hättest du besser getan?«

»Na ja«, seufzt Martin, »wenn mir eingefallen wäre zu fragen, was es mir bringt, so zu toben, hätte ich vielleicht tief durchgeatmet. Schließlich ändert das Schimpfen am Stau nichts. Ich hätte ein schönes Radioprogramm suchen und etwas Musik hören können. Dann hätte ich den Partner viel gelassener angerufen, mich wie ein Erwachsener verhalten und die Verantwortung übernommen – nicht der Stau war schuld, sondern dass ich zu spät losgefahren bin. Er hätte einen besseren Eindruck von mir gehabt, ich hätte mich selbst besser gefühlt. Nach dem Anruf hätte ich mir in Ruhe klarmachen können, dass ich mir den Kalender nicht immer so vollstopfen sollte, sondern in Ruhe und mit genügend Puffer fahren.« Er schaut Achim an: »Bestell doch einen kleinen Buddha für mich mit!«

Achim lacht und meint dann halb ernst, halb ironisch: »Als Krönung hättest du voller buddhistischer Weisheit und Ruhe im Auto gesessen und zu dir selbst gesagt: »Wow, ein Stau! Wie cool – hoffentlich dauert er recht lange, sonst bekomme ich heute überhaupt keine Pause!«

Auch Lasse lacht und nickt Achim zu: »Glückwunsch! Damit hast du aus Martins Beispiel intuitiv einen weiteren heißen Weg raus aus dem Stress entwickelt – das Reframing!«

Reframing

»Noch mehr Latein?«, feixt Martin, und die beiden anderen müssen lachen.

»Nee, das ist sicher Schwedisch«, kichert Achim. Dann fordern sie den Schweden auf, zu erklären.

Lasse streicht eine blonde Strähne hinters Ohr, dann schildert er, was der Begriff bedeutet: »Ein weiterer Trick, uns vom Kopfkino zu befreien, besteht darin, einem Ereignis, das zunächst eine negative, belastende Bedeutung hat, eine andere Bedeutung zu verleihen, die nicht negativ, sondern neutral oder sogar positiv ist. Das hast du, Achim, gerade gemacht. Du hast Martin erklärt, dass er im Auto sitzen und auf den Stau schimpfen könnte: Dieser sei blöd, halte ihn auf, er komme zu spät zum Termin, Scheißstau eben. Aber genauso gut könnte er sich beim Stau auch bedanken: Der Stau gibt ihm die Gelegenheit zur Pause, zur Erholung, zum Musikhören und zum Durchatmen – ohne den Stau wäre vermutlich bis zum Abend keine Pause mehr möglich gewesen. Superstau also! Außerdem könnte Martin den Stau als Gelegenheit sehen, etwas zu lernen: Er könnte als Konsequenz künftig mehr Puffer zwischen seinen Terminen lassen, pünktlicher losfahren, und so weiter. Auch hier wird aus dem Stau etwas Positives, denn Martin würde mehr Ruhe im Alltag haben, wenn er diesen Impuls aufgreift. Kurz gesagt, aus dem negativen wird ein positives Ereignis.«

»Ich soll mich bei dem besch... Stau bedanken?«, grummelt Martin. »Ist das nicht ein bisschen *zu* verrückt?«

Achim erinnert ihn: »Letztes Jahr hast du von einem Stau erzählt, bei dem du auch ziemlich weit vorn gestanden bist. Damals war dein Gedanke: Zehn Sekunden früher und ich wäre vielleicht Teil des Unfalls geworden! Weißt du noch? Der Gedanke hat dich ziemlich beschäftigt, oder?«

»Ja, stimmt, das war unheimlich intensiv. Ich war gerade schön am Schimpfen wegen des Staus, als der Rettungshelikopter landete. Da fiel mir ein, dass ich dort vorn irgendwo eingeklemmt liegen und verbluten könnte. Richtig gut ging es mir nicht bei diesem Gedanken, aber ich war schon dankbar, dass ich *nur* im Stau war und nicht im Unfall.«

»So etwas ist gemeint mit Reframing«, stimmte Lasse den beiden Geschäftsführern zu. »Man könnte es als Folge des Hedonistischen Kalküls betrachten: Dass du im Stau stehst, kannst du gerade nicht ändern. Was du ändern kannst, ist die Art und Weise, wie du über die Situation denkst. Ob du fluchst und zeterst und so deinen Puls nach oben schraubst, oder ob du dich beim Schicksal bedankst, nicht im Unfall zu stecken, und daraus eine kostbare Gelegenheit machst, durchzuatmen und eine Entspannungsübung zu machen. Beim Lustprinzip haben wir überlegt, ob es etwas ›bringt‹, sich aufzuregen, und wenn nein, es zu lassen. Wir sind von minus zu null gegangen, sozusagen. Beim Reframing fragen wir sinngemäß: Was ist das Gute im Schlechten? Und gehen dadurch vom Minus sogar ins Plus.«

»Ich glaube, ich habe es verstanden«, sagt Martin nachdenklich. »Darf ich ein anderes Beispiel nennen?«

Lasse nickt: »Klar!«

»Also: Von zuhause zur Autobahn habe ich acht Kilometer Landstraße. Dort darf man 70 fahren. Wenn ich früher am Sonntagnachmittag losfuhr, weil ich zum Beispiel nach Dresden musste, und dann schlich da so eine Wanderdüne vor mir her, der klassische Mann mit Hut, altes E-Klasse-Modell, Wackeldackel im Fond … – und ich hatte noch 450 Kilometer vor mir – da bin ich ausgetickt. Ich habe nicht gedrängelt oder gehupt, aber ich habe geflucht und getobt in meinem Auto, üble Wörter über ihn gesagt.«

»Und? Wo ist der Clou?«, will Achim wissen.

»Der Clou ist, dass ich einmal kurz zuvor meine Eltern zu Besuch hatte. Die waren damals um die 70, und mein Dad war beim Fahren recht langsam geworden. Als ich dann einen Tag nach ihrem Besuch wieder am Fluchen war, fiel mir ein: Das ist zwar nicht mein Vater – aber ich würde nicht wollen, dass irgend so ein schnöseliger Möchtegern-Manager hinter *meinem* lieben Papa herfährt und den beschimpft. Selbst wenn der das nicht hören würde, ich würde es nicht wollen.«

»Spannend! Und?«, fragt Lasse interessiert.

»Und seither fällt mir das automatisch ein, wenn ich auf einen entsprechenden Kandidaten stoße. Statt zu schimpfen, gehe ich vom Gas, schicke bewusst ein paar liebevolle Gefühle in das schleichende Auto vor mir und stelle mir vor, dass da irgendein Opa drinsitzt, der gerade glücklich lächelnd vom Besuch bei seinen Enkeln zurückfährt. Dann freue ich mich einfach mit dem zusammen darüber, wie schön das Leben ist.« Martin strahlt tatsächlich, als er das erzählt.

Achim schaut ihn ungläubig an: »Und das *klappt*?«

»Ja. Wenn es mir einfällt, und das ist meistens der Fall, dann klappt das sofort. Ich muss mich nicht einmal anstrengen, mich bremsen, Zorn unterdrücken oder so etwas – ich freue mich einfach mit dem unbekannten Opa und bin im Herzen friedlich.«

Lasse verzieht anerkennend den Mund und hält wieder mal seinen Daumen nach oben: »Super. Ein wunderschönes Beispiel, wie ein Perspektivenwechsel die Bewertung und die ganze Situation schlagartig verändern kann. Diese Technik kann man gezielt üben, zu diesem Zweck lernen Sportler Mentaltraining. Eine konkrete Strategie, die ihr euch einprägen könnt, ist das Je-mehr-desto-Muster. Dabei verwandelt man die Belastung in eine Entlastung. Beim Tennis versuchen ja manchmal die Fans des Gegners oder der Gegner selbst den Spieler aus dem Konzept zu bringen. Hier kann man sich – am besten wieder in Trance – selbst suggerieren, also einflüstern: *Je mehr* die gegnerischen Fans brüllen und mich beschimpfen, *desto* ruhiger und konzentrierter werde ich! Das ist ein sehr starkes Muster, wenn man es für einige Zeit trainiert hat. Man könnte sagen, man holt hier die Gegner ins eigene Team, ohne dass die das wissen.«

Achim streckt die flache Hand nach oben. »Mir fällt ein Beispiel ein, das mich fasziniert hat. Ich glaube, Ortwin Meiss aus Hamburg hat es mal auf einem Kongress über mentale Stärke erzählt, den ich besucht habe. Er hat von einem Interview mit Oliver Kahn erzählt, dem damals besten Torhüter Deutschlands«, erklärt Achim kurz Lasse, der freundlich nickt. »Der Reporter hat Kahn gefragt, wie er mit der extremen Belastung klarkommen würde, dass seine Mannschaft Bayern München, aber besonders er selbst von den gegnerischen Fans regelmäßig mit wüsten Sprüchen und lauten aggressiven Sprechchören begrüßt würde. Kahn hat offenbar völlig verständnislos reagiert und gefragt, wo denn da die Belastung sei. Der Reporter meinte, es sei doch außerordentlich belastend, wenn einen 25 000 Leute im Chor niederbrüllen würden.« Lasse lächelt, während Martin neugierig nickt. Achim setzt die Pointe: »Nun, als der Reporter das so sagte, hat Kahn wohl laut gelacht: Das sei doch nicht *belastend,* wenn die alle gegen ihn brüllen würden – das sei doch einfach nur geil. Ortwin hat sinngemäß folgenden Spruch von Olli Kahn zitiert: ›Ich sage mir immer: Was müssen *die* für eine Angst vor uns haben, wenn sie *so* laut brüllen! Würde Borussia Mönchengladbach kommen, würden sie ganz sicher nur halb so laut brüllen!‹ Das Beispiel fand ich damals total cool und abgebrüht.«

»Hammerbeispiel!«, stimmt Martin seinem Kollegen zu, während Lasse die beiden Männer beobachtet. Dann sagt der Schwede: »Stress ist immer das, was man selbst daraus macht.«

Martin stöhnt: »Das höre ich jetzt diese Woche zum dritten Mal!«

»Dann wird es wohl stimmen?«, erwidert Achim, woraufhin Martin augenrollend entgegnet: »Und *den* Spruch höre ich zum zweiten Mal!«

»Nicht schlecht, diese ganzen Techniken gegen die inneren Horrorfilme! Damit steuern und kontrollieren wir unser Kopfkino! Wir haben praktisch eine mentale Fernbedienung zum Umschalten in der Hand, oder?« Martin ist jetzt richtig aufgekratzt: »Trinken wir noch einen? Es ist erst halb zwölf!«

Die Männer bestellen, und Achim fragt Lasse: »Stimmt das echt? Mit der Bowling-WM? Das finde ich immer noch total heiß!«

Lasse grinst: »Das war erst der Anfang! Natürlich war Lars-Eric nach dem WM-Sieg erneut in diese Talkshow eingeladen. Die Leute wollten von ihm wissen, wie er das gemacht hatte. Im Lauf der Sendung überlegten sie dann, ob es etwas geben würde, was *noch* unwahrscheinlicher wäre, als dass Schweden in kurzer Zeit Bowling-Weltmeister würde.« Die Getränke werden gebracht, und alle drei nehmen einen tiefen Schluck.

»Und?«, fragt Martin gespannt.

»Na ja ... die Gäste in dieser Talkshow Mitte der 1980er Jahre waren der Meinung, das Einzige, was noch deutlich unwahrscheinlicher wäre, als die Bowling-Weltmeisterschaft zu gewinnen, das wäre, wenn Schweden in den nächsten Jahren Tischtennis-Weltmeister werden würde.« Lasse macht eine Pause und schaut die beiden anderen bedeutungsvoll an.

Zögernd greift Martin nach seinem iPhone, tippt ... dann legt er es weg und stöhnt: »*Das gibt es doch einfach nicht!*«

V. Der Fallschirm: Den Körper runterbringen

»Heute Nachmittag habe ich Joni zu uns eingeladen«, verkündet Hannah gut eine Woche später, nachdem Martin und sie Achim Bohn bei sich zuhause begrüßt haben. Alle haben im Wohnzimmer Platz genommen. »Er müsste gleich hier sein, sein Zug ist pünktlich.«

»Joni? Aus Merzhausen?«, Martin bringt gerade Getränke und belegte Brote aus der Küche und staunt. »Deinen Neffen? Ich wusste gar nicht, dass er kommt, das ist ja super!«

»Genau der. Er begleitet uns bei der nächsten wichtigen Station – wir hätten auch Lasse darum bitten können, aber ich glaube, Joni passt noch besser.«

»Ihr habt einen Neffen, der uns etwas beibringen kann, was auch der schwedische Bowling-Experte gewusst hätte – aber euer Neffe ist dafür besser geeignet als der Mentaltrainer?«, fragt Achim verblüfft, und Hannah lächelt stolz: »Genauso sehe ich das. Joni hat vor einem Jahr an seiner Waldorfschule ein sehr pfiffiges Projekt durchgeführt. Dessen Fragestellung ist für euch Manager, die ihr immer so wenig Zeit habt, besonders gut geeignet.«

»Ein Waldorfschüler hat etwas entwickelt, was für Manager nützlich ist – irgendetwas passt doch nicht an der Geschichte?«, grübelt Achim, aber Martin winkt ab, als es gerade an der Tür läutet: »Solche Vorurteile hatte ich auch immer. Aber wenn wir Kinder hätten, Hannah und ich, wir würden sie vielleicht auch auf eine solche Schule schicken. Außerdem ist Joni ein ganz spezieller Junge.« Auch er schaut sehr stolz, und Achim zuckt abwartend die Achseln.

»Wer redet denn hier von mir? Hallo Martin!«, erklingt es von der Tür, wo ein großer, schlanker Junge mit dunklen Haaren und dunklen Augen Hannah ins Wohnzimmer folgt. Er legt seinen Rucksack ab und umarmt Martin. Dann begrüßt er Achim: »Hallo, ich bin der Jonathan.«

»Achim ... Bohn ...«, sagt dieser und schüttelt die angebotene Hand. Alle vier setzen sich um den Couchtisch. Zunächst unterhält man sich über die Verspätungen der Deutschen Bahn und tauscht verschiedene Informationen übereinander aus, um auf den neuesten Stand über die Familien zu kommen. Dann wechselt Hannah das Thema: »Vermutlich interessiert sich Achim nur begrenzt für unsere kleinen Familienereignisse ... Wir freuen uns natürlich total, dass du hier bist, Joni. Zugleich habe ich, wie schon angekündigt, ein kleines Attentat auf dich vor. Die beiden Herren hier dürfen unter meiner Leitung sieben Stationen des Stressmanagements kennenlernen, vier haben sie immerhin schon absolviert. Nach meiner Einschätzung bist du aufgrund deiner Elfte-Klasse-Arbeit der ideale Lehrer für die fünfte Station.«

Der junge Mann schaut etwas verlegen zur Seite, nickt aber und richtet dann die Augen auf seinen Onkel: »Das ist sehr schmeichelhaft. Versprecht euch bloß nicht zu viel davon! Was wollt ihr denn wissen?«

Häufige Fragen, bewährte Tricks

Martin Dampf zeigt auf seine Frau: »Das war Hannahs Idee. Ich weiß nur, dass du dich letztes Jahr bei deiner Projektarbeit mit Entspannungsverfahren beschäftigt hast, also sollst du uns jetzt wohl welche beibringen – oder?« Er blickt auf Hannah, die lächelt: »Joni hatte sich mit diesem Thema beschäftigt, das ist richtig. Dabei hat er sich etwas sehr Spezielles ausgedacht. Er hat nämlich die Idee verfolgt und auch umgesetzt, dass man solche Verfahren nicht nur durch das Besuchen von Kursen und Anhören von CDs erlernen kann, sondern in einer viel einfacheren Weise: *durch Lesen und Befolgen von Anleitungen*. Ziel war, einige Texte so zu schreiben, dass man sie auch in einem Buch abdrucken könnte, und dass jeder, der sie dort liest und befolgt, allein aufgrund dieser Texte erlernen könnte, sich zu entspannen.«

»Entspannung lernen nur vom Lesen?«, staunt Achim. »Das wäre wirklich cool – ich habe mich immer mal dafür interessiert, aber mir nie die Zeit nehmen können, acht Wochen hintereinander regelmäßig wöchentlich in die Volkshochschule zu marschieren. Wobei ich, ehrlich gesagt, glaube, dass bei mir diese Verfahren sowieso nicht funktionieren. Das ist für mich alles nur Einbildung und nicht real, so was überzeugt mich nicht.« Er schaut den jungen Mann entschuldigend an: »Nichts für ungut!«

Jonathan lächelt: »Kein Thema. In der Einführung zu meiner Arbeit schildere ich die verschiedenen Vorurteile, die Menschen gegenüber solchen Techniken haben. Was Sie gerade sagten, ›Ich kann das nicht‹ und ›Es ist doch eh nur Einbildung‹, sind die beiden häufigsten. Kurz gesagt kann man bei beidem sagen, dass das nicht stimmt – *jeder* kann so was lernen, und es ist *keine* Einbildung, sondern *messbar*.«

»Nichts für ungut ...«, sagt er noch zu Achim und blickt in die Runde. »Soll ich erst einmal ein bisschen erklären, Basis, Hintergründe, ein paar grundsätzliche Tricks und so? Interessiert euch das? Oder gleich durchführen?«

»Gleich durchführen!« – »Erst erklären.« Martin und Achim haben gleichzeitig gesprochen. Sie schauen sich an und lachen, Martin lenkt ein: »Also gut, dann erst erklären. Kurz!«

Geht das bei jedem? Ist das nicht nur Einbildung?

»Okay«, Jonathan lehnt sich zurück. »Zur ersten Frage: Es funktioniert bei jedem«, er schaut wieder zu Achim Bohn, »es ist allerdings eine Übungssache. Das heißt, es klappt nicht beim ersten Mal, sondern vielleicht nach vier oder fünf Durchgängen. Wenn es dann klappt, dann ein kleines bisschen, und erst wenn man weiter übt, wird es richtig intensiv. Es hängt also von der Geduld und von der Übung ab. Ein anderer Punkt ist, dass es sehr viele verschiedene Verfahren gibt. Ich habe damals mit meinem anderen Onkel gesprochen, der sich da gut auskennt. Er meinte, oft probieren Leute nur ein Verfahren aus, und wenn das für sie nicht so gut passt, denken sie, sie können es nicht, und steigen aus. Mit etwas Übung, oder mit einem anderen Verfahren, hätte es wahrscheinlich auch bei denen geklappt.«

»Und schon habe ich etwas gelernt!«, sagt Achim anerkennend, und Hannah lächelt im Hintergrund.

»Wusste ich vorher alles selbst nicht«, sagt Jonathan beschwichtigend, woraufhin Achim losprustet: »Und höflich bist du auch noch, willst mich nicht bloßstellen!! Respekt!« Jetzt lächeln Martin und Hannah, während Jonathan rasch von sich selbst zum Thema zurücklenkt: »Ihre andere Frage war ja, ob nicht alles nur Einbildung sei. Dazu kann ich kurz zusammengefasst sagen, dass man eine große Menge körperlicher Veränderungen schon während der einmaligen Durchführung eines Entspannungsverfahrens messen kann. Darüber hinaus kann man bei Leuten, die jeden Tag 15 bis 20 Minuten üben, verschiedene langfristige Veränderungen feststellen. Knapp gesagt, stellt der Körper vom sogenannten Sympathikus im Nervensystem, dem Aktivierungssystem, auf den Parasympathikus um, das ist das Erholungssystem ...«

Hannah schaltet sich ein: »Nur zur Erinnerung: Das erste System, der Sympathikus, ist aktiv, wenn der Säbelzahntiger hinter euch herrennt, aber eben leider auch, wenn ihr Termindruck habt oder euch über den Boss oder einen Kollegen ärgert.«

»Wir haben keinen Termindruck – wir machen uns höchstens welchen oder lassen ihn uns machen«, sagt Achim lässig, und Martin prustet fast seinen Weißwein über den Tisch: »Du bist ja zum Zen-Meister mutiert!« Auch Hannah lacht, dann schaut sie zu ihrem Neffen: »Mach mal weiter – man darf die beiden nicht lange zu Wort kommen lassen!«

Jonathan grinst und erläutert weiter: »Okay. Also, beim Durchführen von Entspannungsverfahren wird der Parasympathikus aktiviert, was den Körper zur Regeneration anregt. Das lässt sich wie gesagt schon während der Übung in der Erhöhung einiger Immunwerte des Körpers messen, aber auch einfach in der Verringerung der Puls- und Atemfrequenz und dem Absinken des Muskeltonus.« Er sieht die fragenden Gesichter und ergänzt: »Das ist das Maß für die Spannung der Muskeln. Subjektiv fühlt sich das an, als würde man schwerer. Langfristig sinkt der Blutdruck, das Immunsystem verbessert sich dauerhaft, nicht nur während der Übungen. Wie gesagt, es gibt einige wirklich nachweisbare Vorteile solcher Verfahren.«

»Also, *jeder* kann es lernen, und es ist *nicht* nur Einbildung«, fasst Martin kompakt zusammen, und Achim ergänzt: »Schick! Macht direkt Lust, es zu probieren!«

»Prima«, nickt Jonathan und wendet sich an Hannah und Martin. »Habt ihr irgendwo noch unbequemere Stühle? Diese Sessel sind so gemütlich. In der Küche habt ihr doch ganz normale Holzstühle, oder? Können wir dorthin gehen?«

Störungen nützen

»Ähm ... sollen wir gleich in den Keller in den Fitnessraum, dort wäre es noch unbequemer?«, fragt Martin verblüfft. Auch die anderen machen erstaunte Gesichter.

»Nee, die Stühle in der Küche dürften genügen«, meint Jonathan vergnügt.

»Na hör mal«, murmelt Hannah, »so unbequem sind die auch wieder nicht!«

Jonathan steht auf, und die Älteren nehmen ihre Getränke und folgen ihm in die Küche. Martin fragt: »Sollte man sich nicht am besten hinlegen? Das sieht man oft in den Programmen der Abendschule, dass die Leute auf dem Boden liegen.«

Jonathan schüttelt den Kopf: »Die Idee ist ganz einfach«, sagt er, als alle um den Küchentisch sitzen. »Wenn ihr es auf euren bequemen Sesseln lernt, dann denkt ihr, dass ihr dazu immer gemütliche Sessel benötigt. Wenn dann mal keine da sind, dann denkt ihr, schade, heute kann ich keine Übung durchführen. Das Gleiche gilt fürs Liegen: Im Liegen *lernt* man es vielleicht etwas einfacher – aber im Alltag können wir uns nicht ohne Weiteres hinlegen, und schon haben wir ein Hindernis geschaffen. Wenn ihr nicht so ruhig wohnen würdet, könnte man deshalb noch überlegen, ob man ein Fenster öffnen möchte für etwas Straßenlärm – aber hier bei euch ist es so still, dass das kaum einen Unterschied machen würde.«

»Pfiffig«, meint Martin nachdenklich.

»Erinnert mich an den Schweden«, nickt Achim, »Weißt du noch? Mental Toughness – sich etwas *absichtlich* schwermachen!«

»Ja ... das war dort ein anderer Grundgedanke, aber die Haltung ist ähnlich ...«

Hannah bestätigt, was Jonathan sagte: »Ich habe einige Bekannte, die schon zu Kursen in der Abendschule waren, und überall durften beziehungsweise mussten sie sogar liegen. Die haben mir erzählt, dass etwa die Hälfte der Teilnehmer nach einigen Minuten eingeschlafen war, während fast die ganzen übrigen Leute gemeckert haben, dass sie sich wegen des Schnarchens der Nachbarperson nicht richtig konzentrieren könnten.«

Martin lacht. »Kein Wunder! Sich abends um die Uhrzeit hinlegen – da sagt der Organismus: Danke und tschüss! Oder nicht?«

Auch Achim erinnert sich: »Ich habe einen Freund, der mir von einem ähnlichen Kurs berichtet hat, der hat es besonders schlimm erlebt. Er ist ein extremer Pedant, deshalb war er total empört, dass die Leute um ihn rum alle *geatmet* haben ... wirklich wörtlich, das habe ihn total gestört! Auch dass das alte Gebäude dauernd geknackt hat, fand er unmöglich. Unter solchen Umständen könne man sich ja wohl nicht entspannen, meinte er, und nach drei von sechs Terminen ist er nicht mehr hingegangen.«

Jonathan hört zu, wie die drei anderen auf seine Erklärung reagieren, und nickt. »Es gibt einen sehr cleveren Trick, um solche Schwierigkeiten zu lösen. Es gab einen Mann namens Milton Erickson, der hat sich als Psychotherapeut intensiv mit Hypnose beschäftigt und viele neue Techniken entwickelt. Eine seiner Grundideen war das Prinzip der Utilisation. Die Idee ist, Störungen und Probleme nicht zu bekämpfen, sondern zu nützen. Wenn ein altes Haus immer wieder knackt und ächzt, hätte er am Anfang der Trance zum Beispiel gesagt: ›... und mit jedem Knacken des Gebäudes könnt ihr euch mehr auf euch selbst konzentrieren ... und bei jedem Knarren und Ächzen der Balken merkt ihr, dass sich euer Körper wie von selbst entspannt ... die Geräusche der anderen führen dazu, dass ihr eure eigene Person ganz bewusst wahrnehmt ...‹«

»Hör auf, so zu reden, ich schlafe gleich ein!«, lacht Martin, während Achim fröhlich zu Hannah schaut: »Wie schade, dass euer Haus so neu ist und nichts knarrt und ächzt!«

Die vier trinken jeweils einen Schluck, und Martin verteilt Knabbergebäck in diversen Schalen auf dem Tisch. »All diese Dinge hast du für deine Projektarbeit in der elften Klasse gelesen?«, staunt Achim, und Jonathan hebt die Schultern: »Ich fand es halt super interessant ...«

Von außen nach innen

»Das ist es auch!«, stimmen die anderen zu, und Hannah fragt ihren Neffen: »Hast du weitere solche Tipps auf Lager?«

»Einen noch, bevor wir konkret werden«, überlegt Jonathan. »Der hängt mit dem zusammen, worüber wir gerade gesprochen haben. Ziel meines Projekts war zu zeigen, dass jeder sich *nur* durch das Befolgen von *schriftlichen* Anleitungen selbst entspannen kann. Dabei habe ich vorab das erklärt, was wir gerade besprochen haben, und es um ein weiteres Prinzip ergänzt. Ich nenne es *Zentrieren*. Es besagt, dass es meistens nützlich ist, von außen nach innen zu gehen.«

»Das verstehe ich nicht«, sagt Martin.

»Ich bin ja auch noch nicht fertig!«, beruhigt Jonathan seinen ungeduldigen Onkel. »Es geht um die Ausrichtung unserer persönlichen Aufmerksamkeit. Eben weil wir nicht isoliert im Weltraum, sondern in allen möglichen irdischen Umgebungen entspannen möchten, ist es hilfreich, wenn wir nicht versuchen, diese auszublenden, sondern sie aktiv einbeziehen. Paradoxerweise blenden sie sich dann mit der Zeit von selbst aus.«

»Aha?« Achim hebt fragend die Augenbrauen.

»Die Idee ist folgende«, Jonathan schaut alle an, »wenn man eine Entspannungsübung durchführt, egal welche, sollte man am besten die Augen schließen. Damit blendet man Teile der Umgebung aus. Aber man sollte sich die Umgebung dennoch vergegenwärtigen, um ihre Anwesenheit zu würdigen. Ihr wollt es ja lernen – probiert es doch mal für einen Moment!« Jonathan schaut in die Runde und fährt fort: »Mein Tipp: Geht von weiter weg zu näher ran. Von *draußen* zu *Raum* zu *Stuhl* zu *Körper* zu *innen*. Macht mal die Augen zu, ich fange an, und ihr macht jeweils mit einem Satz weiter. Okay?«

Alle schließen die Augen, und Jonathan sagt mit ruhiger Stimme: »Ich sitze hier ... und ich höre den Wind draußen in den Bäumen ...«

»Ich höre ein Auto in der Ferne ...«, sagt Hannah leise.

Es ist einige Zeit ruhig in der Küche, bis Martin meint »... ich höre die Küchenuhr ticken ... und Achim neben mir atmen ...«

Wieder ist es still, bis Jonathan mit ruhiger Stimme einfügt: »Wenn die Augen geschlossen sind, kann man *hören*, aber auch *fühlen* ...«

Achim versteht den Hinweis und sagt: »Ich fühle die Lehne des Stuhls in meinem Rücken ... und den Boden unter meinen Füßen ...«

»Ich merke, wie sich mein Brustkorb hebt und senkt ...«, kommt es von Martin, »und wie es in meiner Nase kitzelt ...« Nach einer kurzen Pause hebt Martin den Arm und kratzt sich an der Nase. Alle öffnen die Augen.

»Nicht schlecht!«, kommentiert Achim als Erstes, »das bringt einen direkt ein wenig zu sich selbst. Aber muss ich alles immer laut sagen?«

»Nein. Das ist nur, weil wir es zusammen durchführen. Normalerweise würden Sie das einfach nur denken. Mein anderer Onkel hat mir erzählt, dass er einen Lehrer hatte, der nebenbei immer ›bumm, bumm, bumm‹ sagte ... tief, langsam, rhythmisch ... das war komisch, hatte aber zur Folge, dass man sich automatisch auf den Herzschlag, auf Ruhe, auf einen Rhythmus oder Groove konzentriert hat.«

»Das darf ich keinem erzählen«, lästert Achim, »ich sitze beim Geschäftsführer Vertrieb in der Küche und sein Neffe aus der Waldorfschule macht bumm bumm ...« Hannah will schimpfen, aber er hebt die Hand. »Ich glaube, *wenn* ich das erzählen würde, und ein Kollege würde lästern, würde ich ihm sagen, dass er keine Ahnung hat, worum es geht. So wie ich, bis vor 30 Minuten!« Er schaut Jonathan an: »Also, mich hat sogar diese kurze Übung ein bissl beruhigt – kommt da noch mehr?«

»Das war erst die Einstimmung«, lächelt Jonathan.

Verzaubert durch den Atem

»Jetzt probieren wir mal die erste Sorte Übungen, einverstanden?«, schlägt Jonathan vor, nachdem er sein Glas wieder gefüllt hat. Die anderen nicken. »Was ich euch gerade gezeigt habe, gilt grundsätzlich – egal, welche Übung man durchführt.

Man setzt sich bequem hin, möglichst stabil, damit man für einige Minuten ruhig sitzen kann. Man schließt die Augen und geht auf die Art, wie wir es gemacht haben, von außen, der Umwelt, nach innen, in die Innenwelt. Die erste Möglichkeit, sich dann zu entspannen, sind Atemübungen. Diese möchte ich euch als Einstieg zeigen. Nochmal meine Frage vom Anfang: Einfach nur machen, oder erst kurz die Hintergründe erklären?« Er schaut zwischen Martin Dampf und Achim Bohn hin und her und erhält wie erwartet die gleichen Antworten wie zuvor: »Machen« (Martin) und »Erklären!« (Achim). Er lächelt: »So 'ne Überraschung – ich werde jedes Mal ganz kurz erklären, was die Grundgedanken sind, und dann führen wir es durch, okay?« Alle nicken, er fährt fort.

»Gut. Wir starten mit Atemübungen. Bei diesen besteht die Grundidee darin, dass man dadurch innerlich zur Ruhe kommt, dass man sich für einige Zeit auf den Rhythmus der eigenen Atmung konzentriert. Mehr ist das nicht. Eigentlich total einfach, aber: Vielen Menschen fällt es schwer, so *wenig* zu tun. Sie haben das Gefühl, es nicht richtig zu machen, weil sie anfangs häufig abschweifen. Eigentlich wäre das nicht schlimm, denn wann immer man sein Abschweifen bemerkt, lenkt man die Aufmerksamkeit einfach wieder zum Atem zurück.« Er trinkt einen Schluck, die anderen hören aufmerksam zu. »Damit man mental etwas zum Festhalten hat, gibt es verschiedene Möglichkeiten, solche Atemübungen zusätzlich zu strukturieren. Ich habe ja schon erzählt, dass das Ziel meiner Projektarbeit war, Menschen zu ermöglichen, nur mithilfe von Texten zu entspannen – ohne fremde Anleitung und ohne CD oder MP3.«

Während Jonathan spricht, greift er nach seinem Rucksack und holt ein paar Fotokopien heraus. Er schaut kurz auf die Blätter und verteilt dann die oberen vier: »Das hier ist für jeden das gleiche Blatt. Ihr findet darauf verschiedene Möglichkeiten, die Atemübungen durch eine äußere Struktur zu unterstützen. Bitte lest das erst mal alle in Ruhe durch.« Hannah, Martin und

Achim lesen, murmeln, runzeln für einen Moment die Stirn, Martin schaut auf Hannahs Zettel, diese lacht. Dann schauen alle wieder zu Jonathan.

»Warum habt ihr die Blätter bekommen? Ich könnte die Übung anleiten – das wäre leichter für euch. Aber ihr wisst ja schon – wenn man nur das Leichte kann, ist man nicht frei. Wer das Schwere beherrscht, beherrscht jede Variante.« Die anderen nicken, teilweise stirnrunzelnd. Jonathan fährt fort. »Deshalb möchte ich gerne die verschiedenen Ansätze unter uns aufteilen. Jeder übernimmt eine der Methoden und ist für diese verantwortlich, ich übernehme zwei. Ich fange an, damit wir gut reinkommen. Wir werden jedes Mal zunächst von außen nach innen gehen, um das zur Gewohnheit werden zu lassen, egal bei welchem Verfahren. Danach führe ich den ersten Ansatz, das Rückwärtszählen, einmal mit euch durch. Damit es jeder auch allein übt, bin ich anschließend eine Minute ruhig. In der Zeit führt es jeder erneut durch, diesmal ohne meine Anleitung.«

Die anderen erfassen langsam das Prinzip und stimmen zu, worauf Jonathan fortfährt. »Nach mir geht es im Uhrzeigersinn weiter: Hannah, du würdest dreimal laut das Rauf-runter-Zählen anleiten, danach wären wir wieder eine Minute still und führen das ohne Hannah weiter durch. Martin, dann kommst du mit dem Pausen-Zählen, leitest es für ein bis zwei Minuten an und lässt es uns dann eine weitere Minute selbstständig tun. Achim, am Ende leiten Sie uns durch das Quadrat-Atmen. Ich ergänze dann noch den letzten Ansatz. Bereit?« Alle stimmen zu, lesen ihren spezifischen Ansatz noch einmal durch, dann schauen sie zu Jonathan.

»Wunderbar«, sagt dieser. »Bitte wieder stabil hinsetzen ... Füße fest auf den Boden, Arme links und rechts auf die Lehne oder die Beine ... Augen schließen ... wir gehen von außen nach innen ... ich höre den Kühlschrank brummen ...« Alle setzen sich in stabiler Position auf ihren Stuhl und schließen die Augen.

»... ich höre uns noch auf den Stühlen rascheln ...«, greift Hannah den Impuls auf, als Jonathan nichts mehr sagt.

Es geht mit ruhigem Sprechtempo und angenehm langen Pausen reihum: »... ich fühle wieder den Stuhl, die Lehne, den Boden ...«

»... ich spüre meinen Atem ... mein Brustkorb hebt und senkt sich ...«

Nach etwa zwei Minuten beginnt Jonathan wie angekündigt mit der ersten Form der Atemübungen, dem Rückwärtszählen: »Wichtig bei allen Übungen ist, darauf zu achten, nur die *Beobachter* eurer Atmung zu sein ... nicht eingreifen ... nur wahrnehmen, wie es von allein in euch atmet. Okay. Während wir nun alle unseren Atem wahrnehmen ... jeder seinen eigenen Rhythmus ... können wir beginnen, beim Ausatmen von zehn bis null zu zählen ... bei jedem Ausatmen eine Zahl weniger ... *zehn* ...«, er atmet hörbar aus, atmet ein, begleitet das nächste Ausatmen mit »*neun* ...« – bis er die Zahl *Null* erreicht. Mit ruhiger Stimme spricht er weiter: »Damit wir das alle künftig frei von äußerer Anleitung durchführen können, machen wir es, ohne dass ich spreche, erneut ... beginnen wieder bei zehn und gehen rückwärts ... bis wir die Null noch einmal erreicht haben ...« Für etwa zwei Minuten hört man nur die leisen Atemzüge der vier Personen im Raum.

Dann beginnt Hannah zu sprechen. »Ich biete euch und uns den zweiten Ansatz zum Probieren an ... zunächst führe ich uns, dann bin ich eine Minute still und jeder führt den Ansatz ohne äußere Anleitung allein fort ...« Jonathan nickt mit geschlossenen Augen, zustimmend, Hannah spricht ruhig weiter: »Wir dürfen wieder zählen – dieses Mal rauf und runter ... bei jedem Einatmen zählen wir innerlich parallel dazu von eins bis vier ... bei jedem Ausatmen dagegen von vier bis eins ... Also: Einatmen ... eins ... zwei ... drei ... vier ...« Sie spricht sanft und melodisch, stimmt die vier Ziffern auf den Zeitraum eines ruhigen Atemzugs ab. »Ausatmen ... vier ... drei ... zwei ... eins

...« Ihre Augen sind geschlossen, sie versucht, die Zahlen dem Atemrhythmus anzugleichen. Noch fünfmal zählt sie auf vier und wieder zurück. Abschließend sagt sie: »... und jetzt jeder im *eigenen* Rhythmus und Tempo ... eins bis vier ... vier bis eins ... etwa eine Minute ...« Alle schweigen und atmen.

Nachdem die stille Zeit um ist, erklingt Martins Stimme. »Wir kommen zum dritten Ansatz. Statt *beim* Atmen zählen wir jetzt *zwischen* dem Atmen, in den *Pausen*.« Auch er spricht ruhig und gelassen. »Wir atmen *ein* ... und bevor wir ausatmen, zählen wir bis drei: eins ... zwei ... drei ... dann atmen wir wieder *aus* ...« Er macht direkt eine Sprechpause, atmet selbst ruhig ein ... und wieder aus ..., dann fährt er fort: »... und auch nach dem Ausatmen ... vor dem Einatmen ... in jeder Pause ... eins ... zwei ... drei ...« Er atmet und begleitet dabei die Pausen. »Einatmen ... eins ... zwei ... drei ... ausatmen ... eins ... zwei ... drei ...« Schließlich leitet er zum selbstständigen Teil über: »... ab jetzt jeder eine Minute für sich selbst ... in jeder Pause ... von eins bis drei ...« Stille und eine angenehme Ruhe erfüllen die Küche.

Achim murmelt nach einiger Zeit: »Ich übernehme ... der vierte Ansatz ... nach so viel Mathe ... jetzt Geometrie ... *Quadratatmen* ...! Stellt euch vor eurem inneren Auge ein Quadrat vor ... wählt eine Ecke aus ... folgt in Gedanken den Linien des Quadrats ... geht, während ihr einatmet, im Geist die erste Linie entlang bis zur nächsten Ecke ... folgt dann, *bevor* ihr ausatmet, gedanklich der zweiten Linie ... beim Ausatmen folgt ihr im Geist der nächsten Linie des Quadrats, bis zur dritten Ecke ... und bevor ihr einatmet, lasst den Geist die letzte Linie entlangwandern bis zur ursprünglichen Ecke ... dort beginnt ihr von vorne ... folgt beim Einatmen dann der ersten Linie ... klingt kompliziert ... aber das Prinzip ist klar ... ich überlasse uns deshalb jetzt unseren eigenen inneren Welten ... atmet mit dem Quadrat ...« In der neuerlichen Ruhe sind einige schwere Atemzüge von Martin zu hören.

Am Ende steigt Jonathan wieder ein: »Hier kommt der fünfte Weg ... *Friedenatmung* ... soweit ich herausfinden konnte, hat es wohl einen buddhistischen Hintergrund ... natürlich könnt ihr die Worte anpassen ... es ist ganz einfach ...« Er öffnet kurz die Augen, sieht alle entspannt auf den Stühlen sitzen, und schließt sie wieder. »Diesmal könnt ihr innerlich, jedes Mal, wenn ihr einatmet, folgende Worte denken: ›Ich bin‹ ... und, immer wenn ihr ausatmet, die Worte ›im Frieden‹ ... denkt einfach zum Atmen diese Worte ... ›Ich bin ... im Frieden‹ ... mehr müsst ihr in der nächsten Minute nicht tun ... probiert, wie dieser Ansatz für euch ist ...« Alle sind ruhig und jeder atmet im eigenen Rhythmus.

Nach einer guten Minute sagt Jonathan in die Stille: »Jetzt könnt ihr nach und nach umschalten. Kommt aus der Welt des Atmens zurück in die Küche ... es ist wichtig, sich nach solchen Übungen bewusst zu räkeln ... gewöhnt euch das an ... wenn ihr die Augen öffnet, tief durchatmen ... und räkeln ...« Er macht es selbst vor, und die anderen folgen nach und nach. »Puh!«, sagt Martin, Hannah seufzt genussvoll, und Achim blinzelt. Alle räkeln sich, atmen tief durch, auch Martin seufzt. Er spricht als Erster: »Also, das mit dem Rauf-und-runter-Zählen – das hat mich wahnsinnig gemacht! Dabei konnte ich mich überhaupt nicht auf meinen eigenen Atem konzentrieren!«

»Ging mir auch so«, meint Achim.

Hannah überlegt: »Ich konnte mich da erst nicht konzentrieren, weil ich ja gesprochen hatte – aber in der anschließenden ruhigen Minute ging es dann – ich habe das Zählen dem Atem angepasst, nicht umgekehrt. Dafür fand ich das mit dem Quadrat total nervig – bei den Pausenlinien dachte ich, dass ich gleich ersticke!«

Ihr Mann lacht: »Ging mir erst auch so – deshalb habe ich es einfach verändert: Ich habe bei der ersten Linie eingeatmet, bei der zweiten aus, bei der dritten wieder ein, und so weiter – damit war ich mit einem Quadrat zweimal rum, aber das ging gut.«

»Welche Methode hat euch denn am besten gefallen?« fragt Jonathan.

»Das Quadrat«, sagt Martin prompt. »Angepasst an meine Methode, so wie ich es gerade gesagt habe.«

»Mir hat am Ende ›Ich bin – im Frieden« gut gefallen«, meint Hannah.

»Das war mir zu pathetisch«, kommentiert Achim, »weshalb ich den zweiten Teil ausgetauscht habe und einfach ›Ich bin – ganz ruhig‹ gedacht habe, dann ging es. Außerdem war mir auch das Pausenatmen sehr angenehm – immer in den Pausen zu zählen hat mich sehr ruhig gemacht.«

Alle vier schauen sich an. »Cool«, meint Martin dann wieder einmal. »Das ist bestimmt normal, oder? Dass jeder sich etwas Anderes herauszieht?«

Jonathan nickt. »Ja. Beides, was ihr beschreibt, ist normal und übrigens auch hilfreich. Erstens, dass jeder einen anderen Aspekt für sich geeignet findet. Einer das Zählen, eine die Worte, einer das Quadrat. Und zweitens ist es sinnvoll, wenn Leute ein oder zwei Details so abändern, dass es für sie passt und dann besser funktioniert. Es gibt da keine Regeln, das sind ja alles Vehikel, um den Prozess des Zur-Ruhe-Kommens voranzubringen.« Er schaut sich um: »Meint ihr, dass ihr es auch jeweils allein könntet?«

Achim fragt: »Muss man sich jetzt für seine bevorzugte Methode entscheiden? Oder kann man das auch mischen? Ich glaube, ich weiß die Antwort schon: Jeder so, wie er mag – oder?« Jonathan lächelt verschmitzt und hebt einen Daumen in die Höhe, Achim feixt zurück.

Hannah sagt: »Ich glaube, ich werde für mich erst von außen nach innen gehen, das sollen wir ja immer machen. Dann werde ich mich auf die Worte ›Ich bin – im Frieden‹ konzentrieren. Das müsste genügen.«

Martin überlegt, dann erläutert er: »Ich werde mit dem Runterzählen beginnen, das hatte etwas sehr Beruhigendes für mich – und dann werde ich mir mein Quadrat anschauen – ohne die Pausenlinien, nur immer eine Linie für Ein- und Ausatmen.«

»Wollen wir es nochmal durchführen? Diesmal sagt keiner irgend etwas, und wir stellen die Uhr auf fünf Minuten?«, schlägt Hannah vor. Alle nicken, sie stellt den Timer an ihrem iPhone, und es wird ruhig in der Küche.

Als das Smartphone schließlich klingelt, räkeln sich alle ausgiebig. »Wow, das war intensiv!«, meint Martin. Auch Achim nickt, während Hannah sagt, für sie sei es zu Beginn überraschend schwierig gewesen, reinzukommen, aber sie habe auch die ganze Zeit Hunger gehabt. Sie tauschen sich noch einen Moment lang weiter aus, dann fasst Martin zusammen: »Mit dieser Atemmethode und dem Start immer von außen nach innen können wir also jeder auf seine Weise in fünf Minuten ganz schön runterkommen – und das schon jetzt!«

Hannah lächelt. »Ja ... wobei ich das iPhone eigentlich auf acht Minuten gestellt hatte.«

Achim ist erstaunt: »Es kam mir nicht mal wie fünf Minuten vor! Ist ja verrückt! Aber apropos Hunger: Joni, hast du eigentlich außer dem Knabberzeug hier schon was gegessen heute Abend?«

»Oh nein! Total vergessen!«, ruft Hannah. Die beiden Gastgeber springen auf, legen Teller und Besteck zu den Gläsern, schneiden Brot, und mit Butter, Käse und Wurst wird es gemütlich in der Küche von Familie Dampf.

Mit Muskelkraft entspannen

Nachdem alle gegessen haben und das Geschirr in die Spülmaschine geräumt wurde, wird es wieder ruhiger.

»Könnt ihr noch?«, fragt Jonathan und holt vier neue Kopien aus seinem Rucksack.

»Klar«, meint Martin, »das Atmen war ja nicht anstrengend!«

»Das könnte sich jetzt ändern, Martin«, lächelt Joni. »Die nächste Methode benötigt Muskelkraft!«

»Muskeln? Mit Kraft entspannen? Das hört sich unlogisch an!«, staunt sein Onkel.

»Nee, ist ganz logisch, sogar sehr konsequent – ich erkläre es euch wieder kurz: In den 1930er Jahren hat ein amerikanischer Arzt namens Jacobson dieses Verfahren entwickelt. Sein Ausgangspunkt war, dass er bei verschiedenen körperlichen wie auch seelischen Erkrankungen immer wieder hohe Muskel*anspannung* im Körper der Patienten feststellte. Er zog den Schluss, dass es sicher hilfreich wäre, wenn diese Patienten ihre Muskeln *entspannen* würden. Das war aber nicht so einfach: Sich vor die Leute hinzustellen und ›Entspannen Sie Ihre Muskeln – jetzt!‹ zu rufen, hat nicht geklappt.«

Die anderen lachen: »Komisch!«, kichert Achim.

»Dann hat Jacobson sich überlegt, dass Entspannen zum einen als Begriff zu abstrakt sein könnte, und dass zum anderen gerade die, die sowieso schon angespannt waren, vielleicht nicht wissen würden, wie sie Entspannen anstellen sollten. Davon ausgehend dachte er, dass die aber alle wissen müssten, wie das *Gegenteil* geht: Anspannen. Das machten sie ja schon.« Achim zieht unwillkürlich seine Schultern hoch und versucht, sie zu lockern.

Jonathan fährt fort: »Jacobson hat also die Leute gebeten, ihre Muskeln erst mal *noch mehr* anzuspannen ... diese Spannung zu spüren ... und sie danach zu lockern. ›Was du *jetzt* fühlst, lieber Patient, *das* nennt man *Entspannung*!‹, war dann sein Mantra. Um es intensiv zu machen, hat er das nicht mit allen Muskeln zugleich gemacht, sondern immer nur einen Bereich fokussiert: Hand anspannen zur Faust ... fest ... die extreme Anspannung fühlen ... bis es zittert ... jetzt loslassen ... zack ... *das* ist die *Ent*spannung ... – und so weiter.«

Joni schaut sich um, dann fasst er zusammen: »Kurz gesagt geht es also darum, jeden Muskel ganz fest und bewusst anzuspannen, die Spannung zu fühlen, loszulassen, die Entspannung zu fühlen ... – und dann den nächsten Bereich anzugehen. Weil man die Muskeln nach und nach entspannte, nannte er das Verfahren Progressive Muskelrelaxation, kurz PMR.«

Martin ballt die Faust, spannt den Bizeps an, bis der Arm vibriert.

Jonathan ergänzt seine Geschichte: »Das Verfahren lässt sich sehr leicht erlernen. Es ist in Europa eine der drei häufigsten in Kliniken und auch in Abendschulen gezeigten Entspannungstechniken – und funktioniert praktisch bei jedem. Am Beginn hatte Jacobson dreißig verschiedene Muskelgruppen angesprochen. Man sollte allein schon im Gesicht die Stirn senkrecht anspannen, lockerlassen, waagrecht anspannen, lockerlassen, die Kiefern zusammenpressen, lockerlassen ... sogar die Zunge musste man gegen den Gaumen drücken und wieder lockerlassen. Das wurde später reduziert, damit es einfacher und in kürzerer Zeit durchführbar war. Ich habe euch auf dem Zettel zwei der kürzeren Versionen abgedruckt«, er zeigt auf die Blätter, die er auf den Tisch gelegt hat, »und ich glaube, wir können ruhig davon die kompaktere nehmen. Seid so lieb, lest es einmal komplett, danach machen wir es wie zuvor: Jeder von uns übernimmt einen Teil, den er oder sie anleitet, am besten wieder reihum. Okay?«

Martin, Hannah und Achim nicken und lesen die Blätter durch. Dann schauen sie zu dem jungen Mann.

Jonathan verteilt die Zuständigkeiten: »Ich übernehme Punkt eins. Hannah kommt nach mir, also zwei. Martin drei, Achim, Sie nehmen vier.«

»Da hast du mir das Komplizierteste gegeben, Junge!«, murmelt der und liest mit zusammengezogenen Augenbrauen vor: »Beine in Unterlage drücken, Zehen Richtung Nasenspitze ziehen.«

Martin verschluckt sich an seinem Bier vor Lachen: »Was ist denn daran kompliziert!? Das waren nicht einmal zehn Worte!!«

Achim brummt: »Ja, aber es zu tun ist kompliziert ... jedenfalls verglichen mit Fäuste ballen!«

»Am besten probieren wir es einmal zusammen, in Ordnung?«, lacht Hannah, und Jonathan und Martin nicken.

»Denkt dran: Wir gehen wieder von außen nach innen. Außerdem ist es bei dieser Anleitung so, dass man jeden Teil zweimal durchführt. Jeder muss also zweimal nacheinander seine Anleitung geben.« Die vier setzen sich wieder auf ihren Stühlen zurecht und schließen die Augen. Noch während sie ihre Position suchen, raunt Martin: »Ich höre von weitem, wie Achim noch immer grummelt, weil er den vierten Teil der Übung bekommen hat.« Alle gackern, gegen seinen Willen auch Achim. Dann werden sie ruhiger und Jonathan sagt zu seiner Tante: »Hannah, fang du die Einleitung an, damit es nicht immer ich bin.«

Hannah kichert noch einmal kurz wegen Achim, dann sammelt sie sich. »Wir sitzen wieder stabil und bequem auf unseren Stühlen ... erinnern uns an die letzten Minuten, und wie viel Spaß wir zusammen haben ... in einiger Entfernung dreht sich die Welt ... Hunde bellen ... wir kommen langsam zur Ruhe ...« Martin greift den Faden auf, dann Achim, dann Jonathan. Als alle gesammelt und ruhig atmend dasitzen, beginnt er mit der eigentlichen PMR-Übung: »Wir beginnen mit den Armen. Ihr könnt die Augen geschlossen lassen. Bitte denkt daran, während der ganzen Übung ruhig weiterzuatmen – auch und gerade dann, wenn wir Muskeln anspannen.« Er fährt fort: »Nehmt die Arme zum Oberkörper. Ballt die Fäuste auf beiden Seiten, und spannt die Unterarme ebenso an wie die Oberarme. Atmet dabei ruhig weiter. Erhöht die Spannung so lange, bis es beinahe weh tut und die Arme vor lauter Kraft ein bisschen zu vibrieren beginnen. Das ist die Anspannung. Haltet sie für zwei Sekunden – dann lasst Arme und Fäuste komplett los, lasst sie wie nasse Klamotten rechts und links auf die Oberschenkel fallen – platsch!«

Er schaut sich kurz um, schließt dann die Augen wieder. »Beim nächsten Mal nicht langsam sinken lassen, sondern fallen lassen – zack! Okay. Was ihr jetzt fühlt, was sich in euren Armen und Händen ausbreitet, das nennt man Entspannung ... genießt das Gefühl der Entspannung in den Armen und Händen ... wunderbar ...« Man hört die vier Personen atmen, dann spricht Jonathan erneut. »Was jetzt kommt, ist gemein, denn gerade wenn es schön wird, machen wir die Aktion noch einmal. Also bitte: Nehmt eure Arme nach oben, presst sie an den Oberkörper, ballt die Fäuste, spannt alle Muskeln an in Unter- wie Oberarmen, bis es weh tut und vibriert ... zwei Sekunden halten ... diesmal bitte auf *einen* Schlag in den Schoss fallen lassen – zack – und ahhh, wunderbar, die Entspannung fühlen, die sich erneut ausbreitet ...« Jonathan ist für längere Zeit ruhig, schließlich hört man Martin murmeln: »Mehr bräuchte ich gar nicht – fühlt sich jetzt schon gut an!«

Nach einiger Zeit spricht Hannah. »Während unsere Augen geschlossen bleiben, nehmen wir den nächsten Bereich in Angriff. Dieses Mal gehen wir ganz nach oben, ihr habt es ja gelesen: Konzentriert euch auf euer Gesicht, denkt ans Atmen, und macht eine schreckliche Grimasse, während der ihr zugleich das Kinn ganz nach hinten schiebt, so dass euer Kopf ganz im Nacken ist – *jetzt*!« Auch sie führt die Schritte durch und fährt mit gepresster Stimme fort. »Haltet diese Spannung für einen Moment ... weiteratmen ... und jetzt auf *einen* Schlag loslassen!« Mehrere Seufzer sind in der Küche zu hören.

»Fein!«, sagt Hannah, »ihr fühlt die Entspannung in eurem Gesicht und im Nacken, und ihr fühlt sie noch immer in euren Händen und Armen.« Auch Hannah führt ihren Part ein zweites Mal mit der Gruppe durch, und auch dieses Mal entsteht nach dem zweiten Durchgang eine längere Pause, weil alle den angenehmen Zustand genießen.

Dann seufzt Martin: »Also gut. Wenn es am schönsten ist ... ich bin dran ... jetzt entspannen wir unseren Rumpf. Auf mein

Kommando atmet ihr gleich tief ein – ich auch –, dieses Mal halten wir aber die Luft bewusst an, während wir dabei die Schulterblätter im Rücken möglichst nah zusammen und außerdem den Bauchnabel nach innen zur Wirbelsäule ziehen. Bereit? *Und los*!« Man hört ein Schnaufen, Stöhnen und Prusten im Raum. Schließlich sagt Martin mit gepresster Stimme »Wenn es jetzt richtig spannt, dann haltet das für zwei Sekunden und lasst auf einen Schlag los.« Vier Menschen atmen laut aus, man hört, wie alle einige Male schwer durchatmen. Martin begleitet die Situation mit einigen weiteren Worten: »Ihr fühlt, wie sich Rumpf, Schultern und Bauchmuskeln entspannen.« Nach einem Moment der Stille leitet er sich und die anderen zum zweiten Durchgang an. Die Pause danach erscheint noch länger als die Pausen zuvor.

Am Ende spricht Achim mit tiefer, fester Stimme: »Nun kommen wir ganz nach unten, zu unseren Füßen und Beinen. Was wir gleich tun werden, ist Folgendes: Wir drücken die Beine ganz fest in die Unterlage, hier also gegen den Fußboden, während wir zugleich die Zehen in Richtung unserer Nasenspitzen ziehen.«

»Der eigenen?«, fragt Martin, und alle kichern.

Achim bleibt unbeirrt: »Besser ja. Also: Beine Richtung Fußboden drücken, zugleich Zehen Richtung Nase ziehen – *jetzt*!« In der Küche sind leise Geräusche zu hören, Achim sagt mit etwas angespannter Stimme »Wir halten diese Spannung ... spüren, wo es zieht und drückt ... überall Anspannung in Schenkeln, Waden und Füßen ... und nach einigen Sekunden auf einmal loslassen!« Wieder seufzen alle beim Loslassen, und wieder führt Achim nach kurzer Pause die Übung zum zweiten Mal durch.

In die dann beginnende Pause hinein erklingt leise die Stimme von Jonathan. »Jetzt haben wir Arme, Hände, Gesicht, Schultern, Nacken, Bauch, Beine und Füße entspannt. Den ganzen Körper. Genießt das Gefühl der Entspannung noch für zwei bis drei Minuten, fühlt in euren Körper hinein. Wenn ihr mögt, könnt ihr eine der Atemübungen von vorhin anschließen.«

Nach einigen Minuten übernimmt Hannah. »Nach und nach wieder zu uns anderen zurückfinden ... lasst euch Zeit ... am Schluss wieder tief durchatmen, die Augen öffnen und räkeln!«

Nur langsam wird es in der Küche lebendig, erst nach zwanzig Sekunden öffnet auch Achim die Augen. »Ich glaube, ich kündige und mache nur noch so was!«

Martin lacht: »Ein Naturtalent! Achim wird ins Kloster gehen!« Hannah ergänzt freundlich: »Von wegen, bei dir klappt so was nicht!« Jonathan sagt sachlich: »Man muss ganz klar sagen – was immer ihr beim ersten Mal erlebt, beim zehnten oder beim fünfzigsten Mal wird es noch deutlich intensiver.«

Hannah kennt ihren Mann, schaut ihn warnend an und tritt ihn unter dem Küchentisch: »Sag jetzt bloß nix Falsches!« Achim grinst.

»Na?«, fragt Jonathan in die Runde. »Wie war das, verglichen mit den Atemübungen?«

»Erst irgendwie anstrengender – dauernd wieder etwas tun müssen, und so. Aber am Ende war es intensiver für mich«, meint Achim. Auch Martin und Hannah Dampf nicken. »So ähnlich war es bei mir auch«, sagt Martin.

»Prima«, kommentiert der 19-Jährige. »Meint ihr, dass ihr es auch allein könnt?«

»Was?«, fragt Martin überrascht.

»Na, darum geht's doch – dass ihr das können möchtet. Ohne einen Kurs oder eine CD. Nehmen wir uns noch zehn Minuten Zeit?«

Die drei anderen schauen erst perplex, dann nicken sie. »Mein Vorschlag«, sagt Jonathan, »damit es sitzt: Wir machen eine weitere Runde, so wie gerade eben. Aber erstens sprechen wir weniger laut, nur noch Stichworte. Und zweitens tauschen wir die Themen«, er lächelt Achim an, »damit hat jeder zwei der vier Themen schon mal aktiv geübt.« Achim grinst, und Jonathan fährt fort: »Diesmal haben Sie die erste Einheit, Achim, ich die zweite, dann Hannah, dann Martin. Und nur noch Stichworte, okay?«

Alle nicken, setzen sich zum vierten Mal an diesem Abend bequem hin und schließen die Augen. Martin beginnt mit langsamer Stimme: »Mit den Körpern auf den Stühlen ankommen ...« Etwas später ergänzt Achim »... von außen nach innen gehen ...« Noch später sagt Hannah in den Raum hinein »... einfach eine Weile nur die eigene Atmung spüren ...«

Die nachfolgende Pause dauert etwas an, dann spricht wieder Achim: »Arme gegen den Oberkörper pressen, Fäuste ballen, Ober- und Unterarm anspannen, halten, bis es fast weh tut ... – dann zack!« Wie in Zeitlupe sieht man in den nächsten Sekunden alle vier diese Abfolge langsam durchführen. Keiner spricht. Etwas später sagt Achim einfach nur »nochmal ...«, und der gleiche Ablauf folgt erneut.

Jonathan übernimmt den nächsten Teil: »Grimasse ... Kinn nach hinten drücken ... atmen ... Spannung halten ... loslassen ...« Nach dem zweiten Durchgang folgt Hannah, ebenfalls kurz: »Tief einatmen und Luft anhalten ... Schulterblätter zusammenziehen ... Bauchnabel zur Wirbelsäule ... *jetzt*!« Zum Abschluss gibt Martin zweimal Anweisungen für Beine und Füße, danach ist es sehr lange still. Schließlich fordert Jonathan alle zum Räkeln, Durchatmen und Augen öffnen auf.

»War gut, das nochmal zu machen!«, sagt Martin dann, und Hannah und Achim nicken anerkennend. »Mann!«, sagt Achim. »Das funktioniert wirklich!«

Hannah streckt sich wieder und schaut in die Runde: »Joni, einen hast du noch, oder?« Jonathan nickt. Hannah schaut sich um: »Was haltet ihr davon, erst mal einen Spaziergang zu machen? Nach all dem Herumsitzen und Nichtstun?«

Sofort sind alle auf den Beinen, und als sie zur Tür rausgehen, fragt Martin seinen Neffen: »Kennste den? Zwei Mütter von 19-jährigen Söhnen unterhalten sich. Was macht denn deiner so, nach der Schule? Oh, der meditiert jeden Tag mindestens acht Stunden! Super, sagt die andere, das ist doch viel besser als rumsitzen und nichts tun!«

Kichernd zieht Jonathan die Tür hinter sich zu: »Wieso sind die Jungs in deinem Beispiel gerade 19?«

AT müsste SH heißen

Die vier schlendern über die herbstlichen Felder, sie genießen die Ruhe und die angenehme Stimmung der untergehenden Sonne. Nachdem sie in einen Waldweg eingebogen sind, der in langem Bogen zurück zum Haus führt, überlegt Hannah: »Sag mal, Joni, wenn du noch einen dritten Programmpunkt für uns hast – meinst du, du könntest uns hier draußen schon über die Hintergründe informieren? Dann kommen wir zurück und können direkt in die Übung einsteigen, du hättest früher ›Feierabend‹, was deine Lehrtätigkeit mit uns angeht!«

Jonathan, der draußen bisher wenig gesprochen hat, stimmt seiner Tante zu. »Klar, ich kann euch zum nächsten Thema ein paar Grundlagen liefern, während wir zurückgehen. Ist euch das auch recht?« Martin Dampf und Achim Bohn nicken.

»Perfekt. Also: Ein dritter Weg, sich zu entspannen, ist das Autogene Training. Ich habe es ausgesucht, weil es wie auch die PMR zu den ältesten und beliebtesten Methoden gehört. Es gibt natürlich viele andere – aber nach meinen Recherchen vom letzten Jahr genügt es eigentlich, wenn Leute zwischen Atemübungen, PMR und AT wählen können. Wenigstens eins davon war bisher für jeden geeignet, dem ich meine Blätter zum Ausprobieren gegeben habe.«

Hannah nickt. »Das geht mir im Coaching genauso. Wenn ein Klient durch die Atemübungen nicht gut entspannen kann, zeige ich ihm die Muskelentspannung. Oft verbinde ich das auch miteinander, dann nehme ich die Muskelentspannung als

Einstieg. Damit kann man rasch von Action auf Ruhe umschalten. Wenn die Leute durch das PMR etwas entspannt sind, lasse ich sie einige Minuten Atemübungen durchführen. Schließlich hänge ich noch ein oder zwei Elemente aus dem Autogenen Training dran – das führt oftmals noch tiefer.«

»Das ist interessant«, sagt ihr Neffe, »das habe ich ein paarmal gehört: AT scheint mehr Zeit zu brauchen, bis man einen Effekt merkt, dann aber eine tiefere Entspannung zu bewirken. Du bestätigst das also?«

Hannah nickt. »Ja, jedenfalls nach meiner persönlichen Erfahrung. Deshalb kombiniere ich das so gerne. Das habe ich von Wilhelm Gerl und Burkhard Peter gelernt.«

»Könnt ihr mal mit dem Fachsimpeln aufhören und auch die Laien mit einbeziehen?«, meckert Martin.

Jonathan muss lachen: »Okay. Danke, dass du mich als Experten ansiehst! Ich erzähle euch mal etwas zu den Hintergründen des Autogenen Trainings. Ihr habt ja jetzt schon gehört: Man lernt es etwas langsamer, dafür geht es nachher tiefer. Das verwundert nicht, wenn man weiß, woher es kommt.«

Achim macht eine ungeduldige Geste, während er über eine Wurzel steigt: »Na los – dann lass uns mal hören!«

»Bei den Atemübungen habt ihr erlebt, dass man ruhiger wird, wenn man sich auf sich und den regelmäßigen Rhythmus des eigenen Atems konzentriert. Beim PMR habt ihr gespürt, dass ihr euch entspannt, indem ihr den Unterschied zwischen Anspannung und Entspannung fokussiert.«

Achim macht erneut die gleiche Geste: »Ja, und?«

Jonathan lächelt. »Wie man an Achim merkt, hält die Wirkung bei Anfängern nicht gleich den ganzen Tag an.« Hannah prustet, Martin grinst. Jonathan fährt fort. »Also zum Prinzip des Autogenen Trainings: Professor Schultz hat das entwickelt, übrigens ebenfalls Anfang der 1930er Jahre, in Berlin. Er hat ursprünglich zum Thema Hypnose geforscht – aber als die Nazis kamen und Hypnose pfui fanden, hat Schultz nicht etwa andere Dinge getan – er hat es nur anders genannt. Hypnose war geächtet – aber Autogenes Training war harmlos, weil unbekannt.«

»Soll das heißen, dass man eigentlich Hypnose lernt, wenn man AT lernt?«, fragt Martin ungläubig.

»Hypnose nicht – Selbsthypnose schon, je nachdem, wie man es dann anwendet«, erläutert Jonathan seinem Onkel. »Also«, fährt er fort, »Schultz hat sich schon seit dem Ersten Weltkrieg mit Hypnose beschäftigt. Er hat sehr viele Leute befragt, wie sie sich in Trance gefühlt haben. Er bekam Dutzende von verschiedenen Antworten. Dabei tauchten einige Antworten immer wieder auf: ›Ich habe mich immer schwerer gefühlt‹ und ›Mir wurde immer wärmer‹ haben praktisch alle berichtet. Das ließ sich verbinden mit Meßergebnissen, bei denen der Muskeltonus in Trance geringer wurde – ihr erinnert euch: Das Maß für die Anspannung der Muskeln. Schultz nahm an, dass diese Veränderung die körperliche Seite des regelmäßig geschilderten Schweregefühls war. Außerdem wurde bei Menschen in Trance die Peripherie, also Hände und Füße, stärker durchblutet. Schultz war der Meinung, das passe zu den häufigen Berichten von Wärme.«

Als sie über einige querliegende Bäume klettern müssen, sind alle ruhig. Dann sagt Martin: »Also ... dieser Professor hat Leute hypnotisiert ... die haben gesagt, sie haben sich schwer und warm gefühlt ... und er konnte auch messen, dass die Muskeln locker wurden, also schwer, und dass die Gefäße sich erweitert haben, also warm ... richtig?«

Jonathan nickt: »Genau.«

Martin schüttelt den Kopf: »Ich sehe da aber keinerlei Verbindung!«

»Klar«, sagt Jonathan. »Die kommt ja erst. Der Punkt ist, dass zur damaligen Zeit nur etwa zehn Prozent aller Menschen als hypnotisierbar galten. Das war vor Milton Erickson, dem amerikanischen Psychiater, von dem ich vorhin erzählt habe.«

»Ja und?«, will Martin wissen. Jonathan ergänzt seine Geschichte. »Die übliche Methode des Hypnotisierens damals war, sich vor jemand hinzustellen und sehr oft sehr streng zu sagen: ›Schauen Sie in meine Augen ... gehen Sie in Trance!‹ Schultz dachte, dass das Problem daran sei, dass das viel zu abstrakt war. Selbst wenn jemand wollte – wie sollte er das machen, ›in Trance gehen‹? Das war ja kein Schulfach!« Hannah lacht.

Jonathan kommt zum Schluss seiner Erklärungen: »Wenn es also schwer war, das Kommando ›Geh in Trance!‹ umzusetzen, weil die Vorstellung von Trance fehlte, war es dagegen leicht, sich vorzustellen, ›mein rechter Arm wird schwer‹. Diese Worte, Arm und schwer, verstand jeder. Ebenso Beine ... oder Wärme ... das waren alles Dinge, die jeder kannte. Schultz hat also mit dem Autogenen Training den Menschen einen neuen Text vorgesetzt. So wie er bei der Hypnose ›Gehe in Trance ... gehe in Trance ... *jetzt* in Trance ...!‹ gerufen hatte, so formulierte er jetzt das *Ergebnis* der Trance in einfachen Worten. Die ersten Formeln im AT lauten ›Dein rechter Arm ist schwer, ganz schwer‹ beziehungsweise ›Dein rechter Arm ist warm, ganz warm‹. Das wird einige Dutzend Mal wiederholt. Schultz hat die Hypnosetechnik verwendet, aber verständliche Begriffe eingesetzt, und plötzlich konnte jeder sich in diesen Zustand versetzen.«

»In Trance? Sich selbst?«, fragt Achim verblüfft. »Aber das wäre doch ... das würden doch alle Menschen dauernd anwenden, wenn sie wüssten, dass es so einfach ist!?«

»Da haben Sie recht – es ist erstaunlich, dass es nicht häufiger angewandt wird. Es war damals zunächst eine Psychotherapietechnik. Heute ist es, wie wir alle wissen, eines der häufigsten Entspannungsverfahren. Es nur zur Entspannung zu nützen, ist eigentlich schade – so als würde man mit einem BMW nur im ersten und zweiten Gang fahren. Es ist dafür sehr gut geeignet, wie wir nachher sehen werden – aber nur das Entspannen allein nützt nicht das Potenzial, das es darüber hinaus zur Selbsthypnose besitzt.«

Achim hakt nach: »Heißt das, wir lernen nachher in der Küche Selbsthypnose?«

Jonathan zuckt die Achseln: »Was ich in der Küche zeigen möchte, ist erst einmal der Weg hinein in die Trance. Also der Teil des AT, den man zum Entspannen nützt, zum ›Umschalten‹, so hat Schultz das genannt. Mit Selbsthypnose habe ich mich letztes Jahr nicht so ausführlich beschäftigt – mir war nur wichtig zu zeigen, dass man diese Verfahren allein und ›vom Papier‹ erlernen kann, oder aus einem Buch – und man nicht in einen Kurs gehen muss.«

»Wenn ich mich recht erinnere«, wirft Hannah ein, während das Haus wieder vor ihnen auftaucht, »dann hat Schultz selbst doch genau dafür gekämpft: Dass man sein AT autogen trainiert, eben von sich, oder von innen heraus – und gerade eben ohne Anleitung, Sprecher, Lehrer oder Trainer – du knüpfst doch eigentlich an seinem Grundgedanken an, oder?«

»Korrekt«, sagt Jonathan trocken. »Schultz wollte ein Verfahren, das es jedem Menschen ermöglichte, in einen Trancezustand zu gehen, ›umzuschalten‹, und das jeder unabhängig von der Hilfe anderer erlernen könnte.«

»Super – das muss ein cooler Typ gewesen sein!«, meint Martin, worauf Hannah einen Hustenanfall bekommt und Jonathan »Na ja« murmelt.

»Wieso?«, fragt Martin, aber bevor Jonathan antworten kann, sagt Hannah rasch: »Ihr könnt den später ja noch googeln, den Professor Schultz. Jetzt wollen wir doch lieber sein Verfahren erlernen, nicht?« Sie schaut Jonathan streng an, der versteht die Botschaft und ist still. Sie setzen sich in die Küche, nachdem alle Bedürfnisse nach Badbenutzen und Händewaschen erledigt sind.

»Bestimmt hast du wieder Zettel für uns, oder?«, lächelt Martin.

»Logo«, sagt Jonathan, der bereits in seinem Rucksack wühlt. »Hier, bitte!« Er teilt jedem ein weiteres Blatt aus. »Ihr seht schon, für die Entspannungsseite des AT steht nicht allzu viel drauf – unter uns gesagt, habe ich das aus einem Buch mit 366 Seiten gelernt. Auf den ersten dreißig Seiten standen diese sechs Schritte – das restliche Buch habe ich nie mehr gelesen. Und, ganz ehrlich, meistens benütze ich für mich nur die ersten beiden Schritte, den Rest brauche ich gar nicht, um mich zu entspannen.«

»Hört sich nicht schwer an«, meint Achim, der sein Blatt studiert. »Das sind ja nur zwei Sätze! Warum lernt das dann nicht jeder?«

Jonathan zuckt mal wieder mit den Achseln: »Wie gesagt ... es dauert ein Weilchen, bis die ersten Effekte zu merken sind. Vermutlich geben manche zu früh auf.«

Hannah ergänzt: »Außerdem gibt es Interessengruppen, die versuchen, diese simplen Dinge als Herrschaftswissen darzustellen, das am besten nur bei ihnen für teures Geld erlernt werden darf.«

»Wer denn?«, wundert sich Martin. »Nun, es gibt da zum Beispiel eine Deutsche Gesellschaft für Ärztliche Hypnose und Autogenes Training«, räuspert sich Hannah.

»Für diese sechs Sätze?« Martin echauffiert sich.

»Nun ja ...«, meint Hannah und schaut Jonathan an. Der versteht und lenkt zum praktischen Teil über: »Okay. Let's do it!«, er schaut auf sein eigenes Blatt, dann zu den anderen. »Wenn wir das korrekt machen wollten, dürften wir heute nur den ersten Satz üben. Seht ihr den?« Die anderen nicken. »Das ist etwas karg – aber so wäre der klassische Weg. Ich schlage vor, wir machen uns zum Einstieg mit einer der Übungen von vorhin etwas ruhiger. Dann ist es leichter, schon beim ersten oder zweiten Mal einen Effekt des AT zu spüren, als wenn man direkt mit dem AT beginnt – gerade wenn man darin *keine* Übung hat. In Ordnung?«

»Ja ... aber das ist trotzdem ein bissl wenig, finde ich ...«, murrt Martin.

»Können wir nicht wie vorhin jedem eine Aufgabe geben? Vielleicht machen wir ja nicht alle sechs Schritte, aber jeder übernimmt einen der Schritte?«, stimmt auch Achim ein.

Jonathan hebt die Hände flach in die Höhe: »Mir ist das recht. Dann starten wir mit drei Minuten jeder für sich. Das müsst ihr ja jetzt draufhaben.«

»Was?«, fragt Achim entgeistert.

»Klar. Der Gedanke ist doch, dass man keine Anleitung benötigt«, Jonathan bleibt ruhig, »jeder kann ja mal kurz sagen, wie er jetzt zur Entspannung umschalten würde, dann wird es vielleicht nochmal klarer.«

Hannah springt ein. »Ich würde mich natürlich erst mal stabil hinsetzen, Füße solide auf den Boden, Augen schließen und durchatmen. Dann würde ich wie bisher mit meiner Aufmerksamkeit von außen nach innen gehen, vom Wind draußen über den Duft von Brot und Käse hier in der Küche – ihr nehmt euch einfach, gell! – hin zu meinem Körper auf dem Stuhl, meiner Atmung, meinen Gedanken.«

»Ach so«, sagt Achim.

Hannah fährt fort: »Dann würde ich vermutlich einfach Arme und Fäuste anspannen, bis sie zittern, und loslassen ... nach 15 Sekunden nochmal ... dann längere Zeit die Entspannung fühlen, die sich ausbreitet, und zugleich meinen Atem beobachten ... ich glaube, dass mir das reichen würde ... vielleicht würde ich dann noch zu mir sagen: Ich bin – im Frieden. Aber das würde ich erst mal nicht planen.«

Jonathan nickt und schaut die beiden Männer an: »Genau so habe ich das gemeint. Jeder für sich, jeder seine eigene Mischung, keiner mehr, der hilft. Das ist das Ziel.« Zögernd nicken Achim und Martin.

»Fein«, sagt Jonathan. »Ich würde dann, nachdem wir ruhiger geworden sind, mit dem ersten Satz des AT beginnen. Der ist ja nicht schwer: ›Meine Arme und Beine sind angenehm schwer‹. Den werde ich einige Male sagen. Danach folgt immer die autosuggestive Formel: ›Ich bin vollkommen ruhig und gelassen‹ ... das mache ich einige Male ... ihr geht in Gedanken mit ... im echten AT-Kurs würden wir am ersten Abend nur das machen, sonst nichts. Aber ich finde es gut, Achims Vorschlag zu folgen und etwas mehr zu machen. Dann würde wieder Hannah nach mir mit dem nächsten Teilsatz folgen, dann Martin, und dann Sie, Achim. Lest euch also nochmal den jeweiligen Text durch – viel ist es ja nicht.« Alle grinsen, schauen kurz auf ihr Blatt, dann wieder zu Jonathan.

»Na dann«, sagt dieser trocken, setzt sich selbst stabil auf dem Stuhl zurecht und schließt die Augen. Die anderen machen es ihm nach. Martin und Achim öffnen nach einer Pause ihre Augen wieder und schauen Jonathan erwartungsvoll an. Der schweigt nur und sitzt ruhig atmend da. Die Blicke der beiden Männer treffen sich – dann formt Martin mit seinen Lippen unhörbar »Je-der für sich al-lein!«. Achim nickt, beide schließen die Augen, und für einige Zeit ist es ganz still.

Schließlich beginnt Jonathan langsam und deutlich zu sprechen. »Meine Arme und Beine sind angenehm schwer ... meine Arme und Beine sind sehr schwer ... Arme und Beine sind schwer ... angenehm schwer ... Arme und Beine sind schwer wie Blei ... ich bin vollkommen ruhig und gelassen ...« Dann spricht er die Sätze so oder ähnlich erneut, in der gleichen ruhigen Sprechweise. Das wiederholt er noch zweimal und fügt dann an: »Jetzt kann jeder von uns diese Sätze für sich allein noch ein oder zwei Minuten denken und fühlen. Danach folgt Hannah mit dem zweiten Teil, und so weiter.« Danach ist er still.

Nach einigen Minuten spricht Hannah. Sie redet leise, aber klar, betont die Worte, legt Gefühl in den kurzen Text. »Meine Arme und Beine sind wohltuend warm ... meine Arme und Beine sind angenehm warm ... Arme und Beine ... warm, ganz warm ... angenehm warm ... meine Arme und Beine sind wohltuend, angenehm warm ... ich bin vollkommen ruhig und gelassen ...« Auch sie geht diese Reihe kurzer Sätze einige Male durch und schließt ähnlich wie Jonathan ab: »Jetzt jeder für sich ... Wärme ... ein paar Minuten ... sagt euch die Sätze, und fühlt die Wärme in den Armen und Beinen ... danach kommt Martin ...« Wieder ist es still in der Küche, bis Martin nach einigen Minuten spricht.

»Mein Atem fließt ruhig und gleichmäßig ... der Atem fließt ... ruhig ... gleichmäßig ... mein Atem strömt ruhig und gleichmäßig ... ein und aus ... er fließt ruhig und gleichmäßig ... mein Brustkorb hebt und senkt sich ... der Atem fließt ... ruhig und gleichmäßig ... ich bin vollkommen ruhig und gelassen ...« Nach einigen weiteren Durchgängen mit ähnlichen Worten fordert auch Martin dazu auf, dass jeder im Stillen diese Gedanken weiter verfolgt, bis Achim übernimmt.

Es scheint lange zu dauern, bis Achim spricht. »Ich komme zur vierten Übung des AT ... ich achte auf meinen Puls ... mein Herz schlägt ruhig, kräftig und gleichmäßig ... mein Herz schlägt ruhig, kräftig und gleichmäßig ... der Puls ist ruhig ... und gleichmäßig ... Puls ... Herzschlag ... ruhig ... kräftig ... gleichmäßig ... mein Herzschlag ist ruhig ... kräftig ... gleichmäßig ... ich bin vollkommen ruhig und gelassen ...« Achim geht die Sätze mehrmals langsam durch, dann sagt auch er: »Jetzt jeder für sich ...«, und Stille senkt sich über die Küche.

Nach längerer Zeit hört man Jonathan sprechen: »Wunderbar ... wo auch immer wir inzwischen sind oder waren ... wir kommen jetzt mit unserer Aufmerksamkeit zurück in die Küche von Martin und Hannah ... wir nehmen die Übungen zurück ... dazu räkeln wir uns, atmen tief durch und öffnen die Augen!« Erst zehn Sekunden später beginnt Martin sich zu bewegen, danach folgen die anderen.

»Wie war's?«, fragt Jonathan in die Runde. Er muss zunächst auf eine Antwort warten. Dann meint Martin: »Ich war ganz weit weg ... zwischendrin war ich nicht mal sicher, ob ich meinen Teil sagen oder verpassen würde ... es war sehr intensiv ...«

Hannah nickt: »Bei mir auch. Wobei es gut war, dass wir zuerst mit den drei Minuten eingestiegen sind, die jeder für sich hatte, mit den Teilen der anderen Verfahren – sonst wäre es vermutlich nicht so einfach gewesen, nur über ›Mein Arm ist schwer‹ so tief zu entspannen. Aber die Kombination, die war sehr wirkungsvoll!«

Achim holt Luft: »Also ... beim Start ... als du etwa tausendmal gesagt hast, dass deine Arme und Beine schwer sind ... Joni ... da wäre ich fast explodiert, weil ich immer unruhiger wurde statt ruhig und gelassen ... aber dann fiel mir ein, was wir am Anfang heute gesagt haben: Alles, was passiert, einbauen! Also habe ich zu mir gesagt, wunderbar, ich bin gerade unruhig – super Gelegenheit für Autogenes Training. Und nach noch ein paar weiteren Atemzügen, und als Hannah etwas von warm erzählt hat, ging es besser, und ich wurde ruhiger. Nicht super ruhig, insgesamt, aber schon angenehm ruhig.«

Alle nicken, schauen sich an, räkeln sich nochmal. »Das war ein langer Nachmittag!«, seufzt Hannah. »Ich glaube, jetzt sollten wir ein Spiel spielen, oder noch besser, Sport machen, oder ...«

»... einfach nur schlafen gehen?«, fragt ihr Mann.

Jonathan überlegt: »Ich bin auch müde. Ich denk, ihr habt jetzt eure vier Zettel über die Grundlagen, über das Atmen, über PMR und über AT. Damit könnt ihr üben – ich empfehle euch, gerade in den ersten Tagen mehrmals am Tag für fünf Minuten eine Übung zu machen, das wirkt am besten. Es wird nicht jedes Mal gleich gut klappen, aber wenn ihr drei pro Tag macht, wird immer eine dabei sein, die gut gelingt, und das motiviert zum Weitermachen.«

Achim steht auf und nimmt seine Blätter. »Ich werde ganz sicher üben – danke für deine Zeit und für die Zettel! Ich hatte bis heute nicht gewusst, dass man das auch ganz allein lernen kann. Und ich hätte auch nicht gedacht ...«

»... dass ich das überhaupt kann!?«, fallen Jonathan, Martin und Hannah im Chor ein.

Alle vier lachen.

»Sag mal, wenn ich jetzt Selbsthypnose lerne, sie aber nur zum Entspannen nütze – das ist doch auch doof?«, fragt Achim an der Tür. »Jetzt übe erst einmal«, verabschiedet ihn Hannah. »Es kommen ja noch zwei Stationen ... wer weiß ...«

»Im Ernst? *Geil*! Gute Nacht!«

»Gute Nacht!«

VI. Der Scheinwerfer: Selbsthypnose einsetzen

Hannah Dampf strahlt, während sie den Volvo nach München hineinlenkt. Achim Bohn und Martin Dampf schauen abwechselnd auf Hannah und nach draußen. Dann wechseln sie einen Blick und rollen resigniert die Augen. Auf der Höhe von Würzburg haben sie aufgegeben, Hannah zu fragen, wohin sie mit ihnen fährt. In Nürnberg hat Martin noch einmal nachgehakt, nur um ein vergnügtes »Nach München!« zu hören. Seither haben sich die Männer in ihr Schicksal gefügt.

Sie biegen nach Schwabing ein, und Hannah verkündet: »Noch fünf Minuten!« Kurz danach parkt sie den Wagen in der Konradstraße, und sie steigen aus. Während sich die Männer nach der langen Fahrt noch strecken und räkeln, geht Hannah bereits zielstrebig auf ein Gebäude zu. Sie klingelt, der Öffner summt, sie schiebt die Tür auf und verschwindet im Haus. Die Männer folgen ihr und sehen sie gerade noch durch eine Wohnungstür treten. Als sie ihr folgen, vorbei an dem glänzenden Bronzeschild, hören sie Hannah juchzen und sehen dann, wie sie einen braungebrannten Mann mit grauen Haaren umarmt. Martin runzelt die Stirn, beide gehen über das knarrende Parkett den Flur entlang, während die Umarmung andauert. »Hannah!«, hören sie. Und Hannah ruft: »Steve!«

Martin Dampf erstarrt: »Steve? Ist das dein Ernst?« Er tritt näher, während sich die beiden aus ihrer Umarmung lösen. Der andere Mann lächelt ihn strahlend an, und als Martin ungläubig »Steve Wilhelm?« fragt und seine Hand ausstreckt, ignoriert dieser die Hand und nimmt ihn ebenfalls in den Arm: »Martin Dampf! Wie geht es Ihnen? Schön, dass wir uns endlich persönlich kennenlernen!«

Martin erkennt die Stimme, den bayerischen Tonfall, die Melodie. Spontan erwidert er die Umarmung, löst sich dann, schaut den anderen an: »Ebenso! Bisher kenne ich Sie nur vom Telefon! Ich freue mich!«, sagt er herzlich.

»Ich mich auch, Martin! Wie lange ist das her? Damals haben Sie einen Markt geführt, nicht wahr?«

»Ja«, Martin Dampf nickt. »Heute bin ich Geschäftsführer, das ist zwei Führungsebenen höher. Unser Coaching liegt ja bestimmt vier Jahre zurück.«[2]

Steve Wilhelm nickt: »Ja, das waren gute Gespräche, ich erinnere mich daran. Sie waren total engagiert und hatten eine schnelle Auffassungsgabe – das Coaching mit Ihnen hat mir wirklich großen Spaß gemacht.« Während Martin strahlt, dreht Steve sich zu Achim Bohn und drückt dessen Hand. »Hallo, ich bin Steve Wilhelm, am besten sagen Sie auch Steve zu mir, wie die anderen.«

»Okay, ich bin Achim«, sagt Achim verdutzt.

Wilhelm lächelt ihn an und nickt, dann wendet er sich allen zu: »Ich mache uns wohl am besten erst einmal einen richtig guten Kaffee. Hannah – du nimmst Tee, wie früher?«

»Oh, danke, toll, dass du das noch weißt! Ehrlich gesagt, bin ich schon seit einiger Zeit zur Kaffeetrinkerfraktion übergelaufen, Kaffee also gerne auch für mich.«

Steve Wilhelm zeigt auf eine Tür: »Fein, dann geht schon mal dort rein und nehmt Platz, ich bin gleich da«, und verschwindet durch eine andere Tür weiter vorn im Flur. Die drei Gäste betreten einen großen hellen Raum, in dem einige Stühle stehen, ein großer Schreibtisch, ein noch größeres Regal, voll-

---

2 *Vgl. Fritzsche, T. (2016): »Wer hat den Ball? Mitarbeiter einfach führen.«*

gestopft mit Büchern, stehend, liegend, übereinander. Keramikfrösche sitzen im Regal, einer auf dem Schreibtisch. Verschiedene, teilweise ziemlich alte Fotos hängen gerahmt an den Wänden.

»Das ist ja irre!«, sagt Martin halblaut zu Hannah. »Erst neulich habe ich wieder mal an ihn gedacht!«

»Wer ist denn das?«, fragt Achim.

»Das ist der Typ, der mein Leben als Führungskraft gerettet hat«, flüstert Martin. »Ich hatte, als ich mal überhaupt keinen Bock mehr auf das Thema Mitarbeiterführung hatte, ein super hilfreiches Coaching bei ihm.«

»Sag bloß, dass das der Eine-Million-Euro-Coach ist, von dem du mal erzählt hast?!«, fragt Achim und blickt sich noch einmal im Zimmer um.

»5000 Euro«, korrigiert Martin lachend, dann schaut er erschrocken zu Hannah: »Was kostet das denn überhaupt, heute?«

Hannah schüttelt den Kopf. »Nichts. Er arbeitet inzwischen gar nicht mehr, sondern genießt das Leben und die Zeit mit der Familie. Das heute macht er mir zuliebe – und ich glaube, auf eine bestimmte Art auch dir zuliebe, er hat dich damals echt ins Herz geschlossen. Das war kein Schmus, vorhin.«

»Hm«, versucht Martin seine Gesichtszüge neutral zu halten. »Und wieso duzt er dich, Hannah?«, möchte Achim noch wissen. Martin Dampf antwortet für seine Frau: »Die beiden kennen sich von einer längeren Ausbildung. Unter Psychologen duzt man sich wohl recht rasch.« Hannah lächelt und nickt.

Steve Wilhelm kommt mit einem Tablett voll dampfender Becher und einem Teller mit Plätzchen zurück und stellt alles auf einen Beistelltisch: »Bedient euch einfach!« Er nimmt sich einen Becher und lässt sich in einen bequemen Sessel sinken. »Wie war die Fahrt?«

Während des anschließenden Small Talks überlegt Martin, wie alt Steve wohl sein mag. Er sieht die vielen Lachfältchen, die hellen, wachen Augen, die braungebrannte Haut, und schätzt vorsichtig auf Anfang sechzig. Bei genauerem Hinschauen merkt er an der Haltung und manchen Bewegungen, dass er ziemlich danebenliegen könnte. Dann konzentriert er sich auf das Gespräch.

»Ihr habt also Interesse an Selbsthypnose und an Autosuggestion?«, fragt Steve Wilhelm gerade, und Martin räuspert sich und schaut vorsichtig zu Hannah.

Seine Frau lacht. »Das wissen die beiden noch gar nicht – aber ich glaube, dass sie offen dafür sind. Für unser aktuelles Thema ist das eine wunderbare Ergänzung. Ich habe ihnen vor gut zwei Monaten ein Paket zum Thema Stressmanagement zusammengestellt, sie wissen schon vieles und können sich inzwischen recht gut entspannen. Da wäre es eine Schande, auf halbem Weg stehen zu bleiben und ihnen dieses wirkungsvolle Instrument nicht in die Hände zu geben.«

»Allerdings«, nickt ihr Kollege. »Da hast du absolut recht.« Er wendet sich den beiden Männern zu. »Ihr könnt euch also schon entspannen? Seit wann übt ihr das? Klappt es verlässlich, oder nur manchmal?«

»Ziemlich verlässlich«, sagt Martin Dampf, und Achim Bohn ergänzt: »Wir haben das vor vier Wochen kennengelernt, seither übe ich fast jeden Tag.«

»Super!«, freut sich der Coach. »Das passt. Nach vier Wochen und bei regelmäßigem Üben seid ihr auf alle Fälle auf einem guten Weg. Ich denke, inzwischen merkt ihr den Unterschied zwischen Wachzustand und Entspannungszustand deutlich. Bestimmt hat Hannah auch erzählt, dass man in einem solch entspannten Zustand empfänglicher ist für Suggestionen, oder?« Die beiden Geschäftsführer schauen sich zögernd an.

»Hannah hatte das an ihren Neffen delegiert. Ich glaube, in dem Gespräch wurde so etwas mal kurz erwähnt«, sagt Achim vorsichtig, während Martin sich erinnert: »Autogenes Training soll ja so etwas wie Selbsthypnose sein ...?«

»Ja, das stimmt. Es hat das Potenzial – es kommt darauf an, wie man es anwendet. Eigentlich sind alle Verfahren, die man zum Entspannen verwenden kann, geeignet für Selbsthypnose. Man kann auch mit Meditation oder Achtsamkeitsübungen gut entspannen – man sagt, man begibt sich in einen veränderten Bewusstseinszustand«, erklärt Wilhelm. »Viele Wege führen nach Rom, heißt es. Übertragen bedeutet das: Viele Methoden helfen, zu entspannen und diesen speziellen Zustand zu erreichen.« Er schaut in die Runde. »Und sagt selbst – wenn ihr schon in Rom seid, egal, wie ihr hergekommen seid: Würdet ihr dann nur drei Tage im Hotelbett liegen, euch entspannen und wieder heimreisen?«

Alle schütteln den Kopf: »Natürlich nicht!«

»Eben! Ihr würdet einige Dinge unternehmen wollen! Das ist die Parallele: Wenn ihr schon mal in einem alternativen Bewusstseinszustand seid, könnt ihr ebenfalls einige Dinge unternehmen und nicht nur entspannen. Das ist der Punkt.«

»Und was genau?«, fragt Achim schließlich.

Der Fokus und die Bilder

»Nun, da gibt es eine ganze Menge von Anwendungsfeldern. Ich will euch heute verschiedene Grundstrategien zeigen, die euch helfen, eure Ziele leichter zu erreichen.« Steve Wilhelm sitzt weiterhin entspannt in seinem Sessel und trinkt aus seinem Becher, bevor er fortfährt. »Ein bedeutsamer Helfer ist zunächst der des Fokus. Ihr müsst wissen, der Mensch kann sich nur auf wenige Dinge gleichzeitig konzentrieren. Es ist also wichtig, mir bewusst zu überlegen, worauf ich fokussiere. Ein sehr kluger Kollege aus Heidelberg spricht hier schon seit langer Zeit vom sogenannten *Scheinwerfer der Aufmerksamkeit* – dabei geht es darum, dass unser Leben, unsere Stimmung, unsere Erwartungen sehr unterschiedlich sind, je nachdem, worauf wir unseren Scheinwerfer richten.«

Martin fragt nach: »Meinen Sie, dass ich mich, wenn ich mich auf Sie konzentriere, nicht zugleich auf die Bücher im Regal konzentrieren kann?«

»Ganz genau«, stimmt der Coach zu. »Und wenn Sie sich auf die Bücher ganz oben im Regal konzentrieren, können Sie nicht zur gleichen Zeit die Bücher weiter unten genauso gut wahrnehmen.«

»Ist das nicht banal?«, wirft Achim vorsichtig ein.

Steve Wilhelm nickt. »Ja, es ist banal als Erkenntnis, aber es ist extrem nützlich in der konsequenten Anwendung.«

Martin Dampf hebt die Hand: »Das ist der Punkt. Es ist einfach, aber wirkungsvoll. Erinnere dich an unser Beispiel mit dem Stau, Achim: Ich kann meinen inneren Scheinwerfer auf Verspätung ... Blamage ... Sinnlosigkeit ... Wut ... richten, oder aber ich kann mich auf Chance zur Ruhe ... Entspannung ... Verantwortung übernehmen ... Gelassenheit ... konzentrieren. *Beides ist möglich, aber nicht gleichzeitig*! Bisher habe ich meinen Scheinwerfer spontan und unreflektiert viel häufiger auf das Negative gerichtet – mit allen negativen Konsequenzen für mein Stressgefühl.«

Während Achim nachdenkt, nickt Steve Hannah anerkennend zu: »Du hast ihnen ja wirklich schon viele wichtige Punkte nahegebracht – Respekt!« Dann wendet er sich wieder den beiden Männern zu: »Der Heidelberger Kollege, Gunther heißt er, wird auch nicht müde, immer wieder zu betonen: Was immer du tust – es hat Auswirkungen! Genau wie Sie es sagen, Martin: Wenn Sie sich auf das Schlechte am Stau konzentrieren, werden Sie sich schlecht fühlen, wenn Sie den Scheinwerfer der Aufmerksamkeit auf die Vorteile des Staus richten, werden Sie sich besser fühlen – der Stau ist immer gleich, aber Sie haben es in der Hand, wie es Ihnen damit geht.«

»Ja ...«, meint Martin langsam, »aber das wussten wir eigentlich schon – wo ist die Verbindung zur Selbsthypnose?«

»Gute Frage! Konkrete Antwort: Unser Unbewusstes ist offener für Suggestionen, also für Anregungen, wenn wir entspannt sind. Wenn wir also im entspannten Zustand unseren inneren Scheinwerfer geschickt lenken, ist das entsprechend wirkungsvoller. Wir erhöhen praktisch die Wirkung, die das bewusste Lenken des Scheinwerfers auf uns hat, wenn wir das in entspanntem Zustand tun.« Steve Wilhelm macht eine kurze Pause, dann fährt er fort: »Ich möchte das noch mit einem weiteren Aspekt verbinden. Bestimmt wisst ihr schon, dass das Gehirn symbolisch gesehen ›in Bildern denkt‹, oder?«

Martin und Achim schauen etwas ratlos, weshalb Steve zunächst erläutert: »Bilder sind die Sprache des Gehirns – es versteht Bilder besser als Worte. Das bedeutet für euch: Wenn ihr etwas möchtet, macht euch ein inneres Bild davon und richtet dann euren Fokus darauf. Text geht auch – aber Bilder und Gefühle sind besser. Lasst uns ein Beispiel anschauen. Achim – welche wichtigen Ziele in Bezug auf Stress haben Sie denn?«

»Ich würde mich gerne über manche Beschlüsse von weiter oben nicht so aufregen ... und dann würde ich mich auch gerne etwas weniger verzetteln bei meiner Arbeit«, sagt Achim Bohn nach einem Moment des Nachdenkens.

»Wunderbar«, nickt Steve Wilhelm. »Hier haben wir zwei herrliche Beispiele. Wenn Sie das in der Form denken, werden Sie nicht besonders viel Erfolg damit haben.« Achim zieht irritiert die Augenbrauen hoch, Hannah lächelt, der Coach fährt fort: »Mich nicht aufregen und mich nicht verzetteln sind nur Worte, und außerdem auch noch Verneinungen.«

»Okay?«, erwidert Achim mit fragendem Blick.

Martin schlägt sich die rechte Faust in die linke Handfläche: »Mensch! Das hat uns doch Lasse schon erklärt! So ein Mist – das habe ich total vergessen, dabei war es wichtig!«

»Lasse?«, fragt der Coach, während Achim noch immer von einem zum anderen schaut. »Ja, Lasse. Wir hatten auch schon eine Station wie heute bei einem schwedischen Mentaltrainer. Der hat uns auch darauf hingewiesen, dass es wichtig ist, sich auf das zu konzentrieren, was man haben möchte – nicht auf den Fehler, und nicht auf die Katastrophe.«

»Richtig«, fällt es Achim wieder ein. »Wenn ich denke, ›Nicht die Bowlingkugel in die Rinne werfen!«, dann landet sie in der Rinne.«

Steve lacht und hebt die Hände: »Also, wenn ihr bei *dem* Lasse wart, an den ich gerade denke, dann habt ihr bestimmt eine ganze Menge zum Thema gehört – was kein Wunder ist, denn Spitzensportler und ihre Mentaltrainer beschäftigen sich genau mit solchen Fragen. Jedenfalls ist das ein prima Beispiel: Du musst dir vorstellen, wie die Bowlingkugel mit einem Schlag *mitten in die Pins reinkracht – dann* wirfst du sie nicht in die Rinne. Und zu den Themen Fokus und In-Bildern-Denken ist es eben auch sehr wichtig, dass wir nicht nur mit Worten sagen: ›Ich werfe die Kugel jetzt mitten rein!‹, sondern dass wir uns, bevor wir die Kugel werfen, ein Bild davon machen, wie sie mitten in die Pins knallt.«

»Würde das bedeuten, ich müsste mir ein Bild machen, wie ich vollkommen lässig die neuesten Beschlüsse des Vorstands anhöre? Und dabei sehen, wie ich lächle?«, fragt Achim.

Steve nickt: »Richtig. Lässig oder gelassen lächeln ... – auch nicht ironisch, sondern einfach voller Ruhe ... am besten *fühlen* Sie gleichzeitig noch, wie Sie die neuen Informationen hören und innerlich ruhig und entspannt bleiben. Wenn Sie das nicht nur jetzt machen, während wir uns unterhalten und in die Augen schauen, sondern später, wenn Sie das nächste Mal Ihre Entspannungstechnik anwenden – *dann* programmieren Sie Ihr Unbewusstes, das zu erreichen, was Sie gerne möchten.«

»Also, werde ich mir *das* bildhaft vorstellen. Ich bin gespannt! Und in Bezug auf mein Verzetteln müsste ich mir ausmalen, wie ich an meinem Schreibtisch sitze ... ganz ruhig und konzentriert *einen* Vorgang zu Ende bearbeite, bevor ich den nächsten beginne ... warte mal ... wenn ich mir das ausmale, sehe ich plötzlich auch, wie ich zu Katja ruhig, aber bestimmt

›Jetzt nicht!‹ sage, als sie mich etwas fragen möchte ... und wenn ich auf mein Gefühl achte, merke ich, dass ich ruhig und gleichmäßig atme ... und mich beim Arbeiten wohl fühle ... fast fühlt es sich an, als hätte ich einen Tunnelblick, der mich nur auf die Aufgabe achten lässt und auf sonst gar nichts!«

Achim spricht sehr langsam und entwickelt positive Ideen über seine Ziele, während Steve ihn ermutigend anschaut. »Sie sind offenbar ein Naturtalent, Achim!«, sagt er dann, »was Sie da aus dem Ärmel schütteln, gelingt nicht allen Leuten so rasch! Wenn Sie sich diese Dinge in Ihrem entspannten Zustand einige Male so intensiv ausmalen, werden Sie bald merken, dass sich in Ihrem Alltag etwas tut – dank Ihrer Selbsthypnose.«

Alle schweigen einen Moment lang, dann hakt Martin Dampf nach: »Also ist Selbsthypnose, wenn ich mir in entspanntem Zustand ausmale, was ich haben möchte, und versuche, das zugleich auch zu fühlen?«

Steve Wilhelm nickt: »So könnte man es beschreiben. Am besten verwenden Sie viele Sinne zugleich. In Achims Beispiel gerade könnte er zu sich selbst *sagen*: ›Ich erledige eines nach dem anderen, in aller Ruhe.‹ Zugleich könnte er *sehen*, wie er ruhig und konzentriert am Tisch sitzt, und schließlich könnte er seine Ruhe auch innerlich *fühlen*. Dann fokussiert er zu hundert Prozent auf sein Ziel und gibt damit diese Botschaft nach innen: *Dies ist, wohin ich möchte – bitte umsetzen!*«

Martin nickt langsam und nachdenklich. »Cool! Haben Sie noch mehr solche Tricks auf Lager?«

Soll es schnell gehen, nimm einen Anker!

»Natürlich. Es gibt einiges, was man tun kann, was sehr rasch und gut wirkt und leicht umzusetzen ist«, lächelt Steve Wilhelm. »Aber ihr seid ja schon sehr gut informiert – wisst ihr auch, was ein Anker ist?«

»Beim Schiff schon«, meint Martin.

»Und beim Selbstmanagement?«, amüsiert sich Steve. Die Männer schütteln den Kopf.

»Das haben wir noch nicht gehört, oder?« Martin und Achim schauen fragend zu Hannah, die ihr Gesicht etwas verzieht: »Ich konnte euch ja nicht alles auf einmal zeigen. Steve ist Experte für Selbstbeeinflussung, von ihm könnt ihr das prima erklärt bekommen. Vielleicht hat auch Lasse was dazu gesagt ...« Martins Frau blickt entspannt von Martin zu Achim, dann zu Steve Wilhelm.

»Habt ihr ein Lied?«, fragt dieser Martin Dampf.

»Wie bitte?!«

»Ein Lied – Hannah und Sie – haben Sie ein Lied, das Sie an früher erinnert?«

Martin schaut verdutzt, Hannah beugt sich vor und summt »Arms of Mary« von Sutherland Brothers and Quiver.

»Oh!«, sagt Martin und strahlt sie an. Auch Hannah lächelt. Steve wendet sich an Achim, der verständnislos beobachtet, was passiert. »Sehen Sie, wie die beiden sich anlächeln, Achim? Das liegt an der kleinen Melodie, die Hannah gesummt hat.« Er schaut zu Martin.

»Martin, erzählen Sie mal, was gerade passiert ist!«

Martin wirkt etwas verlegen, als er beginnt: »Na ja, Hannah hat eine Melodie gesummt, bei der ...«, er stockt, und Hannah kichert dazwischen: »Das ist *total süß*, wenn du so verlegen wirst! Zu der Melodie haben wir vor 15 Jahren getanzt und uns zum ersten Mal geküsst«, erläutert sie vergnügt, »und einige Jahre lang haben wir immer wieder beim DJ nachgefragt, ob er dieses Lied auflegen kann, wenn wir zusammen ausgegangen sind.«

Achim grinst: »Super. Wie heißt der Titel genau? Wenn ich nächstens mit Martin ein Bier trinken gehe, lasse ich das spielen, nur um zu gucken, wie rot er wird, wenn ich ihn anlächle!«

»Vollidiot!«, schimpft Martin, während Steve schallend lacht.

»Lieder können machtvolle Anker sein«, lenkt Steve Wilhelm zurück zum Thema. »Menschen verbinden mit einem Lied oft besondere Situationen, und wenn das Lied gespielt wird, versetzt es sie ganz von selbst wieder in diese Situation zurück. Mit allem, was dazugehört – Achim, Sie haben bestimmt gesehen, wie verliebt die beiden sich gerade angeschaut haben, als Hannah die Melodie gesummt hat?«

»Steve!«, sagt Hannah gespielt vorwurfsvoll, und der Coach zwinkert ihr zu, bevor er seine Erklärung weiterführt. »Auch Gerüche besitzen häufig eine solche Wirkung. Sie können sogar noch stärkere Anker sein als Melodien. Bohnerwachs, und man denkt an die alte Schule zurück ... Weihrauch – und die katholische Kirche ... Meeresluft – und Urlaubsgefühl ...«

»Und was hilft mir das jetzt?«, fragt Martin, der sich gerade etwas vorgeführt vorkommt, recht mürrisch: »Soll ich an einem alten Socken schnuppern, wenn ich im Stress bin, und Weihnachtslieder singen?« Achim prustet, Hannah kichert, und Steve meint freundlich »Wenn das beruhigend auf Sie wirkt?«, woraufhin alle laut lachen.

»Kommt, esst noch einen Keks!«, sagt Martin, während er vergeblich versucht, sich weiterhin mürrisch zu geben.

Hannah nimmt einen Keks. »Ich kann euch ein Beispiel geben: Ich habe direkt vor den mündlichen Diplomprüfungen zur Ablenkung den vierten Satz der Jupitersinfonie gehört. Die Musik ist kraftvoll und sehr komplex, das hat mein Gehirn beschäftigt, damit ich nicht so an die Prüfung denken musste, die gleich beginnen würde. Zugleich hat es mir Schwung gegeben.« Sie beißt in den Keks und ergänzt: »Alle Prüfungen sind super gelaufen, so dass sich diese Musik ganz von allein mit dem Gefühl großer geistiger Wachheit und Präsenz verbunden hat. Seitdem hilft es mir total, zum Beispiel vor einem Vortrag, auf Kommando geistig wach und präsent zu werden, wenn ich in Gedanken die ersten Takte dieses vierten Satzes summe.«

»Mir hilft bei Vorträgen und Präsentationen immer, wenn ich mich bewusst in eine kraftvolle Körperhaltung stelle ...«, sagt Achim nachdenklich. »Aber Musik funktioniert bei mir auch: Wenn ich beim Joggen k. o. bin, höre ich entweder über den MP3-Spieler oder einfach nur in meiner Fantasie ›I feel good‹ von James Brown – dann kann ich immer nochmal zwei bis drei Kilometer weiterlaufen. Den Song hatte ich vor Jahren auf einer sensationellen Party ganz am Schluss gehört und bin beim Tanzen fast explodiert vor Energie – obwohl ich vorher komplett platt war.«

»Beim Sport habe ich eine ähnliche Erfahrung«, steigt Martin Dampf in die Diskussion ein. »Jeden Winter jogge ich im Urlaub auf Fuerteventura beim Sonnenaufgang barfuß am Strand. Dabei höre ich Musik, die ich extra dafür zusammengestellt habe – zum Beispiel ›Heaven‹ von den Talking Heads. Das Gefühl dabei ist unbeschreiblich: So früh allein am Strand, in Bewegung, die Erde dreht sich dem Sonnenball entgegen, diese traumhafte Melodie, der spöttische Text über die Ewigkeit ... Egal, wo ich den Song sonst höre, ich bin sofort an meinem Strand und habe das Gefühl, vor Glück fliegen zu können.«

Steve Wilhelm schaut lächelnd in die Runde: »Ich sehe, ihr kennt alle das Prinzip des Ankers, ob bewusst oder unbewusst. Es kann eine Melodie sein, oft ein Geruch – auch eine Körperhaltung oder eine Bewegung, wie bei Ihnen ...«, er schaut zu Achim. »Technisch gesagt, handelt es sich um eine Reiz-Reaktions-Verknüpfung. Ein Auslöser, der Anker, manche sagen auch Trigger, verbindet sich mit einer speziellen Reaktion, oft einem Gefühl. Das geschieht ganz von allein. Wenn die ursprüngliche Situation sehr emotional ist, wie bei eurem gemeinsamen Lied«, Steve schaut zu Hannah und Martin, dann zu Achim, »oder aber auch am Ende der tollen Party, dann genügt es, wenn Auslöser und Reaktion ein einziges Mal zusammen auftreten. In anderen Fällen muss man es einige Male verbinden, vielleicht so, wie es bei der Sinfonie und deinen Prüfungen gewesen ist, Hannah. Irgendwann, wenn die Verbindung besteht, genügt es jedenfalls, einmal auf den ›Auslöseknopf‹ zu drücken, um das gewünschte Gefühl zu bekommen.«

»Das hat der Lasse doch auch mal kurz erwähnt!«, runzelt Martin Dampf die Stirn. »Der hat so schnell gesprochen, aber er hat erzählt, dass Sportler solche Dinge machen, um ihre volle Leistung abzurufen.«

Steve nickt: »Anker gehören in den Werkzeugkasten des Mentalcoachs, ganz klar. Ein Sportler muss jederzeit in seinen Topzustand kommen können. Auf euch angewandt heißt das, ihr wollt in der Lage sein, jederzeit innerlich ruhig zu werden, oder vollkommen konzentriert, oder absolut selbstbewusst und überzeugend. Wenn ihr einen solchen Anker selbst basteln möchtet, gibt es einen weiteren Trick, der direkt aus der Hypnose stammt – möchtet ihr den noch wissen?«

Martin und Achim schauen sich an, dann grinst Martin und sagt zu Steve: »Ich schätze, das war eine rein rhetorische Frage, oder?«

Wenn ich dreimal in die Hände klatsche …

Steve grinst zurück. »Erwischt. Ich erkläre euch jetzt, was ein posthypnotischer Befehl ist, anhand eines anrüchigen Beispiels, nämlich der Show- oder Bühnenhypnose. Bühnenhypnose sollte man nicht mit therapeutischer Hypnose verwechseln oder mit dem, was ein Mentalcoach macht. Die Bühnenhypnose verwendet nur einige wenige Techniken und Tricks, die zur Belustigung des Publikums eingesetzt werden. Es geht dort nicht um Heilung, Hilfe oder um Stärkung der Person, sondern es geht darum, eindrucksvolle Effekte zu erzielen. Der Posthypnotische Befehl ist dabei eine typische Technik, auch wenn er eigentlich für konstruktive und nützliche Zwecke gedacht ist. Zur Erläuterung also ein albernes Beispiel.«

Steve schaut Martin gespielt streng in die Augen und sagt mit überzogen bedeutungsvoller Stimme: »Gleich werde ich Sie aus Ihrer tiefen Trance aufwecken, und Sie werden sich ganz wohl fühlen. Sobald ich aber dreimal in die Hände klatsche, werden Sie denken, Sie sind ein Kaninchen!« Martin schaut verständnislos, während Steve sich in der gleichen Sprechweise an Achim wendet: »Auch Sie werden sich nach der Trance völlig normal fühlen und alles vergessen haben. Wenn ich jedoch dreimal in die Hände klatsche, werden Sie denken, Sie sind ein Fuchs!« Achim schaut ähnlich irritiert wie Martin, Steve lehnt sich zurück. »So. Stellt euch vor, ihr steht bei mir auf der Bühne, 500 Leute schauen zu, ich hole euch aus der Trance zurück, plaudere ein wenig – und dann mache ich so.« Er klatscht dreimal und blickt erst zu Martin, dann zu Achim: »Das Kaninchen wird voller Panik losrennen, der Fuchs hinterher – und der restliche Saal wird sich kaputtlachen.«

Alle kichern, dann sagt Hannah streng: »Ultraseriös, lieber Coach! Hast du uns nicht immer gepredigt, wir sollten Hypnose und Showhypnose nicht vermischen?«

»Stimmt, Hannah«, nickt Steve etwas zerknirscht. »Das Beispiel ist halt schön. Ich kann noch ein seriöses liefern: Der Zahnarzt Albrecht Schmierer suggeriert seinen Patienten zum Beispiel zunächst, ihr Handrücken sei völlig ohne Gefühl und die Hand würde langsam zu der Wange emporschweben, wo die Behandlung durchgeführt werden soll. Dann sagt er: ›Wenn Ihre Hand Ihre Wange berührt, dann wird die Taubheit von der Hand in Ihre Wange fließen.‹ Damit suggeriert er vor dem Bohren eine Betäubung ganz ohne Spritze. Das Prinzip ist das gleiche wie beim Kaninchen.«

»Echt?«, fragt Achim verblüfft.

»Ja, *wenn* Auslöser, *dann* Reaktion ... *wenn* dreimal Klatschen, *dann* Kaninchen ... *wenn* Hand an Wange, *dann* Betäubung in Wange ...«, erläutert Wilhelm.

Bohn schüttelt den Kopf. »Nein, ich meinte, das funktioniert echt?«

Der Coach nickt. »Ja! Er hat schon über 3000 Zahnärzte in Deutschland ausgebildet. Aber das ist heute nicht unser Thema.«

»Schade«, meint Bohn und fühlt mit seiner Zunge nach einem Zahn.

»Könnt ihr das jetzt anwenden, Jungs?«, fragt Hannah die beiden Männer, die sie nach München gebracht hat.

»Ähm ...«, räuspert sich Martin, und die beiden Geschäftsführer denken angestrengt nach. »So halb vielleicht«, sagt dann Achim Bohn und schaut zu Steve Wilhelm. »Mir fehlt, glaube ich, noch ein letztes Verbindungsglied zwischen den Kaninchen und Füchsen, Zahnärzten und Wangen, und meiner eigenen Situation.«

Martin nickt. »Geht mir ähnlich.«

Steve überlegt kurz, dann sagt er: »Also, ich habe euch das erzählt, weil die Struktur solcher posthypnotischen Aufträge praktisch die Bastelanleitung liefert für die Anker, über die wir vorhin gesprochen haben.«

»Na, *das* hilft jetzt«, sagt Martin mit gespielt verzweifelter Miene.

»Ich war ja noch nicht fertig«, wehrt sich Steve und erläutert. »Also, die kompakte Bastelanleitung lautet wie folgt: *Immer wenn X – dann Y*. Konkret: Wenn ihr eine bestimmte Reaktion Y haben möchtet, denkt euch einen Anker X dafür aus. Gebt euch dann selbst im entspannten Zustand einige Male den Auftrag für die Reaktion, die ihr möchtet. Zum Beispiel: ›*Wenn* ich auf diese spezielle Weise tief ein- und ausatme, *dann* werde ich sofort vollkommen ruhig und gelassen.‹ Dabei ist das tiefe Atmen der Anker oder Auslöser X, die eintretende Ruhe und Gelassenheit ist die gewünschte Reaktion Y.«

Martin holt sein iPhone heraus und tippt: »Moment. Das schreibe ich mir jetzt zur Sicherheit auf. Wenn X ... dann Y ... Und X kann alles sein?«

Steve nickt: »Ja. Ein Wort, das ihr in dem Moment sagt oder denkt, oder eine bestimmte Bewegung, die ihr durchführt –

oder eine Haltung, die ihr einnehmt. Manche Menschen drücken einfach Daumen und Zeigefinger an den Spitzen zusammen als Anker ... probiert, was für euch passt!«

Achim sagt betont langsam in die nachdenkliche Stille hinein »*Wenn* ich heute Abend mein Auto aufschließe, *dann* werde ich mich erinnern, Tante Agathe anzurufen!« Hannah lacht los, auch Martin grinst. Achim erklärt ganz sachlich: »Ich habe gerade nur für mich zusammengefasst, was ich bisher heute gelernt habe. Auf der Fahrt heute früh habe ich nämlich dauernd gedacht, dass ich bloß nicht vergessen will, meine Tante anzurufen, wenn wir wieder zuhause sind. Die wird heute 65. Dann habe ich gelernt, dass ›nicht vergessen‹ falsch formuliert ist und zum Vergessen führen würde, also habe ich ›mich erinnern‹ gedacht. Und gerade habe ich es als posthypnotischen Wenn-dann-Satz formuliert: Ich habe es mit etwas verbunden, was ich heute auf alle Fälle tun werde, nämlich in mein Auto einsteigen.«

Steve Wilhelm nickt anerkennend: »Das ist absolut korrekt. Und Sie haben noch etwas Kluges getan: Sie haben die Reaktion, die Sie haben wollen – Tante anrufen – verbunden mit dem *Moment*, in dem Sie Zeit dafür haben – ins Auto einsteigen. Das ist ein weiteres gutes Prinzip, das wir anwenden können. Anstatt einen Anker extra auszudenken, egal ob Bewegung, Wort oder Melodie, nimmt man einfach das, was sowieso vorhanden ist, etwas, was man sowieso tun oder erleben wird. Kollege Gunther aus Heidelberg hat diesen Ansatz gerade für den Bereich des Stressmanagements ganz besonders pfiffig angewendet. Er nennt es: *Aus Stressauslösern Lösungswecker machen*. Man nimmt einfach genau das, was einen stresst, als Anker. Das bedeutet, der Stressor wird zur Erinnerung an das Gute.«

»Wenn mein Puls ganz oben ist, werde ich für eine Minute tief durchatmen«, schlägt Martin vor.

»Wenn meine Kollegen wieder mal meckern, nehme ich sie freundlich in den Arm«, grinst Achim.

»Übertreib mal nicht!«, brummt Martin vergnügt.

Achim fragt Hannah: »Und was nimmst du?«

Bevor sie antworten kann, sagt Martin schnell: »Wenn mein Mann mal wieder spät von der Arbeit kommt, dann darf er ganz allein über das Fernsehprogramm bestimmen.«

Als die drei sich eine Stunde später verabschieden möchten, schaut Steve Wilhelm noch einmal streng in die Runde: »Und, was habt ihr nun konkret aus München mitgenommen?«

Achim zählt auf: »Erstens: Entspannungstechniken aller Art führen in einen veränderten Bewusstseinszustand. Zweitens: In diesem veränderten Zustand ist das Gehirn besonders empfänglich für Suggestionen.«

Martin fällt ein: »Drittens: Suggestionen wirken besonders gut in Form von Bildern, erst recht verbunden mit den passenden Gefühlen. Viertens: Deshalb muss man positiv formulieren und Verneinungen vermeiden. Fünftens: Ich kann Anker einsetzen, um meine Ziele zu erreichen.«

Achim übernimmt wieder. »Sechstens: Anker sind Auslöser, mit denen ich gewünschte Reaktionen bei mir selbst gezielt herbeiführen kann. Siebtens: Anker entstehen manchmal von allein, aber ich kann sie auch mithilfe eines Posthypnotischen Befehls selbst erzeugen.«

Martin hebt die Hand und fährt fort: »Achtens: Posthypnotische Befehle folgen dem Muster ›Wenn X – dann Y‹, wobei X der Auslöser ist und Y die gewünschte Reaktion. Neuntens: Es ist besonders clever, wenn ich als Auslöser X etwas verwende, was auf alle Fälle da ist.«

Achim grinst: »Und deshalb werde ich, zehntens, heute Abend ganz sicher Tante Agathe anrufen!«

Alle lachen. An der Tür schüttelt Steve Wilhelm Achim die Hand und wünscht ihm viel Erfolg. Dann nimmt er erst Martin, dann Hannah Dampf in den Arm und verabschiedet sich. »Es hat mich sehr gefreut! Danke, dass ihr nach München gekommen seid!«

»Die Freude ist ganz bei uns, Steve!«, beteuert Martin, während Hannah sich mit »Bis hoffentlich bald mal wieder!« verabschiedet.

Im Auto ist es ein Weilchen recht still, Martin hat für die Rückfahrt das Steuer übernommen, alle hängen ihren Gedanken nach. Auf der Höhe von Ingolstadt lehnt sich Achim nach vorn zu Hannah: »Und wie nennst du diese sechste Station?«

»Wie meinst du das?«, fragt Hannah nach hinten. »Na, bisher hatten alle unsere Stationen einen hübschen Namen. Aber hier hast du nichts gesagt.«

Hannah lacht: »Wieso immer ich? Denkt doch selbst mal nach!«

Martin schlägt als Erster etwas vor: »Pinsel!«

»Was?«, lacht Achim.

»Pinsel! Wir sollen doch visualisieren, wir sollen innere Bilder malen!«, findet Martin.

»Also, die sollen wir nicht wirklich malen – dann müssten wir Kamera sagen, wenn es um Bilder geht!«, wendet Achim ein.

Nach einem kurzen Moment des Nachdenkens schaut Martin in den Rückspiegel und sagt: »Dann würde ich es Zoom nennen. Oder Teleobjektiv. Schließlich hat Steve von Fokus gesprochen. Meine Stimmung und mein Stress hängen davon ab, was ich in meinen Fokus nehme.«

»Guter Punkt«, nickt Achim, »aber dann würde ich es Spot nennen. Das mit dem Fokus fand ich auch wichtig, der Gedanke kam schon bei Lasse kurz vor – aber Steve hat doch von dem Kollegen erzählt, der das den ›Scheinwerfer der Aufmerksamkeit‹ nennt. Das finde ich eigentlich gut: ein Scheinwerfer, ein Spot: Ich reagiere auf das, was im Licht meiner Aufmerksamkeit ist. Das, was nicht im Licht ist, nehme ich in dem Moment nicht wahr.«

»Also, dann nennen wir es Scheinwerfer, Spot ist für mich ein eher ungebräuchliches Wort«, überlegt Martin. Alle drei nicken, und bis Nürnberg hängt jeder wieder den eigenen Gedanken nach.

VII. Der Ball: Positive Aktivitäten fest einplanen

»So, ihr Lieben! Jetzt sitzen wir wieder da, wo die Reise begonnen hat«, sagt Hannah Dampf zu Martin Dampf und Achim Bohn. Die Eisdiele ist viel leerer als bei ihrem ersten Treffen, die Sommerferien sind seit einigen Wochen zu Ende. Die Männer nicken, Achim lässt seine Gedanken wandern. »Oh ja. Es waren sechs sehr interessante Stationen. Vom Hammer bis zum Scheinwerfer ... ändere, was du ändern kannst ... beachte, worauf du deine Aufmerksamkeit richtest ... eine bunte, aber sinnvolle Mischung, finde ich.«

»Typisch Manager, dass ihr nur die aktiven Tat-Werkzeuge erinnert. Dabei haben wir gar nicht mit dem Hammer angefangen!«, frotzelt Hannah.

»Nee?«, fragt Achim überrascht.

»Nee«, lächelt Hannah und schaut zu ihrem Mann. »Weißt *du* es noch?«

»Die Lupe, oder?«, überlegt Martin. »Wir haben doch hier gesessen und erst mal diesen Fragebogen ausgefüllt?« »Genau, so ist es«, nickt seine Frau. »Ich habe euch hier ein paar Zettel gegeben und bin shoppen gegangen – die Grundlagen habt ihr offenbar schon wieder ausgeblendet. Dabei bestand der erste Schritt darin, genau hinzuschauen: Wie gestresst bin ich, und was sind die möglichen Folgen, wenn ich nichts unternehme.«

»Der gekochte Frosch«, sagt Achim und schüttelt sich.

»Die Impotenz«, ergänzt Martin und feixt.

»Ich sehe, eure Erinnerung kommt zurück«, gluckst Hannah und greift nach ihrer großen Handtasche. »Auch heute bekommt ihr von mir ein paar Blätter zum Ausfüllen. Damit schließt sich gewissermaßen der Kreis. Eine Station fehlt ja noch, und zunächst darf jeder diese Bögen ausfüllen.« Hannah schiebt den Männern zwei Blätter zu. »Und übrigens: Weil ihr das bei der letzten Station so gut gemacht habt, dürft ihr nachher auch bei dieser Station entscheiden, welcher Name am besten dafür passt.«

Achim und Martin schauen nach unten auf die Blätter. Martin murmelt: »Du willst doch bloß wieder mal shoppen gehen!«

Aber Hannah ist noch nicht fertig: »Wir haben auf den bisherigen Stationen erst den Stress analysiert und uns danach auf die verschiedenen Instrumente zur Stressbewältigung konzentriert. Wir waren also in der einen oder anderen Weise immer ›contra Stress‹ unterwegs.«

Martin schüttelt den Kopf: »Also, für mich waren die verschiedenen Entspannungsverfahren nicht contra Stress – die waren pro Martin!«

Seine Frau strahlt ihn an: »Das freut mich *sehr*, wenn du das so siehst – eigentlich hast du damit sehr recht. Jeder Mensch sollte solch ein Verfahren für sich kennen und es regelmäßig anwenden.«

Achim nickt: »Das sehe ich genauso. Und ihr wisst, wie wenig ich vor dem Kontakt mit eurem Neffen von solchen Dingen gehalten habe!«

»Fein«, Hannah greift den Faden wieder auf, »auch wenn also nicht alles contra Stress war, was ich gut finde, wechseln wir heute die Perspektive. Die moderne Forschung sagt, ein extrem wichtiger Faktor im Umgang mit Stress sei die Work-Life-Balance. Deshalb besteht das Ziel der letzten Station unseres Stressmanagements darin, sich ganz bewusst auf positive Dinge zu konzentrieren und diese zu fördern.«

»Sex?«, fragt Martin automatisch, und Hannah boxt ihn in die Seite, während sie fortfährt: »Bleiben wir erst einmal allgemein.

Ein wesentliches Problem bei Leuten, die im Stress sind, besteht darin, dass sie, oft aufgrund von Überarbeitung, als Erstes ihre Freizeitaktivitäten einschränken. Kennt ihr das? Wenn jemand so erschöpft ist, dass er abends nur noch vor der Glotze sitzt?« Hannah schaut ihren Mann zugleich streng und liebevoll an.

»Was? *So* etwas gibt es?«, fragt dieser mit Unschuldsmiene zurück.

»Aber ist das nicht normal?«, steigt auch Achim ins Thema ein. »Ich brauche das manchmal zur Erholung – es gibt Tage, da bin ich so kaputt, dass ich nicht mal mehr die Kraft habe, ein Buch zu lesen. Bin ich deshalb denn gleich ein Fall für die Kurklinik?«

Hannah schüttelt den Kopf: »Nein, das nicht. Wenn man das ein oder zwei Mal in der Woche macht, stellt es kein Problem dar. Und wenn man vielleicht ganz bewusst einen Film auswählt, der einem gefällt, ist es ja einfach nur eine mögliche Form der Freizeitgestaltung. Wenn man aber jeden Abend nur noch erschöpft vor der Glotze hängt, keine Freunde mehr trifft, Sport oder andere Hobbys, die man einmal hatte, vernachlässigt – dann sollte man aufmerksam werden und das Rad aktiv in die andere Richtung drehen.«

Achim zieht eine Grimasse: »Ich halte mal bewusst dagegen: Wenn man doch so kaputt ist – ist es da nicht klug, sich zu schonen? Wenn das zufällig vor dem Fernseher ist – wo liegt das Problem?«

»Das klingt richtig, Achim«, meint Hannah, »aber das Problem besteht aus zwei Aspekten. Erstens beginnt so oftmals eine Abwärtsspirale: Der Betroffene lebt, extrem gesagt, irgendwann nur noch für die Arbeit und fürs Fernsehen, mehr gibt es nicht mehr in seinem Leben. So unfassbar attraktiv sind die einsamen Abende vor dem Fernsehen meistens doch nicht, dass man wegen ihnen extra früh nach Hause geht – also wird die Arbeit weiterhin viel oder zu viel Raum einnehmen.«

Martin bestätigt Hannahs Worte: »Bei mir war das mal so, als ich ganz frisch als Verkaufsleiter unterwegs war. 14 Stunden Arbeitszeit, Heimkommen, Glotze, Bett, und am nächsten Tag wieder von vorn. Auch wenn ich zunächst den Kreislauf nicht unterbrechen konnte, war es nicht ›schön‹ oder positiv. Wenn ich die paar Stunden, die ich vom Tag noch hatte, vor der Glotze verbracht hatte und dann irgendwann ins Bett gewankt bin, habe ich mich besonders mies gefühlt. Auf irgendeiner Ebene war mir schon bewusst, dass ich das bisschen freie Zeit, das mir damals blieb, total sinnlos verplempert hatte.«

Achim nickt langsam: »Stimmt schon, das kenne ich auch.«

Hannah rundet den Gedanken ab: »Darin liegt der zweite Aspekt des Problems Fernsehen. Erstens frisst es einem die kostbare freie Zeit und ist, wenn man nur glotzt, letzten Endes sinnlos. Zweitens wird umgekehrt die Zeit, die man mit seinen Hobbys verbringt, sei es Sport, seien es soziale Kontakte, seelisch anders bewertet. Als wirkliche ›Qualitätszeit‹ wird von vielen Soziologen sogar nur die Zeit bezeichnet, die man mit Familie und Freunden verbringt. Das finde ich persönlich zu streng und vermute, dass hier mehr Wertung als Wahrheit enthalten ist. Jedenfalls ist das Zufriedenheitsgefühl nach einem Abend, den man mit dem Hobby, mit Freunden oder mit der Familie verbracht hat, deutlich größer als das Zufriedenheitsgefühl nach einem Abend vor dem Fernseher.«

Beide Männer nicken.

»Da ist doch einiges dran«, meint schließlich Achim, »ich bin abends viel zufriedener, wenn ich mich noch mit jemandem getroffen oder einen langen Spaziergang mit dem Hund gemacht habe, als wenn ich nur gezappt hätte.«

Das Leben auf dem Radarschirm

»Seht ihr – genau darum geht es bei dieser letzten Station unserer gemeinsamen Reise. Zum Einstieg füllt bitte beide das Radar aus, das auf dem ersten Blatt zu sehen ist ...«

»Radar?«, fragt Martin neugierig und greift nach dem oberen Blatt.

Hannah lacht: »Das habe ich mir gedacht: Wenn es Radar heißt, finden es die großen Jungs gleich interessanter. Also: Füllt das Radar in Ruhe aus, dann nehmt euch das zweite Blatt vor. Die Anleitungen seht ihr, die stehen auf den Blättern drauf. Okay?« Sie klemmt ihre Tasche unter den Arm und steht auf: »Ich frage beim Rausgehen, wo euer Kaffee bleibt«, sagt sie noch und ist verschwunden.

Achim und Martin schauen auf das erste Blatt. »Beispielradar« steht neben dem kleinen Bild.

Beispielradar

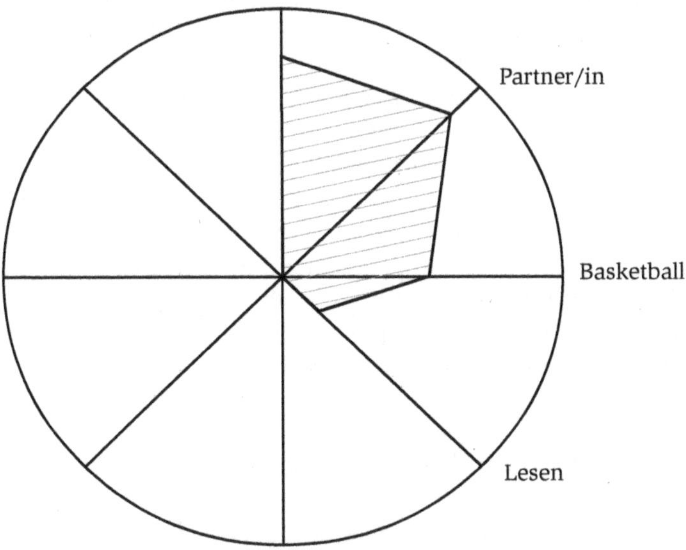

Achim liest vor: »Sie finden hier ein Lebensrad, das wir mit einigen Beispielen ausgefüllt haben. Darunter finden Sie ein leeres Rad, welches Sie selbst ausfüllen. Im ersten Schritt überlegen Sie bitte, welches Ihre wichtigsten und wertvollsten Lebensbereiche sind. Diese notieren Sie außen am Rad, an jeder Speiche einen Wert. In der Vorlage sehen Sie als Beispiele die Bereiche Familie, Partner/in, Basketball, Lesen.«

Martin schaut auf das Beispiel und nickt. »Das ist nicht ganz fertig, oder? Man hat doch nicht nur diese vier Bereiche?«

»Quatsch, das ist doch bloß zum Erklären«, sagt Achim und liest weiter vor: »Wenn Sie alle für Sie wichtigen Bereiche gefunden und rund um das Rad notiert haben, nehmen Sie auf jeder Speiche eine Einschätzung des zugehörigen Bereichs vor. Wenn dieser Bereich in Ihrem Leben genügend Platz erhält, machen Sie ein Kreuz ganz außen an der Speiche, sozusagen am Reifen. Je weniger Sie den entsprechenden Bereich in Ihrem Leben umsetzen, desto weiter platzieren Sie das Kreuz weg vom Reifen und hin zur Nabe.«

Er hält inne: »Das sind aber nur acht Speichen – was mache ich, wenn ich merke, dass mir neun oder zehn Lebensbereiche wichtig sind?«

Martin stöhnt: »Wie bist du nur Geschäftsführer geworden? Dann malst du halt noch zwei Speichen dazu!«

Achim zieht den Kopf ein und liest kommentarlos weiter: »Zur Verdeutlichung können Sie am Ende alle Kreuze mit geraden Linien verbinden und die Felder zwischen diesen Linien und der Nabe schraffieren.

Dann sehen Sie auf einen Blick Ihr Lebensradar vor sich: Die wichtigsten Lebensbereiche – und das Maß, in dem Sie diese derzeit umsetzen.« Er sieht auf und sagt: »Das ist nicht schwer – hast du einen Stift?« Martin schüttelt den Kopf, doch die Kellnerin bringt gerade die Getränke.

Sie hilft mit Stiften aus und Martin und Achim beginnen, am großen leeren Rad die Bereiche einzutragen, die in ihrem Leben wichtig sind.[3] Nach einigen Minuten schaut Martin hoch. »Fertig?«, fragt er.

»Nee«, antwortet Achim, »ich habe jetzt an meinem Rad erstmal alle Bereiche eingetragen, die mir wichtig sind. Ich komme auf sieben, und du?«

»Ich auch«, entgegnet Martin. »Dann lass uns mal die Bewertung der Bereiche vornehmen. Kreuzchen außen, wenn die Bereiche im Alltag gut gelebt werden, weiter innen, wenn nicht, richtig?«

»Richtig.«

Beide beugen sich wieder über ihre Bögen. Diesmal schaut Achim als Erster auf: »Fertig?«

»Ja«, sagt Martin.

»Schon verbunden und schraffiert?«

»Aber logisch!«, lacht Martin, »sieht doch gleich viel schicker aus!«

Achim grinst. »Geht mir auch so. Ich weiß gar nicht, wieso deine Frau da so gelästert hat.«

»Ach, Frauen verstehen uns halt nicht so richtig …«, zuckt Martin die Schultern. »Zeigst du mal? Von weitem?«

Achim hält sein Diagramm hoch. Martin schaut über den Tisch auf die Gestalt: »Wow! Was ist das für ein großer Zacken?«

»Meine Arbeit«, murmelt Achim, »ich hatte mir erst überlegt, ob die da drauf gehört, aber es stand ja nirgends, dass man nur private Dinge notieren dürfe. Schließlich *ist* mein Job ein ganz wichtiger Lebensbereich, oder nicht?«

Er wirkt recht defensiv, doch Martin winkt ab: »Kein Thema«, er zeigt Achim sein eigenes Diagramm, »was glaubst du wohl, was der größte Zacken in *meinem* Radar ist?«

Beide lachen und betrachten über den Tisch weg das Diagramm des anderen. »Und wo fehlt es noch?«, fragt Achim den Kollegen.

---

3 Im Anhang finden Sie ein freies »Rad«, das Sie für sich benutzen können.

»Och«, meint Martin, »da kann ich einiges bieten. Hannah bekommt gerade nicht so viele Punkte, wie sie eigentlich verdient hätte, das möchte ich ausbauen. Ganz schlecht weg kommt das Schwimmen – ich habe erst nur Sport an den Rand geschrieben, aber danach nochmal aufgeteilt in Joggen und Schwimmen. Joggen kommt gelegentlich mal vor, Schwimmen nie. Dabei fehlt es mir.«

»Autsch«, sagt Achim, »da hast du ja dann was zu verändern, hm? Bei mir ist Partnerschaft sehr schlecht weggekommen, aber schließlich lebe ich im Moment auch allein. Trotzdem dachte ich, es muss auf mein Radar, weil es mir wichtig ist, aber es bekommt eine schlechte Bewertung, weil es nicht erfüllt ist.«

Martin nickt: »Klingt logisch. Und ehrlich: Hast du auch ein Feld, das du gleich morgen aus eigener Kraft verbessern kannst?«

»Oh ja«, nickt Achim, »mir fiel bei Hobbys ein, wie gern ich Klavier gespielt habe. Das Klavier steht noch da – ich werde nachher direkt den Klavierstimmer bestellen, und wenn der da war, werde ich auch ganz bestimmt wieder spielen!«

Martin lächelt. »Stark!«, sagt er, »und du kennst ja vielleicht den alten Schlager: Wer Klavier spielt, hat Glück bei den Frau'n! Das zahlt also auch auf Partnerschaft ein!«

Beide trinken einen Schluck, dann überlegt Martin: »Vom Notieren allein werden wir das aber nicht umsetzen, oder?«

»Unwahrscheinlich«, stimmt Achim zu, »das ist wie an Neujahr, die Vorsätze hält man auch nicht ein, nur weil man sie beschließt und verkündet. Lass uns mal auf das zweite Blatt schauen.«

Beide nehmen die zweite Fotokopie in die Hand. Diesmal liest Martin vor: »Gerade haben Sie sich mithilfe des Lebensradars vor Augen geführt, welche Lebensbereiche Ihnen wichtig sind und welche davon Sie dennoch zurzeit nicht genügend beachten. Überlegen Sie sich deshalb jetzt ganz konkrete Tätigkeiten, die Ihnen guttun würden, die Sie aber noch nie umgesetzt haben oder in der letzten Zeit schleifen ließen. Notieren Sie diese im nachfolgenden freien Feld.«

»Ist das nicht nochmal das Gleiche?«, fragt Achim.

»Habe ich auch erst gedacht«, sagt Martin, »aber auf dem Radar haben wir Lebensbereiche, also große Dimensionen, notiert, während das hier einzelne Aktivitäten sein sollen, konkretere Punkte sozusagen.«

»Dann liegen wir aber falsch, weil du vorhin ja zum Beispiel nicht Sport notiert hast, einen Bereich, sondern es nochmal aufgeteilt hast in Joggen und Schwimmen, oder?«

»Ja, weil mir durch den Kopf ging, dass mir das Schwimmen fehlt. Ich glaube, Achim, wenn ich das vorhin *nicht* gemacht hätte, würde mir spätestens an dieser Stelle das Schwimmen einfallen und ich würde es *jetzt* aufschreiben. Und wenn du vorhin nur Hobbys geschrieben hättest, würdest du hier Klavierspielen notieren – so hast du das eben vorhin schon erledigt.«

»Hm, kann sein«, meint Achim, »wir sind halt als Geschäftsführer gewohnt, Dinge konkret auf den Punkt zu bringen.«

»Richtig«, stimmt Martin zu. »Lass uns trotzdem kurz überlegen, ob noch etwas fehlt, okay?«

Nach zwei Minuten schauen beide fast gleichzeitig über den Tisch auf den Zettel des anderen.

»Ist bei dir noch etwas dazugekommen?«, fragt Achim.

»Ja. Mir fiel ein, dass ich so viel Spaß hatte, Bowling zu spielen! Dabei habe ich das nur zweimal gemacht. Trotzdem habe ich es mir noch notiert – und du?«, sagt Martin.

Achim schaut auf sein Blatt: »Ich habe noch Hundespaziergang notiert«, erklärt er dem Kollegen. »Das mache ich zwar täglich, aber ich habe mein iPhone dabei und erledige nebenher alle möglichen Dinge, rufe Kollegen oder Freunde an. Das entlastet mich zwar während des Tages etwas, aber ich habe schon ein paar Mal gemerkt, dass ich unzufrieden bin, wenn ich zurückkomme. Ich habe dann weder den Hund noch die Natur noch die Bewegung noch die Entspannung richtig erlebt oder gar genossen – weil ich zwar körperlich spazieren war, aber geistig schon am Arbeiten.«

»Kenn ich!«, nickt Martin. »Das heißt, jetzt steht ›Hundespaziergang – ohne alles‹ auf deinem Zettel?«

Achim nickt: »So ist mein Stichwort gemeint.«

Den Plan setzt du niemals um!

»Gut, ich lese mal weiter vor, aber da kommt nicht mehr viel«, Martin nimmt das Blatt wieder auf: »Nachdem Sie sich nun bewusst gemacht haben, welche Tätigkeiten Ihnen wirklich wichtig sind, notieren Sie bitte in der nachfolgenden Tabelle in der ersten Spalte konkrete Aktivitäten, die Sie ernsthaft in Angriff nehmen möchten. Notieren Sie daneben in der zweiten Spalte einen Termin, ebenfalls konkret, Tag und Uhrzeit, an dem Sie mit dieser Aktivität verbindlich beginnen werden. Sie können Dinge notieren, die Sie früher gerne gemacht haben, aber schleifen ließen, oder auch Dinge, die Sie noch nie getan haben, aber jetzt in Angriff nehmen möchten. Denken Sie daran, einen konkreten, verbindlichen Termin auszuwählen.«

Er blickt auf und feixt – auch Achim grinst bereits und hält einen Daumen nach oben: »Klassische Strategie des Zeitmanagements: Ziele müssen konkret sein, attraktiv – und terminiert! *Das* ist die Antwort auf die Neujahrsfrage der verlässlichen Umsetzung!«

Beide Kollegen machen verschiedene Notizen in der Tabelle, schauen dazu in ihre Smartphones, definieren konkrete Aktivitäten genauso wie die zugehörigen Termine.

»Da steht noch was«, bemerkt Achim Bohn.

»Ich sehe es auch gerade!«, antwortet Martin Dampf. Er liest die letzten Zeilen ganz unten auf dem Blatt vor: »Suchen Sie nun bitte einen Sparringspartner, dem Sie Ihre Ziele eines nach dem anderen erklären. Dieser hat die Aufgabe, Ihnen klarzumachen, dass es nicht klappen wird: keine Zeit, Vergesslichkeit, innerer Schweinehund ... – das Übliche. *Ihre* Aufgabe ist es, sich zu wehren und Ihr Ziel und dessen Umsetzung zu verteidigen!«

»Was ist das denn für ein Quatsch?«, Martin runzelt die Stirn.

Achim lacht und trinkt seinen Cappuccino leer: »Ich habe eine vage Idee, was das bringt. Komm, wir machen mal. Ich kann ja anfangen: Bei mir steht Klavierspielen ganz oben, und als Starttermin habe ich heute in zwei Wochen eingetragen. Bis dahin müsste der Klavierstimmer da gewesen sein.«

»Okay«, steigt Martin ein, »heute in zwei Wochen? Das ist lang hin – bis dahin hast du das schon längst vergessen! Und es ist ein Samstag – bist du da nicht immer einkaufen?«

Achim hält vergnügt sein iPhone nach oben: »Ja, es ist ein Samstag, und ja, da kaufe ich für die Woche ein. Aber ich habe mir zwei Termine eingetragen. Erstens am Samstag um 9.30 Uhr ›Klavier!‹, damit kann ich es schon mal nicht mehr vergessen. Und zweitens schon für Freitagnachmittag ›Einkaufen!‹, und zwar mit dreimaliger Erinnerungsfunktion. Mein Handy wird mich um 17, um 18 und um 18.30 Uhr daran erinnern.«

»Nicht schlecht.« Martin Dampf nickt anerkennend und sucht weitere Gegenargumente. »Aber bestimmt wirst du schon um 9.40 Uhr wieder damit aufhören, weil alle Nachbarn sich beschweren!«

Achim Bohn schüttelt den Kopf: »Deshalb werde ich am Vormittag spielen, da sind nämlich die meisten Leute im Haus selbst einkaufen. Sollte sich einer beschweren, dann höchstens der Typ, der oft bis mittags schläft – aber da der ständig bis Mitternacht seine Hiphop-Musik laut aufdreht, braucht er nicht zu glauben, dass ich auf ihn Rücksicht nehme.«

Martin lacht: »Hört sich wirklich nach einem stabilen Plan an. Prima! Jetzt ich, okay? Pass auf: Ich will ab jetzt zweimal pro Woche Schwimmen gehen, und zwar montags und donnerstags nach der Arbeit. Und ich fange gleich übermorgen damit an.«

»Unsinn!«, hält Achim vergnügt dagegen. »Übermorgen ist bekanntlich Montag. Da fährst du um fünf Uhr in der Früh schon zum GF-Meeting nach Süddeutschland, da bist du am Abend froh, wenn du wieder zuhause bist! Außerdem wirst du sicher vergessen, deine Schwimmsachen überhaupt einzupacken!«

Diesmal winkt Martin mit seinem Smartphone: »Von wegen: Erinnerung für morgen elf Uhr: ›Schwimmsachen ins Auto!‹ Weitere Erinnerung für Montag, 17 Uhr: ›Schwimmbad!‹ Das klappt!«

»Von wegen – bis 17 Uhr ist das Meeting wahrscheinlich noch nicht vorbei, und dann hast du noch über eine Stunde Fahrt bis zum Schwimmbad. Die schließen bestimmt um 19 Uhr.«

Achim verharrt in der bestellten Rolle des Pessimisten und Zweiflers, doch Martin reagiert locker: »Du wirst mich nicht verpfeifen, daher verrate ich dir: Wenn wir wirklich bis um fünf noch im Meeting sind, werde ich vollkommen souverän aufstehen und mich mit ›Habe einen wichtigen privaten Termin!‹ aus der Runde verabschieden. Ach so, und mein Schwimmbad hat eine Website, die habe ich gerade schon gegoogelt: Es hat montags bis 20.30 Uhr geöffnet.«

»Das sollten wir öfter machen!«, murmelt Achim.

»Was meinst du?«, fragt sein Kollege, »Kaffee trinken? Oder schwimmen gehen?«

»Nein«, sagt Achim. »Wir sollten öfter aufstehen und aus den Meetings verschwinden, wenn die so ausufern. ›Wichtiger privater Termin‹ stimmt ja: *Wir sind verabredet mit uns selbst!*«

»Die Übung ist jedenfalls gut – wenn ich meine Pläne gegen dich verteidigen muss, halte ich dadurch noch stärker daran fest«, stellt Martin fest. »Wie viel Punkte hast du noch auf der Liste?«

»Drei«, meint Achim.

»Ich vier«, sagt Martin, »meinst du, die haben auch etwas Vernünftiges zu trinken hier?«

Als Hannah 45 Minuten später von ihrer Einkaufstour zurückkommt, findet sie beide Männer mit Aperol Spritz und Hugo ausgestattet, während sie lachend die Aktivitäten des anderen attackieren beziehungsweise die eigenen Pläne gegen dessen Angriffe verteidigen. Kurz bevor Hannah eintrifft hat Achim behauptet, dass Martin es bestimmt nicht schaffen würde, sie zu regelmäßigen Bowlingabenden zu überreden.

»Schatz, du hattest doch auch viel Spaß beim Bowlen, oder?«, ruft Martin zur Begrüßung, und Hannah hebt abwehrend die Hand, während sie sich zu ihnen setzt: »Einspruch! Suggestivfrage, Euer Ehren!«

Epilog

»Wieso habt ihr die letzte Station eigentlich ›Der Ball‹ genannt?«, möchte Hannah wissen. »Es spielt doch keiner von euch beiden Ball?«

»Wir konnten uns nicht einigen, ob wir es ›Das Klavier‹, ›Der Hund‹ oder ›Das Schwimmbad‹ nennen sollten«, erklärt Achim lachend, »das hätte alles komisch geklungen beziehungsweise nicht zu Lupe, Hammer, Scheinwerfer und so weiter gepasst. Da es sich um Freizeit dreht und um Dinge, die einem Spaß machen, haben wir verallgemeinert und an andere Leute gedacht, die wir kennen. Viele von ihnen spielen in der Freizeit eine Ballsportart: Fußball, Basketball, Tennis, Golf ... – das war der gemeinsame Nenner, sozusagen.«

Martin nickt und ergänzt: »Beim Bowling heißt es zwar nicht Ball, sondern Kugel, aber das kann man sich irgendwie hindrehen. Außerdem waren wir ja inzwischen auch schon dreimal zusammen tanzen, zwar nicht auf einem Ball – aber mit etwas Fantasie passt das auch zum Wort Ball.«

Inzwischen ist es Herbst, und die drei sitzen bei Achim Bohn zuhause um den Tisch. Achim hat ein Raclette vorbereitet und der Geruch von gegrilltem Fleisch und frisch gekochten Kartoffeln zieht durch seine Wohnung. »Raclette ist ein leckeres Essen, das ich als Junggeselle gerade noch so zubereiten kann«, erklärt er den beiden. »Und ich wollte mich wirklich bei euch bedanken für die Hilfe, die ihr mir im Sommer geleistet habt.«

»Wieso ›ihr‹?«, fragt Martin. »Ich habe doch als Kollege mitgemacht und mitprofitiert! Dann müsste ich auch etwas für euch kochen!«

»Bitte nicht!«, sagen Hannah und Achim gleichzeitig, und alle lachen.

Achim erhebt sein Glas und blickt in die Runde: »Auf euch, oder auf uns – oder auf die Veränderungen, die ich seit Sommer erreicht habe! Ganz ehrlich: Danke!«

»Doch nicht dafür!«, sagt Hannah, dann trinken alle und Martin nickt anerkennend: »Nicht schlecht!«

»Den Wein habe ich von Wolfgang Fähnle, den kennst du bestimmt noch von früher«, erklärt Achim und zeigt auf den Tisch, »also dann: Guten Appetit!«

»Guten Appetit! Der Wein ist wirklich lecker!«, meint auch Hannah und stellt ihr Glas ab.

»Ich kann dich beruhigen, Achim«, sie schaut ihn freundlich an, »erstens habe ich das alles sowieso gern und mit großem Spaß gemacht. Zweitens steckt auch klarer Eigennutz dahinter: Indem ich dich mit Martin zusammengepackt habe, hat der auch gleich mal eine dringend nötige Auffrischung zum Thema Stressabwehr bekommen – stimmt's?«

Sie schaut ihren Mann an, der breit grinst: »Wie könnte ich dir jemals widersprechen, Hannah!« Dann wendet er sich an seinen Kollegen: »Im Ernst, Achim, Hannah hat recht. Natürlich hat sie mir verschiedene Dinge immer mal wieder nebenher erklärt. Trotzdem bin ich durch die systematische Vorgehensweise, die wir für die sieben Stationen gewählt hatten, gründlicher mit meinen Nachlässigkeiten konfrontiert worden, als wenn ich gelegentlich zwischen Tür und Angel einen Happen mitgenommen hätte. Außerdem hat der Start mit der Selbstanalyse gleich am Anfang dafür gesorgt, dass ich nicht wirklich kneifen konnte – ich hatte ja auch nicht soooo viel weniger Punkte auf der Stressskala als du, damals.«

»Den Test könntet ihr doch nochmal durchführen«, meint Hannah, und diesmal antworten beide Männer unisono: »Aber *nicht* heute Abend!« Hannah hebt abwehrend die Hände und lacht: »Schon gut! Aber im Ernst: Habt ihr jetzt vier bis fünf

Wochen nach der letzten Station eine Veränderung feststellen können? Oder auch zwei?«

Beide Männer haben mit Essen begonnen und murmeln mit vollem Mund nur Unverständliches. Martin ist zuerst wieder zu verstehen: »Das müsstest *du* doch sagen können, bei mir!«, sagt er, bevor er sich eine weitere Gabel mit Fleisch und Tomate in den Mund schiebt.

Hannah droht mit dem Zeigefinger: »Du willst nur weiter essen und nicht auf die Frage antworten!«

Inzwischen hat Achim den Mund frei, er trinkt zunächst etwas Wein, während er überlegt. Dann nimmt er den rechten Daumen zwischen Daumen und Zeigefinger der linken Hand. »Also, ganz konkret spiele ich, seit wir zuletzt in der Eisdiele saßen, jeden Samstag ein bis zwei Stunden Klavier. Das ist eine Veränderung, die man sofort erkennen kann.«

»Vor allem deine Nachbarn«, grunzt Martin kauend, während er schon die nächste Portion auf die Gabel schiebt.

Achim hält jetzt Zeigefinger und Daumen nach oben. »Weniger leicht zu erkennen, aber für mich wohltuend ist, dass ich jeden Tag um die Mittagszeit meine Tür für zehn Minuten schließe und mir einen Power Nap gönne, auf Deutsch: Ich führe meine persönliche Entspannungsübung durch.«

Hannah hakt nach: »Das interessiert mich: Welche der Übungen machst du? Und hast du noch eine CD gekauft oder ein MP3 geladen, oder womöglich einen Kurs besucht?«

Achim, der gerade eine Portion Kartoffeln, Fleisch und Gurken in den Mund geschoben hat, signalisiert mit Zeichensprache: Moment! Nachdem er gekaut und geschluckt hat, erklärt er: »Ich habe mir meine eigene Übung zusammengestellt. Ich fange mit PMR an, spanne die Muskeln an, lasse sie locker, zweimal nacheinander. Meistens nehme ich Arme und Beine gleichzeitig und halte dabei noch die Luft an. Damit schalte ich super schnell um. Danach konzentriere ich mich auf meinen Atem, mache mir bewusst, dass es die nächsten Minuten nur um mich geht, und gehe schließlich zu Schritt eins und zwei aus dem Autogenen Training.«

»Also Schwere und Wärme«, nickt Hannah, »und verwendest du Hilfsmittel?«

»Nö, mir genügt, was wir zusammen mit eurem Neffen gelernt haben. Ich habe am Anfang noch ein paar Mal in die Notizen geschaut – aber inzwischen ist es einfach Übungssache.« Er trinkt einen Schluck und hebt dann drei Finger in die Höhe: »Schließlich habe ich mir während langer Spaziergänge mit meinem Hund klargemacht, dass ich an meiner Aufregung vom Frühsommer selbst schuld war. Die Vorstände tun, was sie tun müssen. Letzten Endes machen sie die Dinge so gut, wie sie es nur können, keiner von ihnen will mich ärgern. Der zentrale Punkt ist tatsächlich, dass es an mir selbst liegt, ob ich mich aufrege oder nicht. Wer hat das gesagt: Selbst schuld – so ein Glück? Das ist genau mein Motto jetzt: Ich kann mich aufregen; und ich kann es genauso gut auch lassen. Seitdem mir das klar ist, lasse ich es ... meistens ...«

»Klingt wirklich gut«, lächelt Hannah nickend und schaut dann zu ihrem Mann. »Und jetzt *du*!«

Martin seufzt, will sich erst rasch Essen in den Mund schieben und lässt die Gabel doch sinken. »Auf eine Art ist es bei mir ähnlich. Du weißt es selbst: Ich bin seit vier Wochen wenigstens einmal pro Woche beim Schwimmen, in der Hälfte der Zeit schaffe ich es auch zweimal, so wie ich es mir vorgenommen hatte.« Er schaut zu Achim und ergänzt: »Du hattest außerdem total recht, neulich in der Eisdiele«, nickt er diesem zu.

Achim antwortet mit breitem Grinsen: »Selbstverständlich – ich habe ständig total recht. Aber was genau meinst du in diesem konkreten Fall?«

Martin muss lachen und erklärt dem Kollegen: »Als du gesagt hast, dass wir den Satz ›Ich muss jetzt zu einem privaten Termin‹ ruhig öfter mal sagen könnten. Ich habe den seither, auch wenn ich nicht zum Schwimmen gefahren bin, sondern einfach direkt nach Hause, mindestens einmal pro Woche angewandt. Es gab noch nicht mal Ärger oder eine Frage deshalb, es scheint offenbar akzeptiert zu werden.«

»Sodom und Gomorrha!«, murmelt Achim, und Hannah lacht.

»Es ist noch schlimmer, als du glaubst«, sagt Martin trocken zu seinem Kollegen, »vor acht Tagen hat sich zum ersten Mal ein Verkaufsleiter aus einem Meeting mit genau diesen Worten verabschiedet! Die Leute gucken sich echt alles ab von ihrem Chef!«

»Und, hast du geschimpft?«, legt Achim den Kopf schief, während Hannah »Gleiches Recht für alle!« murmelt.

»Nee, natürlich nicht«, antwortet Martin. »Ich habe überlegt, wie interessant und wichtig unser Meeting zu dem Zeitpunkt tatsächlich noch war – und entschieden, den letzten Punkt zu vertagen und gleich alle nach Hause zu schicken.«

»Du machst Scherze?!«, sagt Achim verblüfft.

»Warum? Der Verkaufsleiter hatte einfach recht, in den zwanzig Minuten, bevor er ging, hatten wir wenig Wesentliches besprochen. Ich hoffe, in den nächsten Versammlungen merke ich so etwas *vor* meinen Mitarbeitern!«

Achim schüttelt den Kopf: »Coole Story. Cooler Typ, aber auch coole Reaktion von dir!«

»Meinst du, der hat sich das echt von dir abgeschaut?«, fragt Hannah ihren Mann.

»Ich traue es ihm zu, und wie du gerade sagtest: Gleiches Recht für alle. Führungskräfte sollten Vorbild sein – ich denke, sowohl in Bezug auf ihre Leistungsbereitschaft, das war immer schon klar. Sie sollten aber insgesamt Vorbild sein, auch zum Thema Umgang mit sich selbst. Und genug ist genug.«

»Okay«, sagt Achim, »hat sich neben der Tatsache, dass du zur Verweichlichung deiner Mannschaft beiträgst, bei dir selbst noch etwas geändert?«

»Blödmann!«, lacht Martin und fährt fort: »Also, wie gesagt, ich gehe früher, zweimal die Woche, entweder um noch zu schwimmen, oder einfach so. Ich will auch mal zu vernünftigen Zeiten zuhause sein.« Er lächelt zu Hannah. »Außerdem zügle ich meinen übertriebenen Perfektionismus – früher zu gehen gehört da schon mit dazu. Aber ich lobe meine Leute auch mal, wenn sie nur 100 Prozent geleistet haben, und nicht erst bei 120 Prozent.«

Achim schüttelt den Kopf: »Verweichlichung – ich sag es ja!«

»Du wirst staunen – die Leistung unseres Bereichs hat seither nicht nachgelassen, eher im Gegenteil! Ich dachte, als ich begonnen habe, ich mache dieses reduzierte Programm so lange, bis ich nur noch die Nummer zwei unter den Vertriebsgeschäftsführern in der Region bin – dann könnte ich immer noch wieder einen Zahn zulegen. Aber obwohl ich weniger lang arbeite und auch meine Leute für weniger Leistung mehr lobe als zuvor, sind wir weiterhin die beste Truppe im Gebiet.«

»Das ist Zufall«, lästert Achim, während Hannah gleichzeitig »Das ist kein Zufall« sagt.

»Was denn jetzt?«, fragt Martin lachend.

»Kein Zufall«, meint Hannah, »erstens spornt Lob an, und zweitens ist ein Langstreckenläufer, der locker läuft, prinzipiell schneller als einer, der angespannt und angestrengt läuft – schaut euch eine x-beliebige Übertragung an!«

Die Männer wechseln einen Blick, Martin beginnt wieder zu essen, dann meint Achim: »Dem ist nichts mehr hinzuzufügen!«

»Doch«, sagt Martin mit vollem Mund. »Wir haben das Ganze ja offiziell wegen dir durchgeführt …«, er kaut, und Achim rollt mit den Augen. Dann fährt Martin fort: »Aber ganz nebenbei geht es nicht nur dir, sondern auch mir viel besser als vor unserer Reise zu den sieben Stationen. Ich merke, dass Stressmanagement nicht ein riesiges Ding ist, oder extrem viel Arbeit, sondern dass sich ein stressfreier Alltag aus diesen vielen kleinen Schritten, Hebeln, Instrumenten und Tricks zusammensetzt, die wir nach und nach kennengelernt haben.«

Achim nickt: »Das sehe ich genauso. Mir fällt manchmal mitten am Tag irgendein Detail ein, und ich muss lächeln – oft gerade dann, wenn ich mich eigentlich ärgern wollte. Neulich sagte ich über einen Geschäftspartner etwas, das mit ›… der Typ *stresst mich total*‹ aufgehört hat. Als ich gehört habe, dass ich so etwas sagte, musste ich lachen und habe mich direkt korrigiert: ›Quatsch!‹, habe ich gesagt, ›das *kann* der ja gar nicht!‹. Ich habe noch eine gute Minute weiter gelacht, zum Teil über mich, zum Teil voller Zufriedenheit über meine innere Freiheit. Von Stress war in dem Moment jedenfalls keine Rede mehr.«

»Genau«, lacht Martin, »ähnliche Situationen habe ich auch einige Male erlebt. Es ist ein geniales Gefühl, sich bei einem alten schädlichen Muster selbst zu erwischen. Im gleichen Moment gewinnt man die Freiheit, zum neuen, besseren Muster zu wechseln. Du siehst also: Glücklicherweise hast du dich in der ersten Hälfte des Jahres dermaßen selbst gestresst, dass wir dir helfen mussten – und jetzt geht es nicht nur dir, sondern auch mir viel besser. Du bist schuld daran!«

»Eben nicht!«, sagt Achim. »Du bist selbst schuld daran!«

Anhang: Informations- und Übungsmaterial

Die Lupe

Kurzinfo Steinzeit

»Stress« beschreibt ursprünglich eine Reaktion unseres Organismus auf eine akut wahrgenommene Bedrohung. Unser Organismus reagiert hier noch wie in der Steinzeit, als wilde Tiere reale Bedrohungen unserer Existenz darstellten.

Zur Verfügung standen lediglich die Reaktionen »Fight« oder »Flight« sowie die Möglichkeit, sich tot zu stellen (»Freeze«). Für Fight und Flight, Angreifen und Abhauen, benötigte der Körper Kraft und Schnelligkeit. Beides wurde vor allem durch das Hormon Adrenalin unterstützt: Unter anderem durch hohen Puls, rasche Atmung und weitere Veränderungen sorgt es dafür, dass die Muskeln besonders rasch besonders viel Sauerstoff erhalten.

Diese typische Stressreaktion des Körpers läuft heute noch identisch ab – mit dem Unterschied, dass keine wilden Tiere mehr da sind. Daher wissen wir heute gar nicht, wogegen wir kämpfen oder wovor wir fliehen sollen, wenn wir diese Reaktion fühlen. Besonders fatal ist außerdem, dass diese Körperreaktion damals nur für drei bis fünf Minuten benötigt wurde, wäh-

rend wir uns heute oft Tage, Wochen oder Monate in diesem Modus befinden.
Als typische Fight- oder Flight-Reaktionen der Gegenwart können wir zum Beispiel beobachten:

Angriff: verbale Attacke * lautes »vor sich hin Schimpfen« * jemanden anschreien * die Schuld auf andere schieben * die Fehler anderer betonen * körperliche Attacke * aggressiv Auto fahren * ...

Flucht: räumlicher Rückzug * geistiger Rückzug * Dienst nach Vorschrift * häufige Pausen an der frischen Luft – oder bei einer Zigarette oder mit einem Kaffee * sich verleugnen lassen * sich durch Sport abreagieren * ...

Sollten Sie dieses oder ähnliches Verhalten bei sich, einem Mitarbeiter, einem Kollegen oder natürlich bei einem Familienangehörigen vermehrt feststellen, wäre es gut, ähnlich wie es Martin Dampf getan hat, das Gespräch zu suchen. Womöglich können Sie auch den folgenden Selbsttest ausfüllen beziehungsweise ausfüllen lassen.

Übung: Stress-Selbsttest

Bitte beantworten Sie die folgenden Fragen in Bezug auf die vergangenen drei Monate Ihres Lebens. Dabei bedeutet 0 = nie, 1 = manchmal, 2 = andauernd.

Aussage	**0**	**1**	**2**
Ich schiebe Erholungsphasen auf.			
Ich bekomme zu wenig Anerkennung.			
Ich fühle mich überfordert.			
Ich mache Fehler.			
Ich habe zu wenig Zeit.			
Ich habe sorgenvolle Gedanken.			
Ich streite mich mit anderen.			
Ich trage große Verantwortung für andere.			
Ich habe Versagensängste.			
Ich muss einen guten Eindruck hinterlassen.			
Ich muss mich bewähren, stehe unter Erfolgsdruck.			
Ich bin sozial isoliert.			
Ich mag meine Arbeit nicht.			
Ich habe zu viel zu tun.			
Ich komme nicht dazu, meine Fähigkeiten einzusetzen.			
Ich muss mich mit neuen Situationen auseinandersetzen.			
Ich habe mit vielen Menschen zu tun.			
Ich habe erhöhten Blutdruck.			
Ich habe Kopfschmerzen und/oder Rückenschmerzen.			
Ich habe Magen- und Verdauungsbeschwerden.			
Ich schwitze stark.			
Ich schlafe schlecht ein oder durch.			

Ich bin erschöpft und müde.			
Ich bin deprimiert.			
Ich bin nervös.			
Ich zweifle an mir selbst.			
Ich bin lustlos (auch sexuell).			
Ich grübele nach.			
Ich bin unzufrieden.			
Ich bin unkonzentriert.			
Mein Gedächtnis lässt nach.			
Ich habe Mühe mit Neuem.			
Ich bin ungeduldig.			
Ich entscheide mich nur schwer.			
Ich mache zu wenig Sport.			
Ich esse unregelmäßig.			
Ich rauche.			
Ich kann nicht gut zuhören.			
Ich bin frustriert.			
Ich kann mich nicht konzentrieren.			
Summe aller Kreuze:			
	(x0)	**(x1)**	**(x2)**
Produkte:			
Gesamtsumme:			

Auswertung:
Wenn Sie alle Fragen angekreuzt haben, bilden Sie in jeder der drei Spalten die Summe der Kreuze. Das sollte insgesamt die Zahl 40 ergeben ... Ignorieren Sie nun die Anzahl der Kreuze in Spalte 0 (»nie«), verdoppeln Sie dafür das Ergebnis der Spalte 2 (»andauernd«). Addieren Sie das einfache Ergebnis aus Spalte 1 (»manchmal«) mit dem verdoppelten Ergebnis der Spalte 2. Dies ist Ihre Gesamtpunktzahl. Das zu Ihrer Punktzahl gehörende Ergebnis können Sie im Folgenden lesen.

0 – 13 Punkte
Sie scheinen alles so ziemlich unter Kontrolle zu haben. Alle Menschen haben manchmal etwas stressbeladenere Tage, aber bei Ihnen sind diese wohl die Ausnahme. Achten Sie darauf, dass Sie in Bewegung bleiben und eine Entspannungstechnik lernen oder weiter praktizieren, damit Sie auch in Zeiten stärkerer Belastung so entspannt bleiben können wie heute.

14 – 27 Punkte
Sie leiden unter Stress. Bevor der Stress bei Ihnen seine krankmachende Wirkung entfalten kann, sollten Sie Ihre Fähigkeit zum Umgang mit Stress unbedingt verbessern.

> 28 Punkte
Sie sind bereits im Teufelskreis des chronischen Stresses gefangen. Vermutlich hat er bei Ihnen schon seine krankmachende Wirkung entfaltet. Für Sie ist es allerhöchste Zeit, etwas zu tun.

(Test und Auswertung mit freundlicher Genehmigung entnommen aus Bamberger 2007)

Kurzinfo Stressfolgen

Stressfolgen lassen sich in vier Lebensfeldern finden: geistig, emotional, körperlich und im Verhalten. Man unterscheidet zwischen kurz- und mittelfristigen Folgen. Die kurzfristigen stellen die klassische Stressreaktion dar, der Körper ist sozusagen bereit für den Tiger. Hier ist Adrenalin im Spiel. Bei den langfristigen Folgen werden noch andere Hormone aktiviert, über eine Reaktionskette geht es vor allem um Cortisol und Aldosteron.

Die Folgen im Überblick:

	kurzfristig	**langfristig**
Denken	gesteigerte Konzentration »Tunnelblick«	Konzentrationsstörungen Gedächtnisstörungen Grübelei
Fühlen	reizbar, aggressiv hektisch	Ängste Ohnmachtsgefühl Depression, Burn-out
Körper	Puls & Blutdruck erhöht Atemfrequenz erhöht Muskelspannung erhöht Libido reduziert Darmtätigkeit reduziert Fettausschüttung vermehrt	Bluthochdruck Schlafstörungen Rückenschmerzen Impotenz Verdauungsstörungen Herzinfarkt, Schlaganfall
Verhalten	Ziellose Hektik Alkohol, Zigaretten »Legale Drogen« (Beruhigungsmittel, Schlafmittel, Aufputschmittel)	Sozialer Rückzug Dienst nach Vorschrift Abhängigkeit: • Alkohol • Tranquilizer • Aufputschmittel

Der Hammer

Kurzinfo Beeinflussbares verändern!

Der erste Schritt bei der Bekämpfung von Stress sollte prinzipiell sein, zu überprüfen, ob man das, was den Stress auslöst, verändern kann. Da dies nicht von allen Menschen automatisch umgesetzt wird, wird es als eigenes Prinzip hier explizit aufgeführt.

Ich sollte also zunächst klären, ob der Stressor von mir beeinflussbar ist. Ist er beeinflussbar, steht mein Ziel fest: Getreu dem flapsigen Motto im Text – »Mach kaputt, was dich kaputt macht!« – lautet die oberste Regel, wenn möglich die *Ursache* der Probleme zu beseitigen.

Einige einfache Beispiele:

Leide ich unter Lärm am Arbeitsplatz, sollte ich mir einen Gehörschutz zulegen. Nervt mich der Geräuschpegel im Großraumbüro oder das laute Telefonieren meines Büronachbarn, sollte ich durch veränderte Positionierung eine Reduktion herbeiführen. Alternativ kann ich verschiedene Übungen für eine bessere Konzentrationsfähigkeit durchführen. Solche Übungen gibt es, und ich werde schon innerhalb von zwei bis drei Wochen in der Lage sein, die genannten Störreize mental auszublenden.

Habe ich das Gefühl, dass mich mein Chef durch immer wieder neue Anweisungen stresst oder dass er mich nach dem Motto »Alles ist gleichermaßen wichtig« mit Arbeit überhäuft, die ich quantitativ nicht bewältigen kann, sollte ich das Gespräch mit ihm suchen und ihm meine Situation schildern. Ein Gesprächsziel könnte sein, ihn darum zu bitten, mir bei zukünftigen Aufgaben jeweils mitzuteilen, ob es sich für ihn um eine A-, B- oder nur eine C-Priorität handelt.

Auch wenn mein Nachbar sonntags wiederholt den Rasenmäher oder gar die Kettensäge anwirft, sollte ich das Gespräch suchen, anstatt mich nägelkauend im Keller zu verbarrikadieren, bis es vorbei ist.

Erst wenn all dies nichts nützt, wenn ich also die Umwelt, die »Physik« im erweiterten Sinn, nicht beeinflussen kann – oder natürlich wenn ich von Anfang an die Gegebenheiten als »nicht beeinflussbar« einstufe –, sollte ich die verschiedenen Strategien zur psychologischen Veränderung anwenden, von denen die folgenden Kapitel handeln.

Der Hebel

Stressauslöser wirken nicht auf jeden Menschen gleich. Es hängt sehr stark von unserer subjektiven Bewertung ab, ob wir einen Stressor überhaupt als Stress empfinden:

Stressor → **Bewertung** → **Stress**

Unsere persönlichen Einstellungen können also sehr stark dazu beitragen, ob wir bestimmte Situationen als Stress empfinden oder nicht. Man nennt diese Einstellungen *Stressverstärker*.

Die bekanntesten und häufigsten Stressverstärker finden Sie hier aufgelistet:

Perfektionismus
Wer immer alles perfekt machen möchte, wird zum einen erst spät fertig (Pareto-Prinzip). Er wird zum anderen auch häufiger als andere unzufrieden sein, weil etwas »nur« zu 98 Prozent gelungen ist.

Ungeduld
Wer nicht gut warten kann, wird in unserem Alltag permanent Gründe für Aufregung und Bluthochdruck finden – ob am Postschalter, an der Supermarktkasse oder im Stau. Unsere Welt ist reich an Gelegenheiten, sich in Geduld zu üben.

Hilfsbereitschaft
Dies ist eine Tugend und kann dennoch, im Übermaß, Stress verstärken: Wer immer und überall »Hier!« ruft oder »Lass mich nur machen!«, halst sich eine Menge zusätzlicher Aufgaben auf – sei es im Beruf, in der Familie oder im Verein.

Keine Hilfe annehmen oder einfordern können
Auch die Unfähigkeit, Hilfe anzunehmen, ist oft verantwortlich für Überlastung. Kollegen, die nicht um Hilfe bitten können, ebenso wie Führungskräfte, die sich schwer damit tun, Aufgaben zu delegieren, werden langfristig nicht klarkommen, weil zu viel auf ihren Schreibtischen liegen bleibt.

Harmoniebedürfnis
Wer großen Wert darauf legt, es immer allen Menschen recht zu machen, muss entsprechend dem bekannten Sprichwort »Allen Menschen recht getan, ist eine Kunst, die niemand kann« scheitern, da er sich selbst eine unlösbare Aufgabe stellt.

Wie können wir mit diesen Stressverstärkern umgehen? Fordern wir sie heraus, trainieren wir, uns von ihnen zu befreien! Putzen wir nicht jeden Tag jedes Zimmer unserer Wohnung perfekt! Nehmen wir eine Warteschlange oder einen Stau bewusst als »geschenkte kleine Pause« an – oder wenigstens als Gelegenheit, um Geduld zu üben! Sagen wir gelegentlich Nein! Überwinden wir uns, um Hilfe zu bitten! Riskieren wir einen Konflikt!

Neben diesen Stressverstärkern gibt es verschärfend bestimmte *stressfördernde Denkstile*. Die wichtigsten sind ebenfalls hier aufgeführt:

Verallgemeinerung negativer Erlebnisse
Wer einen Einzelfall verallgemeinert und ihn zum Normalfall macht (»*immer* passiert mir dies und jenes«), leidet natürlich

viel stärker darunter, als wenn er erkennen würde, dass er über einen seltenen oder einzelnen Vorfall räsonniert.

Selektive Wahrnehmung negativer Erlebnisse
Ähnlich wirkt auch die selektive Wahrnehmung. Wer sich ausschließlich auf negative Erfahrungen konzentriert, verliert die neutralen und positiven Dinge aus dem Blick. Somit erscheinen die negativen Erlebnisse immer größer, wichtiger und zentraler – was dazu führt, dass man stärker darunter leidet.

Neigung zum Personalisieren
Wer alles, was geschieht, auf sich bezieht, hat es ebenfalls nicht einfach: »Der Chef hat schlechte Laune – ich muss etwas falsch gemacht haben.« »Ich stehe im Stau – ist ja total klar, dass das *mir* passiert!« »Mein Nachbar mäht um diese Zeit den Rasen – bestimmt tut er das extra, um mich zu ärgern!« Mit diesem Denkstil fühlt man sich vom Unglück und von Nachstellungen anderer persönlich verfolgt, was natürlich zusätzliche innere Anspannung verursacht.

Katastrophisieren
Auch wer dazu neigt, ständig schwarzzusehen, und wer ständig aus der berühmten Mücke den ebenso berühmten Elefanten macht, bereitet sich selbst unnötige Probleme: »Wenn ich die anstehende Präsentation in den Sand setze, bin ich für immer blamiert ... werde entlassen ... nie mehr einen Job bekommen ...« Plötzlich geht es nicht nur um zehn Minuten Präsentation, sondern es geht gleich um meine Existenz. Ich werde schon Tage vor dem Ereignis angespannt sein – und natürlich auch nicht gelassen und optimal präsentieren.

Im Kapitel »Fernbedienung« lernen wir einige wirkungsvolle Strategien kennen, um mit diesen Denkstilen konstruktiv umzugehen.

Die Fernbedienung

Manche Menschen versetzen sich unbewusst selbst in Stress, indem sie ein intensives inneres *Kopfkino* betreiben. Im vorangegangenen Kapitel haben wir zum Beispiel das Katastrophisieren kennengelernt, das Personalisieren oder die Neigung, Dinge zu verallgemeinern. Wir kennen das aus unserem Alltag, bei uns oder bei anderen: »Wenn ich einen Fehler mache, werde ich sofort entlassen!« »Bei meinem Vortrag morgen werde ich mich bestimmt bis auf die Knochen blamieren!« »Ich glaube, die Leute hier in unserer Straße können mich nicht wirklich leiden!« ...

Gegen diese belastende Art des Kopfkinos helfen unter anderem folgende geistige Strategien:

Kurzinfo Mentale Techniken

Realitätstest
Überprüfen Sie Ihre Annahme, indem Sie Fragen stellen wie: »Ist das *wirklich* so? Welche *Tatsachen* sprechen für meine Annahme? Gibt es *andere* Möglichkeiten, die Situation zu erklären? Gibt es nur negative Seiten, oder auch positive Seiten?«

Entkatastrophisieren
Auch diese Strategie wirkt als Realitätsabgleich. Fragen Sie sich in Bezug auf Ihre Sorgen beispielsweise: »Was würde denn *schlimmstenfalls* geschehen? Wie schlimm wäre das *wirklich*? Wie *wahrscheinlich* ist das? Was wäre *schlimmer* als diese Situation?«

Distanzierung in der Zeit
Wer kennt das nicht: Was heute schrecklich groß aussieht, ist morgen schon vergessen. Wenn wir uns das bewusst machen, können wir schon heute damit beginnen, unsere Reaktion zu verändern. Einige geeignete Fragen: »Wie werde ich später, in einem Monat oder in einem Jahr, über die Situation denken?

Wenn ich mir vorstelle, ich wäre schon zehn Jahre weiter – wie werde ich diese Situation rückblickend betrachten?«

Distanzierung im Raum
Schon unsere Großeltern wussten, wie man innere Distanz zum aktuellen Problem erreichen kann, denn auch sie kannten Fragen wie: »Was würde ein guter Freund jetzt sagen? Wie würde sich ein Freund oder eine vollkommen andere Person hier verhalten? Was würde ich einem Freund raten, wenn dieser sich in einer ähnlichen Situation befände?«

Lustprinzip
Auch die Orientierung am Lustprinzip kann hilfreiche Beiträge leisten, aus dem geistigen Hamsterrad auszusteigen. Wenn Sie sich dabei ertappen, dass Sie sich in ein Problem mental verbissen haben, ohne einer Lösung näher zu kommen ... wenn Sie vielleicht einfach nur schimpfen oder sich selbst bedauern ..., dann experimentieren Sie einmal mit solchen Fragen: »Wie *fühle* ich mich eigentlich gerade, wenn ich diese Gedanken habe? *Helfen* mir die Gedanken, die Situation zu bewältigen? *Bringt* es mir irgend etwas Positives, in dieser Art und Weise zu denken?«

Reframing
Hier geht es darum, einer Sache einen neuen Rahmen zu geben. Man nennt diese Technik auch Umdeuten. Erneut soll die Perspektive gewechselt werden – diesmal möchten wir unsere Bewertung der Situation verändern. Die Technik erfordert ein gewisses Maß an Kreativität – wenn man sie beherrscht, ist sie sehr wirkungsvoll. Beispielfragen können sein: »Was ist *das Gute im Schlechten*? Was für einen *Vorteil* habe ich vom Problem? Wie könnte ich das Problem vielleicht noch und *anders sehen*?«

Der Fallschirm

Kurzinfo Entspannen allgemein

Jeder Mensch ist in der Lage, sich zu entspannen. Es ist eine Frage der *Erwartungen* (am Anfang nicht zu viel erwarten), des *Trainings* (man benötigt Übung) und des *Verfahrens* (wenn ein Verfahren nicht passt, dann passt dafür ein anderes).

Schon kurzfristig finden im Körper während einer einzigen Entspannungsübung messbare Veränderungen statt: Die Pulsrate sinkt, die Atemfrequenz ebenfalls. Auch der Muskeltonus (ein Maß für die Anspannung der Muskeln) verringert sich, während sich Parameter des Immunsystems kurzfristig verbessern. Nach einer Entspannungsphase von fünf bis fünfzehn Minuten ist der Körper erholt und ausgeruht, die Leistungsfähigkeit verbessert sich.

Langfristig sind Menschen, die sich regelmäßig täglich für fünfzehn bis zwanzig Minuten entspannen, gelassener. Auch ihr Immunsystem ist kräftiger als bei Menschen, die nicht regelmäßig entspannen.

Um gut zu entspannen, sollten Sie eine ruhige Umgebung aufsuchen sowie Störungen (Telefon) ausschalten. Sie können im Sitzen oder Liegen entspannen – ich empfehle, es im Sitzen zu erlernen. Dabei ist es wichtig, den Körper in eine stabile und balancierte Position zu bringen. Meistens ist es hilfreich, die Augen zu schließen, um sich besser auf sich selbst zu konzentrieren.

Zu Beginn einer Entspannungsübung können Sie *mental »von außen nach innen« gehen*: Horchen Sie mit geschlossenen Augen auf Geräusche von draußen ... dann auf Geräusche im Haus oder im Raum ... fühlen Sie Ihren Körper auf der Unterlage, die Sie benützen ... fühlen Sie das Gewicht des Körpers ... lenken Sie Ihre Aufmerksamkeit schließlich nach innen und konzentrieren Sie sich zum Beispiel auf Ihre Atmung.

Indem Sie Ihre *Wahrnehmungen innerlich verbalisieren* (»Ich sitze hier und höre die Geräusche der Autos vor dem Haus ...

Stimmen der Passanten ...«, und so weiter), gewöhnen Sie sich einen ritualhaften Einstieg in die dann folgende eigentliche Entspannung an. Dies wird Ihnen später helfen, rasch und routiniert zu entspannen.

Am Ende ist es wichtig, *die Übung zurückzunehmen*: Räkeln Sie sich, wenn Sie die Augen öffnen, und atmen Sie bewusst tief durch.

Wenn vermeintliche *Störungen* auftauchen, sollten Sie nicht dagegen ankämpfen, sondern diese *akzeptieren* oder in die Erfahrung *einbauen*: Wenn Sie bemerken, dass Sie mit Ihren Gedanken immer wieder abschweifen, dann ist es hilfreich, sich dies explizit zu erlauben. Ein Bild dazu: »Meine Gedanken ziehen vorüber wie Wolken am Himmel.« Wenn Sie sich von Geräuschen oder Ähnlichem gestört fühlen, können Sie diese als Verstärker nützen, indem Sie sich sagen: »Je länger ich den Straßenlärm höre, desto ruhiger und entspannter kann ich dabei werden.«

Kurzinfo Atemtechniken

Auf die eigene Atmung zu achten, ist eine der einfachsten Entspannungstechniken. Schon der gleichmäßige Rhythmus des Atmens hat beruhigende Wirkung. Da es vielen Menschen schwerfällt, über längere Zeit nichts zu tun, gibt es einige Techniken, um sich selbst zu beschäftigen, während man mit einer Atemtechnik entspannt. Ich habe sie hier so notiert, wie sie auf Jonathans Zetteln stehen – damit können Sie sie ohne CD, MP3 oder Kurs selbst erlernen.

Der erste Satz lautet dabei jeweils: »Nachdem Sie sich stabil positioniert und die Augen geschlossen haben, gehen Sie langsam von außen nach innen.« Dann können Sie wählen:

Rückwärtszählen
»Zählen Sie bei jedem Ausatmen langsam rückwärts bis zur Zahl Null. Mit jedem Ausatmen denken Sie innerlich die je-

weils nächste, niedrigere Zahl, bis Sie die Null erreicht haben. Sie können bei zehn beginnen oder bei zwanzig – probieren Sie aus, was Ihnen angenehm ist.«

Auf und ab zählen
»Parallel zum Einatmen zählen Sie von eins bis vier. Parallel zum Ausatmen zählen Sie von vier bis eins. Beobachten Sie, wie Sie von allein immer ruhiger werden. Sie können variieren: Wenn Sie möchten, zählen Sie von eins bis fünf oder von eins bis sechs. Sie können auch unterschiedliche Längen verwenden – dann ist es wichtig, dass sie die *größere* Zahl beim *Ausatmen* verwenden. Sitzen Sie einfach da und begleiten Sie das Aus- und Einatmen mit den entsprechenden Zahlen. Richten Sie das Tempo des Zählens nach der Atmung, nicht umgekehrt. Probieren Sie, was gut passt, und führen Sie dies etwa fünf Minuten lang durch.«

Pausenzählen
»Nachdem Sie Ihre Aufmerksamkeit auf Ihre Atmung gerichtet haben, beginnen Sie, deren Rhythmus ganz einfach zu begleiten. In jeder Pause zwischen Ein- und Ausatmen ebenso wie in jeder Pause zwischen dem Aus- und Einatmen zählen Sie in angenehmem Tempo von eins bis drei. Einatmen … eins – zwei – drei – Ausatmen … eins – zwei – drei … führen Sie dieses Muster etwa fünf Minuten lang durch.«

Quadratatmen
»Stellen Sie sich ein Quadrat vor. Richten Sie Ihren Blick gedanklich auf die Ecke oben links und lassen Sie ihn, während Sie einatmen, von dieser Ecke aus waagrecht am Quadrat entlang zur Ecke oben rechts wandern. Bevor Sie ausatmen, wandert Ihr Blick die senkrechte Linie rechts am Quadrat hinunter. Wenn Sie dann ausatmen, lassen Sie Ihren Blick unten am Quadrat entlang zur linken unteren Ecke wandern. In der Pause,

bevor Sie wieder einatmen, wandert der Blick schließlich zurück zur ersten Ecke oben links. Beginnen Sie von vorne und atmen langsam ein, während Ihr Blick erneut von links nach rechts wandert – und so weiter. Praktizieren Sie dies für fünf Minuten.«

Spruch
»Nachdem Sie Ihre Augen geschlossen und Ihre Aufmerksamkeit langsam von der Außenwelt nach innen gelenkt haben, beginnen Sie, Ihre Atmung zu beobachten. Einfach nur beobachten. Nach und nach können Sie *jedes Einatmen begleiten* mit den gedachten Worten »Ich bin ...«. *Jedes Ausatmen begleiten* Sie innerlich mit den Worten »... im Frieden.« Wenn Ihnen die Formulierung nicht zusagt, können Sie natürlich variieren und einfach nur »Ich bin ... ganz ruhig« denken. Führen Sie diese Übung etwa fünf Minuten lang durch.«

Vergleichen Sie die verschiedenen Atemübungen. Welcher Ansatz hat Ihnen entsprochen, welcher nicht? Die Ansätze lassen sich kombinieren, sie lassen sich auch abwandeln. Experimentieren Sie einige Male damit, bis Sie Ihre persönliche Variante gefunden haben.

Kurzinfo PMR

PMR, Progressive Muskelrelaxation, ist eine Methode, die Edmund Jacobson entwickelt hat. Dabei erlernt man das Gefühl der Entspannung als Kontrast zum Gefühl der Anspannung. Nach und nach (= progressiv) arbeitet man alle wichtigen Muskeln des Körpers durch. Man spannt sie an, fühlt die Spannung, lässt los und konzentriert sich auf den Unterschied. »*Dies* ist die *Entspannung*«, lautet jedes Mal die Botschaft. Jede Muskelgruppe wird dabei zweimal angespannt und gelöst.

Ein Vorteil von PMR besteht darin, dass man es sehr rasch erlernen kann, denn die Wirkung setzt schnell ein, wenn sie auch nicht immer so tief führt wie beim Autogenen Training. Gerade für Menschen, die stark unter Spannung stehen, ist PMR gut geeignet, weil man diese Menschen gut »abholt«. Man sagt ihnen nicht: »Lassen Sie Ihre Spannung einfach los!« – was ihnen schwerfallen würde. Man bittet sie vielmehr: »Gehen Sie doch bitte zunächst einmal *mit* Ihrer Spannung mit und *erhöhen* Sie diese, bevor Sie *dann* loslassen!« Diese Strategie fällt natürlich viel leichter, wenn man sowieso schon angespannt ist.

War PMR ursprünglich mit dreißig angesprochenen Muskeln sehr ausführlich und etwas umständlich, gibt es verschiedene kürzere Versionen, bei denen man einige Muskelgruppen gleichzeitig anspricht. Wir verwenden wieder die fiktive Anleitung von Jonathans Blättern.

»Setzen Sie sich wie immer bequem und stabil hin. Schließen Sie Ihre Augen, gehen Sie wie gewohnt von außen nach innen.

Sie werden jetzt der Reihe nach verschiedene Muskelgruppen anspannen, die Spannung für einige Sekunden maximieren und halten, dabei die extreme Anspannung fühlen – und dann schlagartig loslassen. Nach etwa fünfzehn Sekunden wiederholen Sie das, danach geht es zur nächsten Muskelgruppe weiter. Achtung, wichtig: Bitte achten Sie darauf, jeweils weiterzuatmen!

Arme hochnehmen, zum Oberkörper ziehen, Fäuste ballen, Unter- und Oberarme anspannen, Spannung steigern, bis es vibriert (weiteratmen!), diese Spannung deutlich fühlen. Dann auf einen Schlag loslassen, Arme fallen lassen – zack! Das Gefühl der Entspannung, das sich ausbreitet, wahrnehmen und genießen (zweimal)!

Gesicht zu einer Grimasse verzerren, Kinn und damit Kopf ganz nach hinten in den Nacken drücken, Druck auf alle Muskeln erhöhen (weiteratmen!), Spannung in Gesicht und Nacken fühlen – und loslassen! Das Gefühl der Entspannung im Bereich von Gesicht und Nacken wahrnehmen und genießen (zweimal)!

Tief einatmen, diesmal Luft anhalten, dabei Schulterblätter im Rücken zusammendrücken, fest, und Bauchnabel weit in Richtung der Wirbelsäule ziehen, intensive Spannung in Rumpf und Schultern fühlen – und loslassen! Entspannung in Rumpf und Rücken wahrnehmen und genießen (zweimal)!

Beine fest in Richtung Unterlage (Fußboden, Sessel oder Matte, Bett) pressen, dabei Zehen in Richtung Gesicht ziehen und Spannung für einige Sekunden halten – schließlich loslassen! Entspannung in den Beinen wahrnehmen und genießen (zweimal)!

Beim vierten Teil richten Sie nach dem zweiten Durchgang Ihre Aufmerksamkeit auf die zunehmende Gesamtentspannung. Dabei können Sie außerdem beginnen, Ihre Atmung zu beobachten.«

Kurzinfo AT

Autogenes Training besteht aus Übungen der Grundstufe, die der Entspannung dienen, sowie aus weiteren Übungen, in welchen gezielte Suggestionen eingesetzt werden. Zum Entspannen genügt also die Grundstufe. Das Prinzip, das hier im Buch über Jonathans Ansatz propagiert wird, hatte der Begründer des Autogenen Trainings, J. H. Schultz, als Basis vorgesehen: Man benötigt dabei keinen Lehrer, der den Schüler anleitet, keine Stimme, die von außen spricht – man kann vielmehr *auto-gen*, also von sich erzeugt, diese Entspannungsmethode erlernen.

In diesem Sinn blenden wir uns zum dritten Mal in die schriftlichen Anleitungen aus Jonathans Blättern ein, diesmal verwenden wir seine Anleitung für AT:

»Sie werden hier die sechs Übungen der Grundstufe des AT lesen und erlernen.

Wenn Sie es klassisch angehen möchten und etwas Geduld mitbringen, führen Sie einige Tage lang jede Übung separat für fünf bis zehn Minuten durch.

Es ist aber auch möglich, Übung eins und zwei, Schwere und Wärme, schon früh zu kombinieren. Probieren Sie, was Ihnen liegt. Viele Menschen können sich übrigens bereits durch Übung eins und zwei hervorragend entspannen, wenn sie sie einige Wochen lang trainiert haben. Andere führen Übung eins bis vier durch, um zu entspannen – und viele nützen natürlich auch alle sechs Übungen.

Hier folgen die Anleitungen. Denken Sie daran, sich zunächst wieder in eine stabile Haltung zu bringen, am besten sitzend. Schließen Sie Ihre Augen und lassen Sie Ihre Aufmerksamkeit langsam von außen nach innen wandern. Danach beginnen Sie mit der Übung.

1. Schwere: Sprechen beziehungsweise denken Sie innerlich fünf bis sechs Mal den Satz ›Meine Arme und Beine sind angenehm schwer …‹. Danach sagen Sie sich, ebenfalls innerlich, den allgemeinen Satz: ›Ich bin vollkommen ruhig und gelassen.‹ Dann beginnen Sie von vorn und wiederholen den ersten Satz fünf oder sechs Mal, bevor Sie erneut den zweiten Satz denken. Dies führen Sie für fünf bis zehn Minuten durch. Beobachten Sie, was sich in Ihrem Körper während dieser Zeit verändert – insbesondere natürlich, welches Gefühl von Schwere sich in Armen und Beinen und im ganzen Körper einstellt.

2. Wärme: Sprechen beziehungsweise denken Sie nun innerlich fünf bis sechs Mal den Satz ›Meine Arme und Beine sind angenehm warm …‹. Danach sagen Sie sich den allgemeinen Satz aus der ersten Übung: ›Ich bin vollkommen ruhig und gelassen.‹ Beginnen Sie von vorn, wiederholen Sie den ersten Satz (warme Arme und Beine) fünf oder sechs Mal, bevor Sie den zweiten, allgemeinen Satz verwenden. Dies führen Sie fünf bis zehn Minuten lang durch. Beobachten Sie, was in Ihrem Körper während die-

ser Zeit passiert – insbesondere natürlich, welches Gefühl von Wärme in den Armen und Beinen und im ganzen Körper entsteht.

3. Herz: Konzentrieren Sie sich fünf bis sechs Mal auf den Satz ›Mein Herz schlägt ruhig und kräftig …‹. Auch hier lassen Sie einmal den allgemeinen Satz ›Ich bin vollkommen ruhig und gelassen‹ folgen, bevor Sie wieder von vorn beginnen. Wiederholen Sie den ersten Satz über das Herz fünf bis sechs Mal, bevor Sie wieder die allgemeine Aussage nach innen geben. Führen Sie die Übung einige Minuten durch. Beobachten Sie, was sich in Ihrem Körper während dieser Zeit verändert – insbesondere natürlich, welche Veränderung Ihres Herzschlags Sie nach einiger Zeit wahrnehmen können.

4. Atem: Hier lautet der zentrale erste Satz ›Meine Atmung ist ruhig und gleichmäßig …‹. Diesen Satz denken Sie wie in den anderen Übungen fünf oder sechs Mal, wechseln zum allgemeinen Satz ›Ich bin vollkommen ruhig und gelassen …‹ und beginnen dann wieder von vorn. Auch für diese Übung können Sie fünf bis zehn Minuten verwenden. Beobachten Sie, wie sich Ihr Körper durch die Atemübung entspannt. Wichtig ist, nicht aktiv in den Atem einzugreifen, sondern ihn lediglich zu beobachten.

5. Bauch: Die Formel für den Bauch hieß ursprünglich ›Das Sonnengeflecht ist strömend warm …‹. Diese Formel können Sie verwenden – im Solarplexus sind bekanntlich besonders viele Nervenenden vereint. Alternativ sagen Sie sich in Gedanken die Formel ›Der Bauch ist strömend warm …‹ fünf oder sechs Mal, dann einmal die allgemeine Suggestion ›Ich bin vollkommen ruhig und gelassen …‹ – und starten wieder mit dem Satz für den Bauch. Sie kön-

nen auch diese Übung, um sie zu trainieren, für einige Tage fünf bis zehn Minuten lang durchführen. Beobachten Sie, was sich dabei im Körper nach und nach verändert.

6. Stirn: Mit der letzten Formel für die Stirn soll hohe geistige Klarheit erreicht werden. Sie lautet ›Die Stirn ist angenehm kühl …‹. Wie auch in den Übungen zuvor wiederholen Sie dies einige Male, dann folgt der allgemeine Satz ›Ich bin vollkommen ruhig und gelassen‹. Beginnen Sie wieder von vorn, die Struktur entspricht den ersten fünf Übungen. Üben Sie die Stirnkühle für einige Minuten, und das einige Tage lang.

Vollständige Unterstufe des AT: Wenn Sie alle sechs Übungen separat trainiert haben, können Sie dazu übergehen, in Übungseinheiten von circa zehn bis fünfzehn Minuten alle sechs Übungen zu kombinieren. Führen Sie für gut zwei Minuten die Schwereübung durch, verwenden Sie weitere zwei Minuten auf Übung zwei, drei und vier, danach folgen die Übungen für Bauch und Stirn, je nach Geschmack ähnlich lang oder ein wenig kürzer. Nach einigen Tagen werden Sie merken, welche Übungen für Sie persönlich besonders wirkungsvoll sind.

Zwei Anmerkungen: Sie werden feststellen, dass es am Anfang nicht immer gelingt, innerhalb von fünf bis zehn Minuten deutlich fühlbare körperliche Reaktionen hervorzurufen – bleiben Sie trotzdem dran. Es heißt nicht umsonst Training, denn es muss tatsächlich trainiert werden, damit es wirkt. Weiterhin werden Sie bemerken, dass zum Beispiel, während Sie Übung zwei trainieren und auf die Wärme warten, sich Schwere im ganzen Körper einstellt. Das ist vollkommen in Ordnung, denn es ist ein Zeichen dafür, dass Ihr Körper lernt, ›umzuschalten‹ von aktiv auf ruhig und regenerativ. Freuen Sie sich darüber!«

Der Scheinwerfer

Mit jedem vorgestellten und vielen anderen Entspannungsverfahren erreicht man mit regelmäßiger Übung einen veränderten Bewusstseinszustand. In diesem Zustand ist der Körper in der Lage, rasch zu regenerieren. Darüber hinaus ist der Mensch in diesem Zustand auch offener und empfänglicher für Suggestionen. Sich zu entspannen hat deshalb sowohl körperliche als auch geistige Vorteile. Es folgen einige Hinweise, wie Sie sich im entspannten Zustand wirkungsvoll selbst beeinflussen können, um wichtige Ziele leichter zu erreichen.

Kurzinfo Autosuggestion und Selbsthypnose

Unser Gehirn »denkt« metaphorisch gesprochen in Bildern und Gefühlen. Wann immer Sie eine verbale Suggestion mit Bildern ergänzen oder sich Gefühlen öffnen, die dazu passen, wird diese Suggestion stärker wirken.

Beispiele dafür lassen sich überall finden. Wenn Sie bei der Atemübung »Rückwärts zählen« von zehn auf null zählen, lässt sich die Wirkung verstärken, wenn Sie sich gleichzeitig vorstellen, wie Sie die Stufen einer Treppe hinuntergehen. Setzen Sie Ihre Fantasie ein: Wie sieht die Treppe aus, Stein oder Holz, gerade oder gebogen, wo ist das Geländer, wie fühlt es sich an? Sie können dies beliebig erweitern, indem Sie sich beispielsweise am Ende der Treppe einen Raum vorstellen, in dem ein besonders bequemer Sessel steht, in den Sie sich setzen – und dann dort die Übungen des Autogenen Trainings durchführen.

Auch wenn Sie bei der zweiten Übung des AT die verbale Formel »Meine Arme und Beine sind angenehm schwer ...« ergänzen mit Bildern, die auf Ihr Gefühl wirken, kann sich diese Übung intensivieren. Sie können sich beispielsweise vorstellen, dass die »Arme und Beine schwer wie Blei« sind ... dass sie »wie bei Gulliver von 1000 Fäden nach unten gezogen« werden ... oder dass »sie zu bewegen im Moment vollkommen unmöglich« wäre

... – experimentieren Sie damit, welche Bilder und Ideen Sie entwickeln können, um die verbale Suggestion zu verdeutlichen.

Suggestionen wirken ja zunächst im aktuellen Moment, wie in den beiden letzten Absätzen hier geschildert. Oft möchten Sie Ihren Erfolg jedoch auch für künftige Ereignisse, ob beruflich oder privat, mit positiven Suggestionen unterstützen. Auch hier sollten Sie dann nicht nur verbal »Ich bin ruhig und gelassen« denken. Stellen Sie sich zudem vor, wie Sie in der künftigen Situation aussehen, wie Sie sitzen oder stehen, wie Sie schauen und sprechen, wenn Sie Ihr Ziel von Ruhe und Gelassenheit erreicht haben. Gleichzeitig können Sie, während Sie sich im Entspannungszustand befinden, beginnen, die Ruhe und Gelassenheit zu spüren, die Sie später auch in anderen Situationen erreichen möchten.

Dies ist mit allen Zielen möglich. Sie können sich ausmalen, wie Sie beim Joggen leicht, geschmeidig und mühelos über die Laufstrecke fliegen oder wie Sie in einer Verhandlung mit schwierigen Partnern entspannt und konzentriert zugleich lösungsorientiert arbeiten.

Achtung: Da die Sprache des Gehirns die Bildersprache ist, müssen Sie darauf achten, positiv und ohne Verneinung zu formulieren! Ein altes Negativbeispiel lautet: »Stellen Sie sich bitte in den nächsten Minuten auf gar keinen Fall ein rosarotes Nilpferd vor!« Je mehr Sie dieses Ziel erreichen möchten, desto stärker hängen Sie an dem rosa Hippo fest. Dies ist gar nicht so exotisch, sondern passiert ständig: Denken Sie an Menschen, die »endlich *keine Angst* vor Aufzügen haben« möchten oder »*kein Lampenfieber* beim Halten eines Vortrags mehr haben« wollen oder »sich *nicht mehr* ständig über den Chef so *aufregen*« möchten – alle diese Formulierungen richten den Fokus auf die Angst, das Lampenfieber, die Aufregung. Kein Wunder also, wenn das Problem bestehen bleibt!

Ihr Bewusstsein lässt sich mit einem Scheinwerfer vergleichen: Worauf Sie ihn ausrichten, hat große Auswirkungen auf das, was

Sie erleben. In den drei letzten Beispielen sollten die Menschen also besser auf »ganz ruhig und gelassen Aufzug fahren« fokussieren, auf »hellwach und mit Elan einen Vortrag halten« oder auch auf »selbstbewusst meine Sichtweise mit dem Chef besprechen«.

Kurzinfo Anker und Posthypnotischer Auftrag

Anker nennt man bestimmte Auslöser, mit denen bestimmte Reaktionen verbunden sind. Ein Anker wirkt wie ein Knopf, auf den man drückt, und unmittelbar darauf erfolgt die entsprechende Reaktion. Es gibt natürliche Anker – das sind oft Musikstücke (»Schatz, sie spielen unser Lied!«), Gerüche oder Ähnliches: Sie versetzen uns in eine bestimmte Zeit zurück und zugleich in die damit verbundene Stimmung. Es gibt positive, aber auch negative Anker: Denken Sie an den Geruch von Krankenhäusern oder an laute, aggressive Stimmen.

Um sich selbst positiv zu beeinflussen, können Sie Anker mithilfe von posthypnotischen Suggestionen selbst erzeugen. Der Begriff posthypnotisch bedeutet, dass Sie sich im Entspannungszustand etwas suggerieren, was erst später, wenn dieser Zustand beendet ist, eintritt. Die Struktur einer solchen Suggestion lautet immer: »Wenn X …, dann Y …«, wobei X der Anker ist, der Auslöser, und Y die gewünschte Reaktion. »Wenn ich morgen die Bühne betrete, wird mein Geist automatisch ruhig und konzentriert sein.«

Zwei Tipps: Verwenden Sie als Auslöser Ereignisse, die auf alle Fälle eintreten (»Wenn ich ins Auto einsteige, werde ich mich erinnern, noch Blumen zu besorgen«). Und verwenden Sie wenn nötig Ereignisse, die bislang zu unerwünschten Reaktionen geführt haben (»Wenn mein Verhandlungspartner erneut versucht, mich zu beleidigen, wird meine Gelassenheit und meine Zielorientierung wachsen«).

Fassen wir die Gedanken der verschiedenen Kurzinfos zusammen: Sie können also zum Beispiel im entspannten Zustand

»sehen«, wie Sie auf einer Bühne einen Vortrag schwungvoll und humorvoll halten. Sie fühlen dabei eine angenehme Körperspannung, verbunden mit Wachheit und Konzentration. Schließlich verbinden Sie mit dieser Mischung aus Bild und Gefühl noch zwei Anker mithilfe von posthypnotischen Aufträgen: »In dem Moment, in dem ich die Bühne betrete, werde ich mich stark und selbstbewusst fühlen. Wenn ich zweimal tief ausatme, werde ich voller Konzentration und mit ruhiger Stimme zu sprechen beginnen.«

Die Anwendungsfelder sind unbegrenzt: Stellen Sie sich vor, wie Sie am Abend bei Ihrer Familie eintreffen und Partner und Kinder auf Sie losstürmen. Formulieren Sie dazu passend: »Wenn ich die Haustüre aufschließe, fühle ich die Vorfreude auf meine Familie.« Oder probieren Sie – im entspannten Zustand – die Idee: »Immer wenn mein pubertierender Sohn besonders cool zu mir ist, fällt mir ein, dass ich früher genauso war, und ich muss lächeln.« Achten Sie darauf, während Sie diese Suggestionen verwenden, sich bereits bildhaft auszumalen, wie die Situation eintritt. Achten Sie außerdem darauf, bereits das zu fühlen, was Sie erreichen möchten!

Der Ball

Es ist nicht nur wichtig, Maßnahmen »gegen den Stress« zu kennen. Es ist genauso wichtig, sich insgesamt im Leben in einer guten Balance zu befinden. Regelmäßige positive Aktivitäten stellen einen guten Schutz vor einseitiger Belastung dar, sie verhindern das »Ausbrennen«. Eine belastbare, hoch priorisierte Reihe positiver Aktivitäten hilft deshalb dabei, stabil und stressresistent zu bleiben.

Übung: Mein Lebensradar

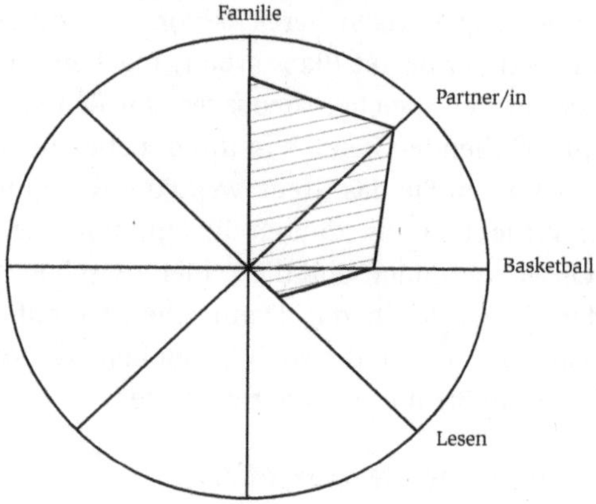

Sie sehen hier oben ein Lebensrad, das wir mit einigen Beispielen ausgefüllt haben. Unten finden Sie ein leeres Rad, das Sie selbst ausfüllen. Im ersten Schritt überlegen Sie bitte, welches Ihre wichtigsten und wertvollsten Lebensbereiche sind. Diese notieren Sie außen am Rad, an jeder Speiche einen Wert. In der Vorlage sehen Sie als Beispiele die Bereiche Familie, Partner/in, Basketball, Lesen.

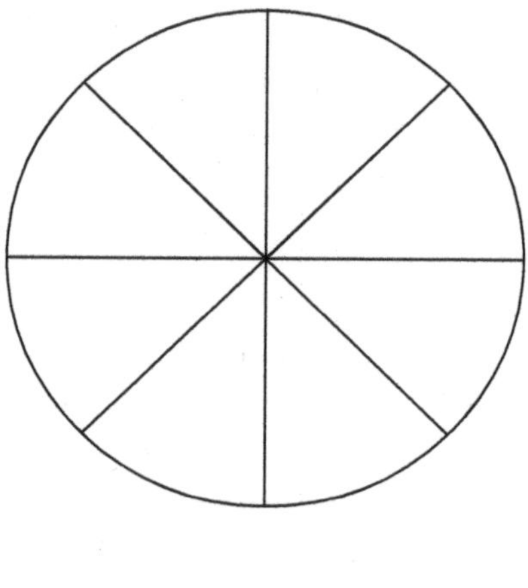

Wenn Sie alle für Sie wichtigen Bereiche gefunden und rund um das Rad notiert haben, nehmen Sie auf jeder Speiche eine Einschätzung des zugehörigen Bereichs vor. Wenn dieser Bereich in Ihrem Leben genügend Platz erhält, machen Sie ein Kreuz ganz außen an der Speiche, sozusagen am Reifen. Je weniger Sie den entsprechenden Bereich in Ihrem Leben umsetzen, desto weiter platzieren Sie das Kreuz weg vom Reifen und hin zur Nabe. Zur Verdeutlichung können Sie am Ende alle Kreuze mit geraden Linien verbinden und die Felder zwischen diesen Linien und der Nabe schraffieren. Dann sehen Sie auf einen Blick Ihr Lebensradar vor sich: die wichtigsten Lebensbereiche – und das Maß, in dem Sie diese derzeit umsetzen.

Übung: Mein konkreter Plan

Gerade haben Sie sich mithilfe des Lebensradars vor Augen geführt, welche Lebensbereiche Ihnen wichtig sind und welche davon Sie dennoch zurzeit nicht genügend beachten. Überlegen Sie sich deshalb jetzt ganz konkrete Tätigkeiten, die Ihnen guttun würden, die Sie aber noch nie umgesetzt haben oder in der vergangenen Zeit schleifen ließen. Notieren Sie diese im nachfolgenden freien Feld.

Nachdem Sie sich nun bewusst gemacht haben, welche Tätigkeiten Ihnen wirklich wichtig sind, notieren Sie bitte in der nachfolgenden Tabelle in der ersten Spalte konkrete Aktivitäten, die Sie ernsthaft in Angriff nehmen möchten. Notieren Sie daneben in der zweiten Spalte einen Termin, ebenfalls konkret, Tag und Uhrzeit, an dem Sie mit dieser Aktivität verbindlich beginnen werden. Sie können Dinge notieren, die Sie früher gerne gemacht haben, aber schleifen ließen, oder auch Dinge, die Sie noch nie getan haben, aber jetzt in Angriff nehmen möchten. Denken Sie daran, einen konkreten, verbindlichen Termin auszuwählen.

Angenehme Aktivität:	**Erster Termin:**

Suchen Sie sich nun bitte einen Sparringspartner, dem Sie Ihre Ziele eines nach dem anderen erklären. Dieser hat die Aufgabe, Ihnen klarzumachen, dass es nicht klappen wird: Keine Zeit, Vergesslichkeit, innerer Schweinehund ... – das Übliche.

Ihre Aufgabe ist es, sich zu wehren und Ihr Ziel und dessen Umsetzung zu verteidigen!

Flussdiagramm Stressmanagement

Für denjenigen, dem auch noch der Anhang zu umfangreich ist, habe ich diese grafische Übersicht erstellt. Sie gibt eine Orientierung, ersetzt jedoch nicht die Anwendung der verschiedenen Strategien aus dem »Mental-Fitness-Parcours«!

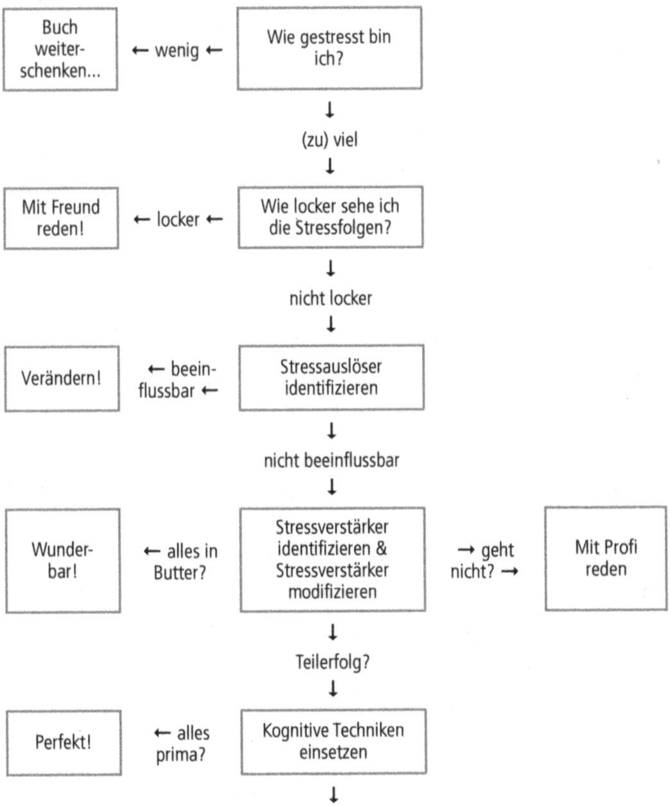

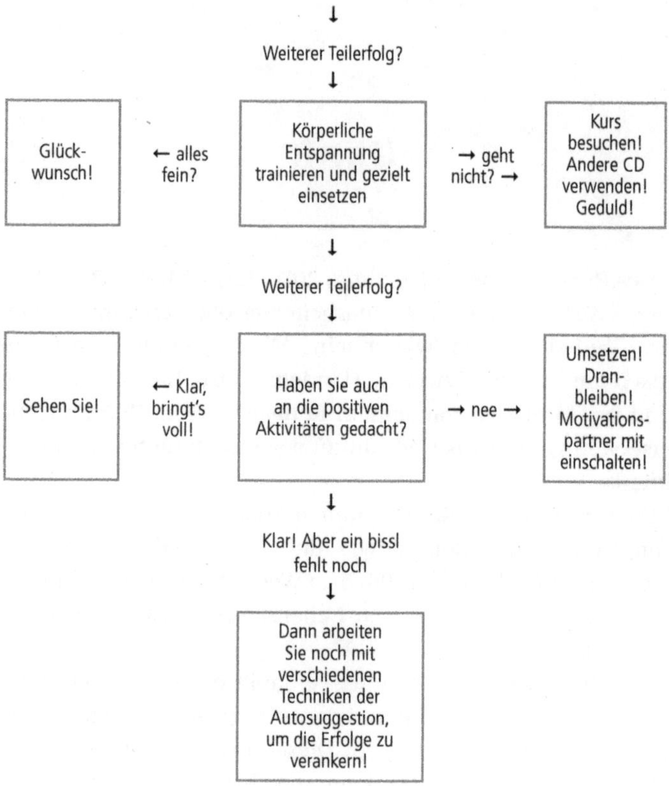
↓
Weiterer Teilerfolg?
↓
Glück-wunsch!
← alles fein?
Körperliche Entspannung trainieren und gezielt einsetzen
→ geht nicht? →
Kurs besuchen! Andere CD verwenden! Geduld!
↓
Weiterer Teilerfolg?
↓
Sehen Sie!
← Klar, bringt's voll!
Haben Sie auch an die positiven Aktivitäten gedacht?
→ nee →
Umsetzen! Dran-bleiben! Motivations-partner mit einschalten!
↓
Klar! Aber ein bissl fehlt noch
↓
Dann arbeiten Sie noch mit verschiedenen Techniken der Autosuggestion, um die Erfolge zu verankern!

Dank

Dieses Buch ist eine Fortsetzung. 2016 durfte Martin Dampf im Buch »Wer hat den Ball? Mitarbeiter erfolgreich führen« von Steve Wilhelm lernen, wie er seine Mitarbeiter zur Selbstständigkeit und zu motiviertem Handeln führt. Im vorliegenden Band begibt er sich mit seinem Kollegen Achim Bohn auf die Reise weg vom Stress und hin zu selbstbestimmter »Mentaler Fitness«.

Dass es zu dieser Reise kommen konnte, verdanken Martin Dampf und Achim Bohn sowie alle Leser in erster Linie dem enormen Erfolg des ersten Buchs. »Wer hat den Ball?« ist innerhalb eines halben Jahres vom Geheimtipp zum Führungsbestseller aufgestiegen.

Dass dies geschehen konnte, verdankt das erste Buch unter anderem dem Engagement und der Hilfe zweier Personen: Siegfried Ganshorn und Lutz Sperr. Diesen beiden möchte ich deshalb hier zuerst meinen Dank aussprechen.

Auch allen begeisterten Lesern, die mir geschrieben haben und die »Wer hat den Ball?« gekauft und an Freunde oder sogar an ihre Mitarbeiter weiterverschenkt haben: Danke!

Der Impuls zu dieser neuen Geschichte von Martin Dampf kam also gewissermaßen aus dem Erfolg der ersten: Insbesondere Tino Heeg vom Herder Verlag hat mit seinem leisen Lächeln bei jedem Treffen und jedem Telefonat angedeutet, wie schön es wäre, wenn die Leser noch mehr von Martin Dampf erfahren könnten. Dafür ganz herzlichen Dank – es hat mir nun Spaß gemacht, Martin Dampf noch einmal zu treffen und ihn und seinen Kollegen bei einem anderen wichtigen Thema dabei zu unterstützen, sich in der Arbeitswelt wohl zu fühlen.

In mein aktuelles Seminar zur Work-Life-Balance, dessen Struktur und Inhalte diesem Buch zugrunde liegen, sind verschiedene Ideen von Annette Fürst eingeflossen. Deshalb danke ich natürlich auch Annette für ihre Ideen und Beiträge, ebenso wie vielen hundert Seminarteilnehmern für ihr konstruktives Feedback.

Zuletzt und von Herzen danke ich Maren: Du hast auch diesmal wieder die Geduld und das Verständnis gehabt, Deinen Mann für einige Zeit an sein neuestes Buchprojekt abzugeben. Du hast die Kapitel in der Rohfassung gelesen und kritisch gewürdigt. Und Du bist einfach da. Dafür danke ich Dir!

Über den Autor

Thomas Fritzsche, Dipl.-Psych., geb. 1961 in Stuttgart, ist psychologischer Psychotherapeut und arbeitet seit 1988 in eigener Praxis.

Nach dem Studium hat er verschiedene mehrjährige Ausbildungen unter anderem in Verhaltenstherapie, Hypnotherapie und systemischer Therapie absolviert. Später hat er noch eine Ausbildung zum systemischen Organisationsberater sowie ein Studium zum »Mental Training Master« abgeschlossen.

Seit 1994 coacht Fritzsche erfolgreich mittlere und Top-Führungskräfte. Sein Markenzeichen ist das Vermitteln angewandter Psychologie im Businessalltag, seine Schwerpunkte sind die Bereiche Führung, Verhandeln und Selbstmanagement.

Gerade im Bereich des Selbstmanagements fließen seine Kenntnisse aus beiden Arbeitsfeldern sehr produktiv mit ein: Durch seine praktischen Erfahrungen als Psychotherapeut ebenso wie als Coach ist er in der Lage, eine Brücke zu bauen zwischen dem Manageralltag und seinen Anforderungen auf der einen Seite und dem Schutz vor dessen Gefahren und Risiken auf der anderen Seite.

Der Autor hat einen Lehrauftrag zum Thema »Hypnotische Kommunikation« an der Justus-Liebig-Universität Gießen. Er gibt regelmäßig Vorträge und Workshops zu seinen oben genannten Kernthemen auf internationalen Kongressen.

Thomas Fritzsche ist Autor von bisher sieben Büchern, unter anderem »Souverän verhandeln« (2013) und »Wer hat den Ball? Mitarbeiter einfach führen« (2016). Sein Buch »Die Frau, deren Arm sich hängen ließ«, erschien 2021 ebenfalls im Herder Verlag.

Weitere Informationen unter www.thomasfritzsche.de

Literatur

Bamberger, D. (2007): *Stressintelligenz.* München: Knaur.

Breife, S. & Unestahl, L.-E. (1982): *Effekter av tre månaders mental träning i bowling (Effects on bowling skills under and after 3 month of mental training),* Gothenburg and Örebro University.

Bundesministerium für Familie, Senioren, Frauen und Jugend (2009): *Memorandum Familie leben. Impulse für eine familienbewusste Zeitpolitik.* S. 6.

Erickson, M. & Rossi, E. (2015): *Hypnose erleben. Veränderte Bewusstseinszustände therapeutisch nutzen.* Stuttgart: Klett-Cotta.

Fritzsche, T. (2016): *Wer hat den Ball? Mitarbeiter einfach führen.* Freiburg: Herder.

Gerl, W. (1998): *Moderne Hypnose: Hilfe durch das Unbewusste.* Stuttgart: Trias.

Heckhausen, J. & H. (Hrsg., 2010): *Motivation und Handeln.* Heidelberg: Springer.

Kaluza, G. (2005). *Stressbewältigung. Trainingsmanual zur psychologischen Gesundheitsförderung.* Heidelberg: Springer.

Koch, Richard (2015): *Das 80/20-Prinzip. Mehr Erfolg mit weniger Aufwand.* Frankfurt am Main: Campus.

Meiss, O. (2003): Persönliche Mitteilung im Seminar.

Peter, B. & Gerl, W. (1992): *Entspannung. Das umfassende Training für Körper, Geist und Seele.* Gütersloh: Orbis.

Schmidt, G. (2011): *Burn Out Teil 2: Nutzung von Stressauslösern als »hypnosystemische Lösungswecker.* Müllheim: Auditorium (CD).

Vaitl, D. & Petermann, F. (Hrsg., 2004): *Entspannungsverfahren. Das Praxishandbuch.* 3., vollständig überarbeitete Auflage. Weinheim: Beltz PVU.

Watzlawick, P. (2009). *Anleitung zum Unglücklichsein.* Piper: München.